인생을
바르게 보는 법
놓아주는 법
내려놓는 법

발걸음 무거운 당신에게 쉼표 하나가 필요할 때

인생을
바르게 보는 법
놓아주는 법
내려놓는 법

쑤쑤 지음 | 최인애 옮김

빅마우스

/ 마음이 평안한 길을
따르라

요즘 사람들이 가장 필요로 하는 것은 무엇일까?

돈? 사랑? 명예? 명성?

모두 아니다.

미국의 미래학자 멜린다 데이비스는 6년 동안 현대인의 욕망에 대한 연구를 진행했다. 그리고 현대인이 직면한 가장 큰 위기는 '내면 깊은 곳의 혼란을 제대로 극복할 수 있느냐의 문제'라는 결론을 내렸다. 인류의 원시적인 욕망이 과거의 '의식주, 권력, 성애'에서 '내면의 조화로운 상태 추구'로 옮겨갔다는 것이다.

그러므로 지금 현대인에게 가장 필요한 것은 차도, 집도, 최첨단 과학 기기도 아니다. 건강, 행복, 평화로운 마음의 정서가 가장 필요하다.

911테러 사건 이후, 뉴욕에서는 마음을 가라앉히는 데 도움을 준다는 상품의 판매량이 무려 76퍼센트나 급증했다. 베이징에서도 '마음의 평안'이라는 상표를 붙인 유리병 상품이 수백 위안, 심지어 수천 위안에 이르는 비싼 가격에도 불구하고 불티나게 팔리고 있다.

토끼 두 마리를 키우고 있는 일곱 살배기 나의 조카가 어느 날인가 내게 이렇게 말했다.

"고모, 토끼 때문에 바빠 죽겠어요. 마음이 얼마나 복잡한지 몰라요!"

비록 사는 나라가 다르고, 인종이 다르고, 나이와 상황도 다르지만 이들이 겪고 있는 '증상'은 완전히 같다. 바로 마음이 혼란스럽다는 것! 바라는 것 또한 같다. 이들은 마음의 평안을 찾을 수 있기를 간절히 바라고 있다!

분명, 불안과 초조는 현대인의 가장 두드러지는 특징이다. 이것들은 우리 마음속 깊은 곳에 뿌리를 내리고, 우리의 인생을 고통스럽고 허무하게 심지어 무의미한 것으로 만들어버린다. 자신이 무엇을 하고 싶은지 알 수 없을 때, 무엇 하나 끝까지 해내지 못하고 금세 포기할 때, 무슨 일을 하든 마음이 뿌리를 내리지 못하고 자꾸 남의 떡이 크게 보일 때, 감정의 기복이 심하고 작은 손실에도 쉽게 화가 날 때, 외로움과 유혹에 지나치게 약하며 고통을 조금도 견딜 수 없을 때, 이럴 때 우리는 불안과 초조의 덫에 걸려 있음을 확인하게 된다.

불안과 초조는 건강의 적이기도 하다. 세계보건기구에서 인류의 건강 상황에 대해 작성한 최신 보고서에 따르면, 선진국의 전체 질병에서 정신 관련 질환이 차지하는 비중은 무려 15퍼센트에 달한다. 이는 모든 종류의 암을 합친 것보다 더 높은 수치다.

그뿐만이 아니다. 미국인의 70퍼센트 이상이 중증 이상의 업무 스트레스를 호소했으며, 네 명 중 한 명은 업무로 인한 스트레스가 비명을 지르고 싶을 만큼 심각하다고 고백했다. 심지어 스트레스를 참지 못하고 격분하다 사망에 이르는 경우도 속출하고 있다. 이런 실정 속에서 스트레스가 만병의 근원이라고 믿는 누군가는 심리적 불안과 초조를 해결하기 위해 일정한 의료비를 정기적으로 지출하기도 한다.

먹고살기 어려운 시대에는 의식주 문제를 해결하는 것이 인간의 가장 근원적인 욕망이었다. 그러나 이 문제가 해결된 지금, 현대인에게는 새로운 생존 욕망이 생겨났다. 바로 마음의 평안과 궁극의 행복을 얻고자 하는 욕망이 바로 그것이다. 이는 데이비스가 말한 '내면의 조화'와 일맥상통한다. 그런데 불안과 초조와 스트레스라는 '야수'가 이 욕망을 성취하지 못하도록 방해하고 있는 것이다.

눈에 보이는 야수라면 도망치거나 숨기라도 할 텐데, 이 심리적 야수는 우리의 마음속 깊은 곳에 숨어 있는, 보이지 않는 적이다. 그러니 대체 어떻게 해야 할까?

방법은 단 한 가지, 스스로 마음을 돌리는 것뿐이다.

'일수사견(一水四見)'이라는 불교의 가르침이 있다. 같은 물이라도 그것을 보는 주체에 따라 전혀 다른 의미를 지닐 수 있다는 뜻이다. 즉, 물의 본질은 변하지 않지만 보는 이가 어떤 마음가짐으로 보느냐에 따라 물은 전혀 다른 게 될 수 있는 것이다.

같은 부모 아래 똑같은 환경, 똑같은 조건에서 자란 형제를 생각해보자. 비록 모든 것이 같지만 큰아들은 집을 천국처럼 행복하고 편안한 곳으로 생각하는 반면, 작은아들은 집을 벗어나고 싶은 지옥처럼 느낄 수도 있다. 이 모든 것이 '일수사견'의 이치와 통한다. 결국은 자신의 마음가짐이 자신의 감정을 만드는 셈이다.

어째서 큰아들은 집을 천국처럼 느낄까? 아마도 큰아들이 너그럽고 열린 마음을 가지고 있기 때문이리라. 그렇다면 작은아들은 왜 집이 지옥 같을까? 모든 것을 부정적이고 나쁘게 보는 그의 마음이 집을 지옥으로 만든 게 아닐까?

우리의 마음은 한 가닥 길과 같다. 그래서 마음이 열려 있는 사람에게는 길도 열리고, 계속 넓어진다. 하지만 마음이 닫힌 사람에게 길은 계속 좁아지다가 결국 닫히고 만다. 마음가짐을 어떻게 갖느냐에 따라 똑같은 곳이 천국이 되기도, 지옥이 되기도 하는 것이다.

그렇다면 어떻게 해야 바른 마음가짐을 가질 수 있을까? 다음의 몇 가지를 기억한다면 아마 큰 효과를 볼 것이다.

첫째, 마음의 직관에 따라 좋아하는 일을 하고 당신이 좋아하는 당신 자신이 되라.

둘째, 만약 이렇게 할 수 없다면 지금 하고 있는 일, 지금의 당신을 좋아하고 아껴라. 이것이 곧 행복의 출발점이기 때문이다.

셋째, 어떤 일이든 좋은 일이라는 믿음을 가져라. 당신이 겪는 모든 일은 장차 소중한 자산이 되어 당신의 인생을 더욱 풍성하게 만들어줄 것이다. 지금 당장은 손에 잡히는 것이 없더라도 언젠가 반드시 수확을 얻을 것이다.

넷째, 어떤 길이든 평탄하기만 한 길은 없음을 명심하라. 살다 보면 어려움이나 불행, 상처나 좌절을 만나게 마련이다. 그럼에도 해바라기가 해만 바라보고 위쪽으로 자라나듯, 포기하지 않고 행복을 향해 끊임없이 정진하다 보면 어느새 행복 속에서 인생이 훨씬 단순하고 아름다워질 것이다.

믿을 수 있는가? 당신은 자석이다. 스스로 행복하고, 자기 자신을 사랑하며, 이 세상을 향해 충만한 선의를 갖고 있으면, 아름다운 일들이 자연히 당신에게 달라붙는다. 그러나 늘 비관적이고, 우울하며, 주변의 모든 것을 향해 적대감과 원망만 뿜어내면 부정적인 일들이 연달아 딸려 온다. 왜냐하면 자신이 뿜어내는 아우라가 같은 성질의 일을 끌어당기기 때문이다. 그래서 행복한 사람에게는 행복한 일이, 불행한 사람에게는 불행한 일이 계속 반복되는 것이다. 행운과 악운은 모두 당신이 당신 마음의 자력을 어떻게 쓰느냐에 달렸다. 이것이 바로 마음의 비밀이다.

나는 좀 더 많은 사람에게 스스로 행복하고 스스로 치유할 수 있는 비결을 알리고자 1년여에 걸쳐 이 책을 썼다. 내가 항상 입버릇처럼 하는 말이 있다.

"모든 상상은 반드시 이루어지고, 모든 경험은 반드시 자산이 된다."

이를 조금 응용해서 이 글을 맺는 문장으로 활용하고자 한다.

모든 독서는 반드시 얻는 것이 있다!

CONTENTS

CONTENTS

part 5 / 치유의 다섯 번째 걸음
마음의 온도 올리기 ✤ 마음이 항상 꽃을 피우게 하라

CONTENTS

아름다운 일은 기억하고 나쁜 일은 되도록 빨리 지워버리는 것,
이 얼마나 현명한 선택인가!

part 1 / 치유의 첫 번째 걸음

드러내기
-가장 진실한 나 자신과 만나라

진실한 나 자신과 만나면 남을 기쁘게 하기 위해서 혹은 자신이 아닌 어떤 사람이 되기 위해서 애쓰고 고민하지 않아도 된다. 가장 진실한 나 자신과 만나고, 자기 내면의 목소리를 따르는 것이 그 누구의 복제품이 되는 것보다 훨씬 낫다.

chapter 1
치유

마음의 이끌림과 직관에 따라 하고 싶은 일을 하라

가장 중요한 것은 자신의 마음과 직관을 따르는 용기다.
당신이 진정으로 되고자 하는 것이 무엇인지 마음은 이미 알고 있을 것이다.
그 외에는 모두 부차적인 문제일 뿐이다.

　　동양 기업가와 서양 기업가를 비교해보면 아주 흥미로운 사실 하나를 발견할 수 있다. 바로 얼굴에서 풍기는 분위기가 전혀 다르다는 것이다! 서양 기업가는 대개 유머러스하고 낙관적인 표정인 데 반해 동양 기업가는 근심과 걱정이 가득하고 끊임없이 한숨을 쏟는 느낌을 풍긴다. 물론 전부 그런 건 아니겠지만, 적어도 동양의 몇몇 기업가는 이처럼 항상 수심이 가득하며 걱정이 태산이다. 이들은 흡사 온갖 시련을 거치며 전장에서 가까스로 살아나온 상처투성이의 전사 같다. 이에 반하여 서양의 기업가들은 훨씬 경쾌하고 유쾌하며, 어느 시골 마을에서 진흙을 가지고 노는 아이처럼 천진난만하기까지 하다. 다시 말해 서양의 기업가는 사업을 재미있는 것으로 여기지만 동양의 기업가는 사업을 목숨이 달린 심각한 중대사로 받아들이는 것이다.

　　똑같이 기업을 운영하면서 인생과 사업을 대하는 태도가 이처럼 다른 이유는 무엇일까?

대부분 그 이유를 사회적 환경, 정치 체제 같은 외부적 요인에서 찾을 뿐 인간 내면의 심성에 주목하는 경우는 극히 드물다. 이런 점에서 2011년에 작고한 애플의 창업자 스티브 잡스가 한 말은 우리에게 많은 생각거리를 던져준다.

"가장 중요한 것은 자신의 마음과 직관을 따르는 용기다. 당신이 진정으로 되고자 하는 것이 무엇인지 마음은 이미 알고 있을 것이다. 그 외에는 모두 부차적인 문제일 뿐이다."

여러 블로그나 수많은 누리꾼의 상태메시지(메신저 프로그램 및 애플리케이션에서 사용자의 상태를 표현하는 짧은 글로, 프로필에 표시된다)로 즐겨 사용되는 이 말이 누리꾼들의 전폭적인 지지를 얻는 까닭은 무엇일까?

그만큼 우리가 우리 스스로의 마음에서 멀어져 있기 때문이다.

우리는 꽤 오랫동안 직관이나 마음 같은 정서적인 가치를 무시해왔다. 직관은 비과학적인 것으로, 마음은 사람을 감정적으로 만드는 원흉으로 지적받아왔으며, 두 가지 모두 개인의 성장을 방해하고 성공을 가로막는 요인으로 치부됐다. 사람들은 성공하기 위해 진실을 외면하고, 습관적으로 위장하기 시작했고, 급기야 자기 자신을 왜곡하기에 이르렀다. 성공을 위해 본연의 심성을 무시하고 억누른 것이다. 그 결과, 우리는 형벌 같은 삶을 살게 되었다.

우리는 너무 오랫동안 자신을 숨기고 위장해왔으며 그로 인해 너무나 많은 상처를 입었다. 그러다 더는 참을 수 없는 지경에 이르렀을 때, 잡스의 한마디가 우리 마음의 문을 두드린 것이다. 그러니 모두가 속절없이 그 말에 빠져들 수밖에!

마음과 직관이 얼마나 신비한 힘을 가지고 있는지 궁금하다면 다음에 소개하는 소년의 이야기를 읽어보자.

미국 서부의 어느 작은 시골 마을에 한 소년이 살았다. 소년은 매우 가난했지만, 열다섯 살이 되던 해에 그 누구도 감히 상상하지 못한 원대한 소원들을 담아 '꿈의 목록'을 만들었다.

- 나일 강, 아마존 강, 콩고 강 탐험하기
- 에베레스트 산, 킬리만자로 산, 매킨리 산(미국 알래스카주 알래스카 산맥 중에 있는 산) 등정하기
- 코끼리, 낙타, 타조, 야생마 타보기
- 마르코 폴로와 알렉산드로스 대왕의 원정길 탐방하기
- 영화 〈타잔〉에 출연하기
- 비행기 조종술을 배워 실제로 조종해보기
- 셰익스피어, 플라톤, 아리스토텔레스의 저서 모두 읽기
- 노래 한 곡과 책 한 권 쓰기
- 발명 특허 내보기
- 아프리카 어린이를 위해 100만 달러 모금하기

소년이 단숨에 써내려간 인생 목표는 무려 127개에 달했다. 그중에는 소소한 것도 있었지만 대부분은 실현은커녕 보는 것만으로도 사람을 질리게 할 만큼 엄청나고 대단한 목표들이었다.

하지만 소년은 그 목표들을 보면서 오히려 더 큰 힘을 얻었다. 그는 자신의 마음과 생각에 따라 '꿈의 목록'을 이루기 위한 긴 여정에 나섰다. 물론 그 여정은 결코 순탄하지 않았다. 수많은 어려움이 있었지만 소년은 꿋꿋이 버티며 공상에 가까웠던 꿈들을 하나씩 현실로 만들었다. 그리고 그때마다 무엇과도 바꿀 수 없는 성취감을 느꼈다. 그렇게 44년이 지난 어느 날, 그는 마침내 '꿈의 목록'에 담긴 소원 중 무려

106가지를 현실로 이루었다.

그는 바로 유명한 탐험가 존 고다드다.

대체 어떻게, 무슨 힘으로 불가능에 가까운 이 수많은 일을 해냈느냐는 질문을 받았을 때 고다드는 웃으며 대답했다.

"간단합니다. 내가 바라는 그곳에 마음이 먼저 가 있게 하면 됩니다. 그러면 온몸에 신비한 힘이 마구 넘쳐나게 되지요. 그다음에 할 일은 그저 마음의 부름을 따라 앞으로 나아가는 것뿐입니다."

'그곳에 마음이 먼저 가 있게' 하고 '마음의 부름을 따라 앞으로 나아간다'라니, 이 얼마나 쉽고 단순한 이치인가! 고다드의 말 역시 잡스의 말과 일맥상통하는 면이 있다.

이런 종류의 말들은 우리가 이제껏 살아오면서 소위 인생의 선배나 성공한 사람들에게 들었던 가르침과 전혀 다른 느낌을 준다. 그런데 바로 이 색다른 말에서 우리는 동서양 기업가의 모습이 다를 수밖에 없는 이유를 발견하게 된다. 인생과 사업을 대하는 그들의 관점이 완전히 다르기 때문에 그에 대한 깨달음도 다를 수밖에 없는 것이다. 다시 말해 서양의 기업가는 대체로 여유가 있는 반면, 동양의 기업가는 지나치게 심각하다!

여유롭게 성공할 것인가, 목숨 걸고 실패할 것인가? 어느 쪽이 될지는 오롯이 나 자신의 선택에 달렸다. 그러니 섣불리 걸음을 옮기기 전에 먼저 나 자신과 대화를 나누고, 마음의 소리에 귀를 기울여라!

진정한 나 자신이
되기 위하여

세상은 너무나 넓지만 인생은 이토록 짧다.
그렇기에 최대한 자신이 원하는 모양대로 인생을 살아야만 한다.
그래야 옳다.

누구나 젊음을 사랑한다. 여성들은 말할 것도 없고, 요즘에는 남성들도 나이 먹는 것에 거부감을 보인다. 실제로 내 남자 친구 중 아주 잘생긴 축에 속하는 몇몇은 만날 때마다 풀 죽은 목소리로 말한다.

"우리도 이제 늙었어!"

과연 어떻게 해야 젊음을 유지할 수 있을까? 최근 소위 '동안 열풍'이 불면서 전 세계의 소녀, 아가씨, 아줌마는 말할 것도 없고 소년, 총각, 아저씨들까지도 젊어 보이기 위해 미친 듯이 다이어트를 하고 몸에 좋다는 음식을 챙겨 먹으며 화장과 성형수술의 힘을 빌리고 있다. 그런데 이 와중에 홀로 유난 떨지 않고도 기적에 가까운 젊음과 아름다움을 유지하는 여성이 나타나 히스테릭하게 젊음을 쫓던 수많은 남녀를 허무감에 빠뜨렸다. 그 주인공은 바로 만화가 샤타[夏達]다.

만화에 관심이 있다면 이 이름이 낯설지 않으리라. 샤타는 중국 만화 역사상 최초로 일본 최고의 만화 잡지에 자신의 오리지널 작품을 연재한 실력파 만화가다. 2013년 현재 나이가 벌써 서른셋이지만 겉모습은 영원히 열여섯 살 소녀 같다. 몸무게도 겨우 35킬로그램 정도라 그야말로 만화에서 튀어나온 듯한 미소녀의 실사 버전이라는 느낌이다.

그녀는 진심으로 아름답다. 그녀에게서 세월의 흔적을 찾아볼 수 없다. 왜 그럴까? 주변의 모든 것이 변하고 있다는 사실을 잊어버릴 정도로 그녀가 한 가지 일에 완벽하게 집중했기 때문이다. 꿈이 무엇이냐는 질문을 받았을 때, 그녀는 딱 한 가지를 말했다.

"만화를 그리는 것입니다."

좋은 집이나 멋진 차를 사는 것도, 명품 가방을 사는 것도 아닌 오로지 '만화를 그리는 것'만이 꿈일 정도로 그녀는 자기 삶을 온전히 그 일에 쏟았다. 열정을 품은 일에 온전히 집중함으로써 자신만의 독창적인 인생을 살아온 것이다. 한 작품을 끝낼 때마다 어떤 기분이 드느냐는 질문에 그녀는 이렇게 대답했다.

"작업을 하는 동안 대충대충 하거나 무성의하게 하지 않았다는 사실을 나 스스로 잘 알고 있기 때문에 마음에 찔리거나 불안한 점은 전혀 없어요. 그저 홀가분하고 기쁠 뿐입니다."

한없이 가냘픈 외모와 달리 그녀의 말은 늘 당차다. 고등학교를 갓 졸업했을 당시, 그녀의 친구들은 대부분 자신의 적성과 흥미보다는 월급과 안정성을 보고 직장을 선택했다. 그러나 그녀는 만화를 그리기 시작했기에 참을 수 없는 빈곤한 날들이 이어졌다. 밖을 나가지 않으면 돈을 쓰지 않아도 되니 자연히 두문불출하게 됐다. 배가 고파도, 몸이 아파도 집 안에서 죽을힘을 다해 참았다. 그렇게 7년이라는 세월이 흘렀다.

"그토록 힘든데 포기하려는 생각을 단 한 번도 하지 않았나요?"

"내가 좋아하지 않는 일을 하는 것에 비하면 배고픈 것은 고생도 아니었거든요."

단순 명쾌한 말이다. 하지만 이런 말을 할 수 있고, 또 실천할 수 있는 사람이 과연 얼마나 될까? 사람은 무슨 일을 하든 반드시 개인적인 감정을 드러내게 마련이다. 그리고 그 감정이 순수한 것일 때, 비로소 남에게 감동을 줄 수 있다. 이것이 바로 우리가 샤타의 말에 감동하는 이유다.

사람은 누구나 천부적인 재능을 가지고 태어난다. 천부적인 재능이란 무엇인가? 바로 어떤 일에 푹 빠져서 시간이 가는 것조차 잊을 만큼 즐거움을 느끼는 능력이다. 이러한 능력은 성공을 가져다줄 뿐만 아니라 내면과 외면이 모두 아름다운 사람이 되도록 해준다.

당신은 당신의 천부적 재능을 발견했는가? 만약 발견했다면, 다른 것과 타협하지 않고 그것에 전념하며 지속하고 있는가?

인생의 깊이와 넓이는 얼마나 높은 곳에 서 있느냐에 따라 결정된다. 서 있는 높이에 따라 세상을 보는 시야도, 누릴 수 있는 정도도 달라진다. 마음의 문을 열고 시야를 넓혀 훨씬 풍성하고 광활한 인생의 참모습을 발견하라. 그 참모습을 발견하는 순간 당신은 더욱 자유롭고 행복해질 것이며, 그 행복으로 인해 더더욱 아름다워질 것이다.

아름다워지고 싶은가? 그렇다면 먼저 당신이 원하는 모습이 되라! 당신에겐 그럴 능력이 있다. 믿지 못하겠다면 기분 좋을 때와 짜증이 났을 때 당신의 모습을 각각 거울에 비춰 비교해보라. 아마 전혀 다른 두 개의 얼굴이 나타날 것이다.

"젊은 여성이 물질을 기준으로 남자를 선택하는 것은 매우 안타까운 일일 뿐만 아니라 기회의 낭비이기도 하다. 왜냐하면 이 선택 때문에 진짜 자신의 모습을 알 기회를 잃게 되기 때문이다. 자고로 젊었을 때 고생해야 비로소 자기 안에 숨겨진 보물을 발견할 수 있는 법, 나이 들어 어려운 지경에 처한 뒤에는 아무리 후회해도 늦다. 그러니 '쉬운 길'을 선택하지 말라. 사실은 그 길이 가장 어려운 것이니! 고된 세상 사를 겪어보지 않은 여인은 순탄한 환경에만 익숙하며, 남에게 모질고 매정하다. 반면, 고된 세상사를 겪어본 여인은 온갖 역경을 속속들이 알기에 오히려 넓고 관대한 마음으로 세상을 대한다."

이는 대만의 저명한 시인 위광중(余光中)이 젊은 여성에게, 그리고 우리에게 전하는 말이다. 요즘 같은 다원주의의 시대에서 많이 들어봤고 흔히 떠돌아다니는 이 말이 신선한 느낌과 감동을 주는 이유는 그 속에 담긴 가르침을 실제로 실천하는 사람이 극히 적기 때문이리라.

얼마 전, 친구가 내게 살아 있는 나비고치를 선물했다. 나는 나비가 고치를 뚫고 나올 날만을 기다렸다. 그러던 어느 날, 마침내 고치에 작은 틈이 벌어졌다. 마치 출산의 고통을 겪는 여인처럼, 작은 생명은 몇 시간 동안이나 이리저리 몸부림쳤다. 그러나 여전히 몸의 절반 이상이 고치 속에 갇혀 있었다. 잠시 후, 나비는 기진맥진했는지 더 이상 움직이지 않았다. 보다 못한 나는 고치의 벌어진 부분을 좀 더 넓게 찢어주었다. 마침내 나비는 고치에서 완전히 빠져나올 수 있었다.

그런데 나의 기대와 달리 나비는 금세 날아오르지 못했다. 구깃구깃 구겨진 날개를 조심스레 떨긴 했지만 몸통이 여전히 애벌레처럼 통통했기 때문인지 전혀 날지 못했다. 결국 나비는 단 한 번도 창공을 누비지 못하고 내 책상 위에서 죽었다. 죽는 그 순간까지도 작고 위축된 보라색 날개와 통통한 몸으로 부들거리며 기어다닌 것이 전부였다. 결국 나의 섣부른 호의와 조급함이 나비를 죽게 한 것이다.

자연이 설계한 모든 과정은 전부 나름의 이유가 있었다. 나비가 고치를 빠져나올 때 고통스레 몸부림쳐야 하는 것은 몸통에 남은 수분이 날개로 밀려 올라가게 하기 위한 과정이었다. 그래야만 마침내 자유의 순간이 왔을 때, 나비는 한층 가벼운 몸과 훨씬 튼튼한 날개를 가질 수 있다.

'고통이란 인생에서 없어서는 안 될 중요한 경험'이라는 선인들의 말씀이 정말로 맞다는 것을 나는 다시 한 번 절감했다.

몸부림치지 않은 나비는 영원히 날 수 없다. 돈과 권력을 가진 남자 품에 안겨 애교를 부리는 여자들도 마찬가지다. 그들 역시 몸부림쳐본 적 없는 나비가 아닐까? 어쩌면 그들은 스스로 몸부림치기를 포기하고 진정한 자신을 찾을 기회를 버렸기 때문에 영원히 날아오르지 못할지도 모른다.

세상의 모든 이치에 통달해야 할 필요는 없다. 다만, 한 가지 사실만 기억하면 된다. 바로 이 지구 위로 억만 년이 지나고, 억만 개의 생명이 나타났다 사라진다 할지라도 '나'라는 존재는 단 하나밖에 없다는 것이다! 하늘이 당신에게 허락한 삶은 고유하며 유일하다. 이 세상에 당신이 살면서 겪었던 모든 일을 똑같이 경험하는 사람은 없으며, 당신의 머릿속에 떠오르는 모든 세세한 생각들을 완전히 이해하는 사람 또한 없다.

사실, 우리 안에는 나도 모르는 나 자신이 수없이 많다. 그래서 평소에는 온순하지만 때로는 사악해지기도 하고, 겉모습은 연약해보일지라도 속마음은 강인할 수 있다. 즉, 나 자신조차 내가 어떤 사람인지 명확히 알 수 없다는 뜻이다. 따라서 우리는 평생 진정한 자신은 어떤 사람인지, 또 어떤 사람이 될 수 있는지를 찾아야 한다.

만약 당신의 꿈이 아직 실현되지 않았다면, 그것은 당신이 아직 자기 마음속에 있는 이상적인 자신이 되지 못했기 때문이다. 그러니 '다른 사람들은 쉽게 얻는데 왜 나는 그렇지 못한가'라고 생각하지 말라. 이 세상에 쉽게 얻어지는 것은 없다. 남들보다 더 좋은 것을 갖고 싶다면 남들보다 더 많이 고생하고 노력해야 하는 법이다. 물론 고생한다고 반드시 보상받을 수 있는 것은 아니지만 무언가를 얻고 싶다면 먼저 그에 상응하는 대가를 치러야 함은 확실하다. 별다른 노력도 없이, 아무런 대가도 지불하지 않고 얻은 무언가는 그만큼 가치가 떨어지게 마련이다. '에너지보존법칙'은 물리학뿐만 아니라 모든 세상사에 적용된다는 사실을 잊지 말자.

반드시 기억하라. 인생은 고통과 노력 없이는 영원히 완성될 수 없다는 것을!

어린 시절에서
답을 구하라

누구나 마음속에 악마가 살고 있다.
이 악마는 사람의 어린 시절과 관련이 있다.

당신은 적극적인가, 소극적인가? 또 활발한가, 차분한가? 그리고 어떤 일에 어울리는가?

이는 모두 진실한 자아를 찾기 위한 질문들이다. 이 질문에 답을 얻고 싶다면 자신의 어린 시절에서 답을 구해야 한다.

이와 관련해서 한 심리학자는 매우 의미심장한 말을 남겼다.

"한 인간의 인생을 결정하는 요소는 대부분 어린 시절부터 형성된 성격에서 찾아볼 수 있다."

간단히 말해 성년이 된 이후 나타나는 성격적 결함은 대부분 어린 시절에서 그 원인을 찾을 수 있다는 것이다. 실제로 유년기의 경험은 어른으로 성장하는 과정에서 인성 발달에 지대한 영향을 끼치며, 인생의 방향을 결정짓는다.

성격이 어둡고 음울한 사람은 대개 유년 시절이 불행했던 경우가 많다. 예컨대 마이클 잭슨이 지나칠 정도로 내성적이었던 것이나 장궈

고통이란 인생에서 없어서는 안 될 중요한 경험이다.

룽[張國榮]이 늘 외로움에 시달린 것, 량차오웨이[梁朝偉]가 어딘가 억눌린 일면을 가지고 있었던 것 역시 어린 시절의 불우한 가정사에서 원인을 찾을 수 있다.

수많은 여성의 마음을 설레게 하는 치명적인 매력의 소유자 량차오웨이는 홍콩금상장영화제에서 남우주연상을 무려 다섯 번이나 수상했다. 그의 매력의 핵심은 바로 '눈빛'이다. 보기만 해도 빨려 들어갈 것 같은 그의 눈빛 때문에 얼마나 많은 여성팬이 잠 못 이루었는지 모른다. 놀라운 점은 이런 그의 눈빛이 어렸을 때부터 이미 조금씩 형성되어왔다는 점이다. 그는 인터뷰에서 이렇게 말했다.

"저는 마음속에 많은 것을 억누르고 있습니다. 일부러 그러는 게 아니라 어떻게 표현해야 하는지를 모르기 때문입니다. 아버지는 제가 아주 어렸을 때 우리를 떠났습니다. 그때부터 저는 말수가 적은 아이가 되었습니다. 친구들과 대화하다가 가족이나 아버지에 관한 이야기가 나올까 봐 겁이 나서였죠. 어쩌다 아버지 이야기가 나오면 무슨 말을 해야 할지 몰라 허둥댔습니다."

그는 점점 혼자 지내는 데 익숙해졌으며, 사람들이 자신에게 주목하는 것을 싫어하게 됐다고 했다. 부모의 이혼이 그의 성격을 완전히 바꿔놓은 것이다.

"저는 매우 연약한 사람인지도 모릅니다. 상처받는 게 두려워서 아예 마음의 문을 닫아버렸으니까요."

그는 어려서부터 어쩌다 탁구를 하는 것 외에는 대개 수영처럼 혼자 할 수 있는 운동을 즐겼다.

하지만 모든 일에는 좋은 면과 나쁜 면이 있는 법이다. 불우한 어린 시절은 량차오웨이에게 자기감정을 억누르는 습관과 과묵함을 안겼지만 대신 풍부한 감수성을 선물했다. 그 덕에 그는 연기를 할 때 작중

인물에 훨씬 더 깊이 몰입할 수 있었다. 어쩌면 그런 감수성이 없었더라면 연기를 아예 시작하지 않았을지도 모른다. 하지만 그럼에도 불행한 어린 시절의 그림자는 그에게 줄곧 영향을 미쳤다. 그는 어떤 인터뷰든 간에 어린 시절의 추억을 이야기하는 것을 매우 꺼렸다. 마치 좋은 추억이라고는 단 하나도 없는 것처럼 말이다. 유년기의 중요성을 잘 알기 때문인지, 그는 이런 말을 남기기도 했다.

"나중에 저에게 자녀가 생긴다면 그들을 훈육하기에 앞서 반드시 아동심리학부터 배우겠습니다. 한 사람의 인생에서 어린 시절이 얼마나 중요한지 잘 알기 때문입니다."

장궈룽의 우울하고 감상적인 성격 역시 어린 시절 불행했던 가정사와 직접적인 연관이 있다. 그는 부모의 잦은 불화 탓에 어려서부터 부모의 보살핌을 받지 못하고 혼자 자라다시피 했다. 가족 간의 소통도 없고, 형제자매 사이도 소원했던 어린 시절의 기억은 그의 마음에 평생 짙은 그림자로 남았다. 그의 지인들은 그가 애정을 갈구하는 성향이 강했다고 기억하는데, 이 역시 불행했던 유년기와 관련이 있으리라. 그는 어린 시절에 대해 "기억할 만한 것도, 그리워할 만한 것도 없다"라고 잘라 말했다. 이 얼마나 가슴 아픈 말인가.

한 사람의 행복과 불행은 유년기에 이미 그 씨앗이 뿌려진다. 즉, 유년기가 어떠했느냐에 따라 일생이 달라질 수 있다. 세상을 보는 관점이 유년기에 형성되기 때문이다. 물론 성인이 되어서도 다양한 경험을 할 수는 있지만 어린 시절에 형성된 세상에 대한 이미지 자체는 기껏해야 약간 수정될 뿐이다. 누군가는 조금 많이, 누군가는 조금 적게 바뀔 수 있지만 기본적인 틀은 절대 변하지 않는다.

세 살 적 버릇이 여든까지 간다는 말이 있다. 우리의 가장 진실한 내면은 철모르던 어린 시절에 이미 결정된다. 사람의 운명을 결정짓는 가장 중요한 시기가 바로 유년기이기 때문이다.

당신의 어린 시절을 돌아보자. 어떠한가? 행복의 감정이 큰가, 아니면 고통의 감정이 큰가? 당신의 유년기는 황금빛인가, 잿빛인가?

이렇게 자신의 어린 시절을 꼼꼼히 분석해보는 일은 매우 중요하다. 지금 당신이 겪고 있는 문제나 어려움이 어린 시절의 불행했던 어떤 기억에서 비롯된 것일 수도 있기 때문이다.

4

나의 마음이
길을 잃지 않도록

자신이 좋아하는 일을 하라.
다른 사람의 말은 신경 쓰지 말라.
이렇게 산다면 인생은 훨씬 단순해지며, 당신이 느끼는 행복도 더욱 커질 것이다.

사람은 누구나 한 떨기 장미다. 그렇기에 자신에게 어울리는 장소를 찾아 힘껏 피어나기만 한다면 다른 사람을 매료시키는 아름다운 풍경이 될 수 있다.

그런데 우리는 늘 남의 화려한 장미 정원에 시선을 빼앗기고는 정작 내 방 앞 창가에 피어 있는 장미의 아름다움은 누리지 못한다. 어쩌면 이것이 인간의 가장 가련한 본성 아닐까?

늘 다른 이의 행복을 부러워만 하다가 문득 뒤돌아보면, 나의 행복을 부러워하는 이도 있다는 사실을 깨닫게 된다. 사실, 사람은 누구나 행복하다. 다만, 그 행복이 자신이 아닌 타인의 눈에 먼저 보일 뿐이다.

여자 친구에게 차인 한 친구가 잔뜩 화를 품고 나를 찾아왔다. 그는 반드시 더 멋있고 능력 있는 남자가 되어서 그녀보다 훨씬 예쁜 여자 친구를 만들겠다며 씩씩거렸다. 그게 옛 여자 친구에게 복수하는 길이라고 했다.

그런가 하면 다른 친구는 남자 친구에게 실연을 당한 뒤 이렇게 말했다.

"난 백만장자한테 시집갈 거야. 저보다 훨씬 잘생기고, 나를 끔찍이 사랑해주는 남자를 만나서 꼭 후회하게 만들 거라고!"

하지만 이들의 호언장담을 듣는 나의 심경은 솔직히 회의적이었다. 한때 사랑했어도 헤어지면 그뿐, 그때부터는 서로 제 갈 길을 가야 한다. 헤어진 상대에게 잘 보이기 위해, 혹은 그 사람의 그림자에 휩싸인 채 살다 보면 결국 내 삶을 제대로 살 수 없다. 나 자신의 마음을 따르는 것이 아닌, 다른 사람의 시선 속에서 살게 되기 때문이다. 이 상태에서는 외모나 물질적 측면이 나아진다고 해도 내면은 여전히 괴로울 수밖에 없다. 남의 시선을 신경 쓰다 보면 나의 마음은 갈 길을 잃는다. 갈 길을 잃은 사람이 행복해봤자 얼마나 행복하겠는가?

기린이 높고 미끈한 집을 지었다. 기린의 집을 구경하러 온 숲 속 동물들이 저마다 감탄했다.

"와, 정말 멋지고 근사한 집이네!"

꿩은 한순간 기린이 부러워졌다. 그래서 황급히 풀로 지은 자신의 원래 집을 허물고, 크고 높은 집을 짓기 시작했다. 마치 그런 집을 지으면 자기 자신도 꿩이 아닌 봉황이 될 것 같았다.

마침내 집이 완성되자, 숲 속의 모든 동물이 꿩을 축하하기 위해 찾아왔다. 모두의 찬탄을 들으며 꿩은 저도 모르게 어깨가 으쓱해졌다.

어느덧 시간이 흘러 겨울이 됐다. 꿩이 새로 지은 집은 추위를 막아주지 못했다. 꿩은 집 한구석에 몸을 잔뜩 웅크리고 앉아 추위를 견뎠다. 하지만 누군가 집을 구경하러 오면 언제 그랬느냐는 듯 어깨를 쫙

펴고 아주 잘 지내고 있는 척 허세를 부렸다.

그러던 어느 날, 집에 놀러 온 박새가 추위에 벌벌 떠는 꿩에게 한마디 했다.

"남에게 보이기 위해 살지 말고 너 자신을 위해 살아. 괜히 허세를 부리면 결국 고생하는 건 너라고!"

하지만 꿩은 오히려 박새를 무시하며 가르치려 들었다.

"박새야, 박새야. 아직도 너의 그 조그만 틀에서 벗어나지 못했구나! 시야가 그렇게 좁아서야 어떻게 큰일을 하겠니? 너 자신을 초월할 줄 알아야지!"

날씨는 하루가 다르게 점점 더 추워졌다. 꿩은 엄청난 추위에 시달렸지만 다른 이들의 칭찬과 감탄을 떠올리자면 이런 집을 지은 일이 조금도 후회되지 않았다. 꿩은 그렇게 허세 속에 빠져 있다가 결국 얼어 죽고 말았다.

살다 보면 어쩔 수 없이 낙심하게 될 때가 있다. 특히 남의 말 한마디 한마디에 신경을 쓰느라 자신이 좋아하는 일을 하지 못하고, 자신이 원하는 사람이 되지 못한다면 더욱 그럴 것이다. 많은 사람이 타인의 눈에 비친 자신의 모습을 궁금해한다. 그러나 이들이 간과한 사실이 하나 있다. 바로 남의 시선 속에서 살다가는 결국 길 잃은 미아가 된다는 것이다.

사람은 누구나 자기 자신을 위해 살아야 한다. 몸도 내 것이고, 생명도 내 것이며, 영혼도 내 것이다. 인생 역시 당연히 내 것이다. 그런데 왜 남에게 보이기 위해 사는가? 나의 삶을 충실히 사는 데 가식이나 거짓은 필요치 않다. 남의 시선을 신경 쓰느라 위선의 탈을 쓰지 말라는 것이다. 안 그래도 쉽지 않은 인생인데, 무엇하러 무거운 짐까지 짊어지는가? 스스로 자랑스러워할 수 있고, 행복할 수 있는 일들을 찾아라. 나를 가장 따뜻하게 위로할 수 있는 존재는 그 누구도 아닌 바로 나 자신이다. 그러니 나의 삶을 향해 마음에서 우러난 진실의 환호성을 올려라! 스스로에 대해 깨닫고, 자신을 위해 아름다운 인생의 장을 만들어가라!

나를 위해 살고, 나를 위해 웃고, 나를 위해 노래하라. 나 자신의 능력을 믿고 스스로에게 신뢰를 보내라. 나 자신의 찬란한 내일을 믿어라. 행복의 열쇠는 내 손안에, 내 마음속에, 내 영혼 깊은 곳에 있다. 나 자신을 이해하고 진실하게 살아간다면 진정으로 바라던 삶을 살게 될 것이다.

chapter 2
습관

흐리멍덩함과 맹종,
진짜 중요한 것을 알지 못하다

세상에서 가장 어리석은 사람은 자기 자신에게 거짓말을 하는 사람이다.
사실, 일부러 자신에게 거짓말을 하는 이는 없다. 대부분 무의식적으로,
흐리멍덩한 가운데 그렇게 한다. 진짜로 중요한 것이 무엇인지 모르기 때문이다.

아내가 네 명인 부유한 상인이 있었다. 첫 번째 아내는 영민하고 아름다운 여인으로, 상인은 어딜 가든 그녀를 항상 대동했다. 두 번째 아내는 상인이 남에게서 억지로 빼앗은 여인으로, 대단한 미모의 소유자였다. 세 번째 아내는 살림꾼이어서 상인이 늘 편안하게 생활할 수 있도록 모든 것을 책임졌다. 네 번째 아내는 일이 바빠서 동분서주하느라 집에 붙어 있는 때가 거의 없었다. 평소 상인은 자신에게 네 번째 아내가 있다는 사실마저 잊고 살 정도였다.

그러던 어느 날, 상인이 사업차 먼 길을 떠나게 됐다. 오랜 여정의 고단함과 쓸쓸함을 달래기 위해 네 아내 중 한 명을 데리고 가기로 한 상인은 아내들을 전부 불러다 의견을 물었다. 그러자 첫 번째 부인이 대답했다.

"혼자 가세요! 난 안 갈래요."

두 번째 부인 역시 눈을 흘기며 말했다.

"난 원래 당신하고 결혼할 마음도 없었는데 억지로 한 거잖아요. 그런데 같이 갈 마음이 들겠어요?"

세 번째 부인이 대답했다.

"난 당신의 아내이긴 하지만 편안한 집 놔두고 길 위에서 고생하고 싶은 마음은 조금도 없어요. 동구 밖까지 배웅은 나갈게요!"

잔뜩 실망한 상인은 마지막으로 네 번째 아내를 바라봤다. 그러자 그녀가 싱긋 웃으며 말했다.

"난 당신의 아내니까, 당신과 어디든 함께 가겠어요."

마침내 상인은 네 번째 아내와 함께 여행길에 올랐다.

이 이야기에서 첫 번째 아내는 육체를 상징한다. 육체는 평생 나와 함께하지만 죽을 때는 헤어질 수밖에 없다. 두 번째 아내는 재물이다. 사람은 이 세상에 올 때 빈손으로 왔던 것처럼 세상을 떠날 때도 빈손으로 가게 된다. 세 번째 아내는 배우자다. 살아 있을 적에는 부부가 서로 돕고 의지해야 마땅하지만 죽음 앞에서는 역시 각자의 길을 가야 한다. 네 번째 아내는 바로 자신의 자아다. 평소에는 잊고 살지만 죽음 이후에도 자신과 함께하는 것은 오직 자아밖에 없다.

물론 우리는 육체를 사랑하고, 재물에 목숨을 걸며, 배우자와 자녀를 소중히 여긴다. 이는 당연하다. 다만, 여기서 말하고자 하는 바는 외부에 관심을 기울이는 만큼 자신의 내부에도 관심을 갖고 자아를 보호해야 한다는 점이다. 자아를 잊을 때, 우리의 정신은 혼돈과 더불어 피로해질 수밖에 없다.

정신적 행복은 다른 사람이 줄 수 있는 것이 아니다. 나의 정신적 행복은 오직 나 자신만이 책임질 수 있다는 사실을 기억하자.

어떤 사람은 남과 자신을 맹목적으로 비교한다. 그래서 자신이 남보다 조금 나으면 금세 자기만족에 빠지고, 반대로 남이 자신보다 조금 나으면 자기비하에 빠진다. 이 얼마나 어리석은가! 사람은 누구나 저마다의 인생 목표와 생활방식이 있다. 그래서 이 세상에서 가장 의지할 만한 인생의 안내자는 다름 아닌 바로 자기 자신이다. 타인은 내 삶의 기준이 될 수 없다. 나 자신을 기준으로 나의 인생을 일구어가야 한다.

2

자기기만,
스스로에 대한 불충

무조건 남의 뒤만 따르고 시키는 대로만 하면 결국 길을 잃게 된다.

나는 진실한 것이 좋다. 거짓과 가식은 아무리 대단하고 멋지다 할지라도 절대 받아들이고 싶지 않다. 화려한 거짓보다는 비록 아프고 잔인할지라도 진실이 훨씬 가치 있다고 생각하기 때문이다.

예전에 읽었던 어느 소설 속 여주인공은 남편과 십여 년째 순탄한 결혼생활을 하고 있었다. 이웃이나 친구, 친척의 눈에 이들은 그야말로 완벽한 부부였다. 이들 부부는 서로를 깊이 사랑하고 아꼈으며, 가정도 화목했다. 또한 다른 사람들 앞에서 스스럼없이 서로 포옹하고 입을 맞출 정도로 금실이 좋았다. 그런데 제2차 세계대전이 발발하면서 남편이 군인으로 징집되어 전쟁터로 나갔다. 그리고 얼마 안 가 남편의 전사를 알리는 비보가 날아들었다. 이 소식에 그녀의 이웃과 친구들은 모두 망연자실했고, 충격을 받을 여주인공을 걱정했다. 과연 남편의 전사 소식에 여주인공은 비명을 지르며 울음을 터뜨렸다. 그리고 2층 방으로 뛰어올라가 문을 걸어 잠그고 침대 위에 쓰러져 흐느꼈다. 그런데 여기서 기막힌 반전이 등장한다. 여기, 소설의 표현을 그대로 옮긴다.

그녀는 온몸을 가느다랗게 떨며, 혼잣말로 중얼거렸다.
"세상에! 드디어 자유로워졌어! 이제 나도 자유롭게 살 수 있어!"

물론 이 소설은 말 그대로 픽션이다. 그러나 소설의 바탕은 현실이며, 실제 인간의 삶에서 모티브를 얻는다. 소설의 여주인공은 주변 사람들에게 남편과 금슬 좋은 모습을 보여주었지만, 사실은 모든 것이 위선이었다. 사람들을 속이고 남편을 속인 것이다. 하지만 그중에서도 가장 크게 속인 것은 바로 자기 자신이었다. 그녀는 스스로에게 족쇄를 채웠으며, 자기 자신과 남을 기만했다.

이런 실상이 어디 소설에만 국한된 일이던가! 불행히도 많은 사람이 현실의 굴레에 얽매여 자신을 속이며 살아간다. 자기기만을 통해 스스로를 마취시키고, 적당히 맞춰서 살아가는 것이다. 결혼생활만 해도 그렇다. 내가 들은 바로는, 결혼생활에 진심으로 만족하고 행복을 느끼는 여성은 그리 많지 않다. 심지어 어떤 여성은 자기 자신을 속이면서까지 억지로 결혼을 유지하려 애쓴다. 남자가 자신을 사랑하지 않는다는 것을 분명히 알면서도 굳이 결혼하는 여자도 있다. 하지만 그런 결혼생활에서 행복을 찾을 리 만무하다. 그저 하루하루, 한 해 한 해 억지로 버티며 살아갈 뿐이다.

사실, 이 모든 것은 자기기만의 결과라고 할 수 있다. 일도 마찬가지다. 돈 때문에 꿈을 포기하고 좋아하지 않는 일을 하는 것은 일종의 자기기만이다. 그러니 매일 도살장에 끌려가는 소의 심정으로 일터에 나갈 수밖에!

남을 속이는 사람은 먼저 자기 자신을 속인다. 그런데 자기 자신을 속이면 겉이 아무리 화려하고 휘황찬란해도 내면은 공허하고 쓸쓸하며 외로울 수밖에 없다. 겉모습이 자신만만해 보여도 사실은 매우 쉽게 상처받으며, 진심으로 웃는 일이 많지 않고, 정신적으로 항상 긴장한 상태이며, 정서적으로도 매우 연약하다. 심하면 인격분열을 겪기도 한다.

물론 자기기만이 잠깐의 안정과 순간적인 행복을 줄 때도 있다. 그러나 내면의 걱정과 두려움을 완전히 없애주지는 못한다. 게다가 진실을 외면한다고 해서 자신이 애써 일궈온 작은 세계를 반드시 지킬 수 있는 것도 아니다. 거짓으로 쌓은 것들은 언젠가 산산이 무너지게 되어 있다. 물이 새는 배를 타고 바다로 나가면 얼마쯤은 별 탈 없이 항해할 수 있으나 결국 거센 바람과 높은 파도를 넘지 못하고 침몰하는 것과 같은 이치다.

그러니 조금이라도 빨리 진실과 대면하라. 자기 자신을 속이고 스스로를 마취시키는 시간이 길어질수록 고통은 더욱 커질 수밖에 없다. 당연히 인생은 더욱 비참해진다.

3

서두름과 바쁨, 영혼을 놓치다

현대인의 모습을 두 단어로 표현한다면, 당신은 어떤 단어를 떠올리겠는가?

내 경우에는 '서두름'과 '바쁨'이다.

요즘 사람들은 대체 왜 그렇게 조급한 걸까? 언제부터 그렇게 모든일에 서둘렀는지도 의문이다. 모두 어느새 잰걸음으로 종종거리며 서두르는 게 습관이 되어버렸다. 특히 줄을 서거나 순서를 기다려야 할때, 조급증은 최고조에 달한다. 차들은 파란불이 들어오기도 전에 성급하게 출발하고, 사람들은 아직 빨간불인데도 마구잡이로 길을 건넌다. 다들 그만큼 바쁜 일이 있는 걸까? 하지만 그들은 길을 건넌 후에도 미적거리고 서 있다. 사실은 아무 이유 없이 그저 조급하게 서두르는 것뿐이다. 그만큼 서두르는 것 자체가 습관이 되어버린 것이다.

'바쁨'에 대해 이야기해보자. 나는 기본적으로 시간에 구애받지 않으며 늘 여유가 있다. 하지만 요즘처럼 모두가 바쁜 시대에 나처럼 한

가한 사람은 그야말로 희귀동물이다. 남녀노소, 지위고하, 업종을 불문하고 너나없이 바쁘다. 마치 바쁘지 않으면 인간이 아닌 것처럼!

사실, 이런 사태의 진짜 원흉은 서두름과 바쁨의 배후에 숨어 있는 속도다.

지금 우리는 속도가 절대기준이 된 사회에 살고 있다. 최초의 증기기관이 쿵 하는 소리를 내며 움직임과 동시에 인류는 속도를 숭배하는 산업시대에 들어섰다. 이 시대에는 이기는 것이 무엇보다 중요하며, '빨리 뛰는 토끼가 풀을 먹을 수 있다'는 것이 기정사실이 되었다. 여기서 풀은 부, 안정, 성취감, 성공 등을 의미한다. 어느새 사람들은 과중한 짐을 짊어지고 자신을 학대하며, 더욱 빠르고 더 효율적인 것을 추구하기 시작했다. 이로 말미암아 타인에 대한 적개심도 높아졌으며, 끊임없이 경쟁하고 두각을 드러내야만 잠시나마 안심할 수 있는 상태에 이르렀다.

사람들이 걷는 모습을 보라. 뭐가 그리 바쁜지, 모두 발걸음을 재촉하느라 정신이 없다. 패스트푸드, 즉석사진, 즉석만남, 번개식 결혼(결혼 및 이혼을 쉽게 생각하는 중국의 젊은 세대에서 나타나는 현상. 만남에서 결혼까지 매우 단시간에 이뤄진다 하여 '번개식 결혼[閃婚]'이라는 신조어가 생겼다), 지방흡입술을 통한 다이어트, 스피드 성형 등도 모두 '속도' 숭배에서 비롯된 새로운 풍조다.

현대인은 의식주를 비롯한 삶의 전 영역에서 속도를 추구한다. 분초를 따지고 촌각을 다투며, 조금도 늦지 않고 단 한순간도 놓치지 않기 위해 분주하게 살아가는 것이다. 그러나 "인생은 우리가 다른 계획을 세우느라 정신없을 때 저절로 일어나는 것(Life is what happens to you while you're busy making other plans)"이라는 존 레논의 말처럼, 우리가 인생을 위해 지쳐 나가떨어질 정도로 분주하게 뛰어다니는 동안, 인생은 우리에게서 완전히 멀어져버렸다.

이 세상에서 누가 가장 행복한 사람인지는 정확히 정의할 수 없지만, 누가 가장 불쌍한 사람인지는 확실하게 말할 수 있다. 바로 '바쁜 사람'이다. 그중 특히 바쁘게 뛰면서도 시간이 없다고 생각하는 사람이 가장 그렇다. 돈을 버느라 너무 바쁜 이들에게는 인생을 즐길 여유가 없다. 삶의 소중한 순간들도 그냥 흘려보내기 일쑤다. 이들은 쉴 줄도 모른다. 자기 생명을 과하게 쓰고 있는 것이다. 기계도 가끔은 쉬어야 하고, 정비를 받아야 한다. 그래야 오랫동안 안전하게 쓸 수 있다. 하물며 사람은 어떻겠는가! 몸치장이나 자동차 꾸미기에는 그토록 공을 들이면서 정작 중요한 자신의 마음을 돌보지 않아서야 되겠는가? 늘 바쁘다는 말을 달고 사는 사람이 과로, 조급증, 우울증의 마수에서 자유로울 수 없는 까닭도 다 자기 마음을 돌보지 않아서다.

나는 지나치게 바쁜 사람과는 가까이 지내지 않는다. 이런 사람은 인생의 즐거움을 생각할 겨를이 없으며, 혹여 그럴 마음이 있어도 바쁘다는 핑계로 꼭꼭 감춰둔다. 이런 상태에서 오랜 시간이 흐르면 그것이 습관이 되고, 결국은 그런 마음조차 완전히 사라지면서 무미건조한 기계가 되어버린다. 이런 사람과 가까이 지내면 인생이 너무나 재미없고 허무한 것처럼 느껴진다. 그런 분위기에 영향을 받는 것이 싫기 때문에 가깝게 지내지 않는 것이다.

'바쁨'에 얽매여버린 현대인을 향해 CCTV 유명 앵커 바이옌쑹[白岩松]은 이런 말을 했다.

"옛 선인들은 참으로 현명했습니다. 현대의 우리가 새겨들을 만한 경고와 가르침을 이미 수많은 문자로 남겨놓았으니 말입니다. 게다가 혹시 우리가 그것을 보지 못할까 염려해 아예 한자 자체에 그런 경고를 담아두지 않았습니까? 예를 들어 눈멀 맹(盲) 자는 눈 목(目)과 망할 망(亡)이 합쳐져서 만들어진 한자입니다. '눈이 죽으면 볼 수 없다'는 의미를 담고 있지요. 이런 관점으로 바쁠 망(忙) 자를 해석해보면, 마음(心)이 죽는다(亡)는 뜻 아닙니까? 요즘 현대인은 너무나 바쁩니다. 돈 때문에 바쁘고, 명예 때문에 바쁩니다. 하지만 저는 갈수록 '바쁘다'는 말을 하기가 겁납니다. 마음이 죽어버린다면 아무리 열심히 산들 그게 다 무슨 소용이겠습니까?"

사람들은 어느새 인내심도 잃어버렸다. 그래서인지 여유 있게 살기는커녕 책 한 권 온전히 보지 못하는 사람이 부지기수다. 목차만 훑어보고 마치 그 책에 대해 다 아는 것처럼 거들먹대는 사람은 또 얼마나 많은지!

예전에 사람들은 빈 시간이 생기면 편지나 일기를 쓰고, 대화를 나눴다. 그러나 요즘 사람들은 빈 시간이 생기면 당황한다. 자신의 마음과 대화해본 적이 한 번도 없기에 자신이 무엇을 원하는지, 무엇을 생각해야 하고 무엇을 필요로 하는지를 모른다. 마음을 몸 밖에 버려두고 세월의 흐름도, 세상의 변화도 알지 못한 채 말라가는 셈이다. 과연 그 끝은 무엇이겠는가?

이에 대해 한 노인이 아주 옳은 말을 했다.

"인생의 종점은 모두 같으며, 아무도 피할 수 없다. 게다가 아무리 늦게 가도 항상 너무 일찍 도착한 것처럼 느껴진다."

그렇다. 인생은 눈 깜짝할 사이에 지나간다. 그런데 왜 그리 성급하게 종점을 향해 뛰어간단 말인가?

남미에는 이런 이야기가 있다.

한 무리의 사람이 바삐 길을 가고 있었다. 그런데 그중 한 사람이 갑자기 멈춰 섰다. 옆의 사람이 왜 멈추느냐고 묻자, 그는 웃으며 이렇게 대답했다.

"너무 빨리 걸은 탓에 영혼이 아직 따라오지 못했습니다. 그래서 지금 내 영혼이 따라오기를 기다리고 있습니다."

우리는 모두 너무 빨리 걷고 있다. 남보다 조금이라도 앞서고자 서로 앞다투어 목숨을 걸고 내달린다. 그러나 시작점을 잊고, 자아를 잃어버리며, 영혼을 놓친다면 우리는 그저 정신없이 돌아가는 팽이에 불과할 뿐이다. 지금이라도 잠시 멈춰서 자신의 영혼을 기다려보면 어떨까?

너무 빨리 걸은 탓에 영혼이 아직 따라오지 못했습니다.
그래서 지금 내 영혼이 따라오기를 기다리고 있습니다.

4

얽매임과 무력감,
멍석 깔아주면 실수하는 이유

일본의 경벽사(京碧寺) 입구에는 '제일의제(第一義諦, 불교용어. 산스크리트어 paramārtha-satya을 번역한 것으로 가장 뛰어난 궁극의 진리를 가리킨다)'라는 현판이 걸려 있다. 이 현판의 글씨는 200여 년 전, 홍천대사(洪川大師)라는 고승이 직접 쓴 것이다. 그런데 당시 홍천대사는 단순한 이 네 글자를 무려 여든다섯 번이나 다시 썼다고 한다. 대체 무슨 사정이 있었던 것일까?

홍천대사는 매우 진지하고 엄숙한 성품의 소유자이자 완벽주의자였다. 그의 제자들도 그 영향을 받아 하나같이 완벽을 추구했는데 스승보다 더하면 더했지, 절대 덜하지 않았다.

홍천대사가 현판 글씨를 쓰던 날, 마침 제자 한 명이 곁에서 먹을 갈며 스승의 모습을 유심히 지켜보고 있었다. 그런데 홍천대사가 글자를 쓸 때마다 제자는 고개를 가로저으며 이 획이 보기 안 좋다는 둥, 저 획이 아름답지 않다는 둥 별의별 트집을 잡는 것이 아닌가.

한나절이 훌쩍 지나가도록 홍천대사는 똑같은 글씨를 무려 여든네 번이나 썼지만 여전히 제자의 인정을 받지 못했다. 잠시 후, 제자가 화장실에 다녀오겠다며 자리를 비웠다. 홍천대사는 그제야 안도의 숨을 길게 내쉬었다. 사사건건 트집을 잡는 제자가 없으니 비로소 살 것 같았다. 홍천대사는 한결 가벼워진 마음으로 여든다섯 번째 '제일의제'를 일필휘지로 써내려갔다.

그런데 예상치 못한 일이 벌어졌다. 자리로 돌아온 제자가 그것을 보더니 엄지손가락을 치켜세우며 감탄한 것이다.

"역시 스승님이십니다! 정말 훌륭하고 아름다운 글씨입니다!"

서예에서는 경지에 도달했다고 할 수 있는 홍천대사가 단순한 글자 몇 개도 제대로 쓰지 못하고 쩔쩔맸던 이유는 대체 무엇일까? 그 이유를 쉽게 설명하면 '얼었기 때문'이다. 사람은 누군가 곁에서 자신의 행동을 유심히 지켜보고 있으면 마음이 불편해지고 부담감이 생기면서 평소에 잘하던 일도 자꾸 실수를 하거나 제대로 하지 못하게 된다. 바로 이런 상태를 바로 '얼었다'고 하는 것이다.

나 역시 이런 경우가 많았다. 어린 시절, 나는 숙제할 때 옆에서 어른이 보고 있으면 자꾸만 글씨를 틀리게 썼다. 아마 긴장한 탓이리라. 특히 시험 볼 때 감독 선생님이 옆에 서서 내가 문제 푸는 모습을 지켜보는 것이 가장 싫었다. 이러한 경향은 지금도 여전하다. 가끔 사람들이 나의 이 작은 머리에서 어떻게 수십만 자에 달하는 글이 술술 나오는지 신기하다며 글쓰는 내 모습을 구경할 때가 있다. 하지만 이상하게도 대개 그런 상황에서는 단 한 글자도 써지지 않는다!

배우는 몸이 풀려야 제대로 연기를 할 수 있고, 운동선수는 긴장하지 않아야 제 실력을 발휘할 수 있다. 서예가도 마음이 편할 때 좋은 글씨를 쓸 수 있고, 화가 역시 평상심을 유지할 때 자신이 원하는 대로 그림을 그릴 수 있다. 작가 역시 평정심을 유지할 때 비로소 남을 감동시킬 글을 쓸 수 있다.

마음이 편하고 얽매인 데가 없을 때, 사람은 비로소 가장 자연스럽고 편안한 상태가 된다. 이런 상태일 때 자신의 역량을 최대한 발휘할 수 있으며, 무슨 일이든 제대로 할 수 있다. 누군가의 간섭을 받거나 남의 시선에 신경 쓰다 보면 마음이 자꾸 엉키고 평정심을 잃어버린다. 이런 상황에서는 자기의 원래 능력과 잠재력을 충분히 발휘할 수 없다. 결과 또한 아쉽고 후회를 남길 공산이 크다. 그러니 활개 치며 살고, 거리낌 없이 사랑하며, 자유롭게 일하라. 인생을 마음껏 누리고 즐겨라!

심리학자들이 실험용 쥐 한 마리를 금속 상자 안에 넣었다. 그리고 상자 바닥에 쥐가 죽을 만큼은 아니지만 고통을 느끼기에 충분한 양의 전류를 흐르게 했다. 만약 상자의 입구가 열려 있다면, 쥐는 당연히 전기 충격을 받자마자 뛰쳐나갈 것이다. 하지만 입구가 투명한 유리로 막혀 있다면 어떨까?

실험 결과, 초반에 쥐는 전기 충격이 가해지면 무조건 입구로 달려

갔다. 그러나 그때마다 유리벽에 부딪혀 나동그라졌다. 상자를 탈출하고자 하는 시도는 유리벽이라는 장애물 앞에 번번이 좌절됐다. 이런 일이 수십 번 반복되자 쥐는 마침내 자기가 처한 상황에 굴복하고 말았다. 도망가기를 완전히 포기하고 바닥에 엎드려 전기 충격의 고통을 감내하는 수동적인 방법을 선택한 것이다.

일단 이 상태가 되면 쥐는 입구의 유리벽을 치워도 감히 도망갈 생각을 하지 못한다. 코끝에 바깥의 신선한 공기가 느껴져도 나가려 하지 않고 모든 것을 포기한 채 바닥에 엎드려 고통을 참는다. 심리학 용어로 '학습된 무력감(learned helplessness)'에 빠졌기 때문이다.

학습된 무력감은 어떠한 시도나 소원이 수차례 좌절된 이후, 절망과 포기에 빠진 상태에서 나타나는 태도를 가리킨다. 이는 동물뿐만 아니라 인간에게서도 쉽게 찾아볼 수 있다. 학습된 무력감에 사로잡힌 사람은 심리적으로 크게 위축된다. 또한 자기 자신에 대한 의심, 부정적 인식을 갖기 쉬우며 자기 열등화 경향을 보인다. 게다가 비관적이고 우울한 성격이 되기 쉽다. 그뿐만이 아니다. 운명론적인 체념에 빠져서 외부의 압력이나 변화에 지나치게 순응하기도 한다.

사람은 쥐와 다르다고 반박하겠는가? 혹은 사람은 이성적이니 조금이라도 희망이 보이면 다시 시도할 것이라고 생각하겠는가? 물론 위의 실험과 똑같은 상황에서는 이러한 결론이 성립된다. 그러나 상황을 바꿔보면 사람 역시 쥐와 놀랄 만큼 비슷하게 반응한다는 사실을 알 수 있다. 생각해보자. "이상과 현실은 달라"라고 말할 때나 "현실적으로 힘들어서 포기했어"라고 말할 때, 과연 우리가 학습된 무력감에 빠진 것이 아니라고 장담할 수 있겠는가?

당신은 원래 아름다운 장미다. 다만, 향기를 잃어버렸을 뿐이다. 그 향기를 되찾는 순간, 당신은 누가 봐도 감탄할 수밖에 없는 빛나는 장미가 될 것이다. 스스로도 행복하고 남도 행복하게 만들어주는 그런 장미 말이다.

운명의 신은 심리학자가 쥐에게 그랬듯 우리를 시험 속에 몰아넣는다. 그러나 우리는 훨씬 더 깊이 생각할 수 있으며, 자기감정과 의지를 다스려 운명을 변화시키고 한계를 뛰어넘을 수 있다. 이 능력이야말로 사람이 만물의 영장일 수밖에 없는 이유이며, 영웅이 탄생하는 근본적 토양이다. 그리고 바로 이 때문에 연전연패(連戰連敗)와 연패연전(連敗連戰)이 그토록 다른 의미가 될 수 있는 것이다.

실험용 쥐가 되겠는가, 아니면 장미가 되겠는가? 이는 당신의 선택에 달려 있다. 유리벽이 막고 있는 것은 상자의 출구가 아니라 바로 우리의 마음이라는 사실을 기억하자.

chapter 3
해답

내 마음의 '귀척'을
허하라

인터넷 신조어 중에 '귀척'이 있다. '귀여운 척하다'의 줄임말로, 일부러 귀여운 행동이나 귀여운 말을 하는 것을 가리킨다. 일반적으로 귀척을 행동이나 표정 등에 사용하는데 나는 '마음의 귀척'을 하라고 말하고 싶다. 다시 말해 어린아이같이 순수한 마음을 갖고 시시때때로 거울을 보며 혼잣말로라도 "아이, 참 예쁘다!"라며 자신을 칭찬해주라는 것이다. 이처럼 수시로 자기 자신을 '귀여워해주는 것'은 엄청난 효과를 가져온다.

중국의 저명한 문화학자 위단[於丹]이 두 살배기 딸을 데리고 비행기를 탔을 때의 일이다. 딸은 창밖으로 보이는 흰 구름을 보면서 이렇게 말했다.

"엄마, 우리 나가서 구름으로 눈사람을 만들어요! 다른 때는 하늘의 구름이 땅에 떨어질 때까지 기다려야 겨우 눈사람을 만들 수 있잖아요."

아마 딸은 눈을 하늘에서 떨어진 구름으로 생각했던 모양이다. 이처럼 아이들은 순수하고 거침없다. 마음이나 생각이 어느 곳에도 얽매이지 않고, 동화 세계의 상상력을 그대로 가지고 있다. 그래서 아이들은 우리가 어설피 보고 넘기는 사물에서 전혀 새로운 면을 발견해내어 우리를 놀라게 한다.

위단은 이렇게 덧붙였다.

"만약 우리가 아이들의 천진난만을 배워서 우리 속의 천진함을 일깨운다면 아마 훨씬 명확하고 솔직하며 단순하고 순수하게 살 수 있을 것입니다."

'마음의 귀척'이 가진 장점은 다음의 두 가지 면만 봐도 충분히 알 수 있다.

❶ 순수함을 찾는 사람은 진실한 사람이다

마음의 귀척은 내 안에 남아 있는 순수와 동심을 찾는 과정이다. 마음 깊은 곳에 있는 증발되지 않는 동심을 찾는 순간, 훨씬 더 단순하고 즐거운 인생이 펼쳐진다. 요즘 세상이 워낙 교활해져서 그렇지, 사실 바보스러운 것과 천진한 것은 매우 좋은 성품이다. 한 번 사는 인생, 바보스러울 만큼 순수해져보는 것은 어떨까?

❷ 다른 이에게 즐거움을 주는 귀척

"사람들은 나보고 못생겼다고 하는데, 사실 나는 확실하게 예쁘지 않을 뿐이야."

"먹자! 먹고 힘내서 다이어트 하자!"

"내가 다른 거에는 다 강한데, 유혹에는 약하단 말이지."

"앞으로 내 앞에서는 영어 쓰지 마, OK?"

이 말들은 스스로를 풍자거리로 삼거나 생활의 소소한 부분을 가볍게 뒤틀어서 웃음을 유발하는 현명한 '귀척'이다.

얼마 전 어느 글에서 이런 문장을 읽었다.

'최근 들어 돼지고기의 값이 말도 안 되게 오르면서 누리꾼 사이에 이런 우스갯소리가 유행하고 있다. 서천에 불경을 찾으러 간 저팔계는 특별히 조심해야 해. 요즘 요괴들은 삼장법사 고기가 아니라 저팔계 고기를 노린다잖아!'

아, 이런 유머 감각이라니! 옛이야기 속 저팔계의 생사를 걱정함으로써 돼지고기 가격 상승에 따른 짜증을 웃음으로 승화시키는 누리꾼들의 재치를 보고 있자니, 웃음이 왜 만병통치약인지 알 것 같다.

현실은 결코 녹록지 않으며, 절망스러울 때도 있다. 그럴 때 귀여운 말과 웃음을 적극적으로 활용하면 한층 기운이 날 뿐만 아니라 잃었던 희망도 다시 생긴다. 웃음이 지친 마음을 위로하고 힘을 주기 때문이다. 웃는 얼굴에 침 못 뱉는다고, 힘들고 어려울 때일수록 웃음을 잃지 않는 재치가 필요하다.

긴장을 풀고 스스로를 즐겁게 할 방법을 찾아라. 이런 면에서 볼 때 '귀척'은 상당히 효과적이다. 자기 자신을 내려놓고 여기저기 얽매인 속박을 푼다는 점에서 말이다.

물론 귀여운 척도 정도껏 해야 한다. 지나치면 밉상이 될 수 있다. 나의 경험에 비춰 몇 가지 충고하면 첫째, 귀척을 행하는 대상은 몇몇으로 한정해야 한다. 가장 좋은 대상은 바로 나 자신이며, 그다음은 나를 사랑하는 사람이다. 둘째, 자신을 어느 정도 풀어놓거나 재밌거리를 찾을 때처럼 필요할 경우에만 '귀척'을 하라.

이 두 가지만 지킨다면 얼마든지 자신의 '귀척'을 허해도 좋다!

2
비밀
털어놓기

세상에 비밀 없는 사람이 있을까?

사실, 나는 비밀을 싫어한다. 그래서 최대한 비밀이 생기지 않도록 노력한다. 또한 누군가 내게 "다른 사람에게는 말하지 마, 사실은……" 하고 비밀을 말할 것처럼 운을 떼면 모기를 때려잡을 때보다 더 잽싸게 "알고 싶지 않다"고 딱 잘라 말한다. 마음속에 무언가를 숨기고, 혹시 잠꼬대로라도 그것을 말해버리게 될까 봐 전전긍긍하는 것은 생각만으로도 답답하다. 그래서 스트레스를 최대한 덜 받기 위해 비밀은 만들지도, 알지도 않으려고 한다.

그러나 아무리 노력해도 많든 적든 비밀이 생길 수밖에 없다. 하늘을 우러러 한 점 부끄러움도 없는 이가 세상에 과연 얼마나 되겠는가?

문제는 비밀이 생겼을 때의 대처 방법이다. 마음속에 꼭꼭 숨겨두고 끙끙 앓는 것은 결코 좋지 않다. 실제로 대부분의 심리 카운슬러도 마음에 담아두지 말고 털어놓기를 권한다. 영화 〈화양연화〉에서 남주인공은 비밀이 있으면 나무에 구멍을 뚫고 속삭인다는 여주인공의 이야기를 떠올리며, 앙코르와트 벽돌 벽의 뚫린 구멍에 가슴 가득 차오른 비밀을 털어놓는다. 하지만 아무리 비밀이 많다고 해도 바쁜 직장인이 앙코르와트까지 가거나 나무에 구멍을 뚫을 수는 없는 노릇이다. 그렇다고 인터넷 공간을 이용하자니, 오히려 비밀을 만천하에 폭로하는 꼴이 될 수도 있어서 걱정이다. 대체 어떻게 하면 좋을까?

여기, 현명하게 비밀을 털어놓는 방법 세 가지를 소개한다.

❶ 자신에게 털어놓기

새어나가지 않는 비밀이란 없다. 아무리 다른 사람에게 말하지 말라고 신신당부를 한다 한들, 비밀을 말하는 순간 자신을 팔아넘기는 셈이나 다름없다. 그러니 아무도 몰랐으면 하는 비밀이 있다면 그 누구에게도 말하지 말라. 말해야 한다면, 자기 자신에게 말하라.

'자신에게 털어놓기'는 마음의 답답함을 해소하는 가장 좋은 방법이며, 효과도 기대 이상이다. 방식도 어렵지 않다. 평소 속으로 혼잣말하던 것을 밖으로 소리 내어 말하면 된다. 이는 아주 오랜 옛날부터 구도자들이 기도나 참선 등의 방식을 통해 자기 자신에게 답답한 마음을 털어놓음으로써 해방감을 얻는 방법이다.

심리학자들도 이 방식이 매우 유효하다는 점을 인정한다.

"자기 자신에게 무언가를 말하려고 시도하는 것만으로도 마음속에서는 이미 그에 따른 반응이 일어나기 때문에 나쁜 정서를 환기시키는 효과를 기대할 수 있다."

'나를 진정으로 따뜻하게 해줄 수 있는 것은 나 자신의 체온뿐'이라는 말이 있다. 또한 나 자신에게 말한 비밀은 다른 곳으로 새어나갈 걱정이 없으니 쓸데없는 스트레스를 덜 수 있으며, 나만의 프라이버시도 지킬 수 있다. 그러니 비밀을 자기 자신에게 한바탕 털어놓아보자.

❷ 동물에게 털어놓기

동물은 사람의 말을 하지 못하니 입이 무거울 수밖에 없다. 게다가 굉장히 성실한 청자이다. 그들은 갑자기 선생으로 변해 당신을 가르치려 들지도 않고, 당신의 판단력을 흐려놓지도 않는다. 잘 들어주고, 절대 비밀이 새어나갈 염려도 없는 대상이니, 얼마나 완벽한가? 그래서 아무에게도 말할 수 없는 비밀이 생겼을 때, 동물만큼 정서적으로 위로가 되는 존재도 없다.

동물에게 비밀을 털어놓는 것을 처량하다고 생각하지 말라! 심리학자들은, 동물이 주는 심리적 안정은 '인간 청자'가 주는 것보다 훨씬 강하다고 말한다. 실제로 동물은 주인의 감정 변화에 매우 민감하게 반응한다. 또한 말하는 대신 손을 핥아주는 등 풍부한 신체언어로 아픈 마음을 따뜻하게 감싸준다. 반려동물을 키워본 사람이라면 이들이 얼마나 큰 위로와 힘이 되는지 충분히 공감할 것이다.

❸ 사물에게 털어놓기

여기서 사물이란 숨을 쉬거나 심장이 뛰지 않는 것을 말한다. 태양, 달, 구름, 벽, 나무, 강, 인형 같은 것 말이다. 나는 그중에서도 달에게 비밀 털어놓기를 가장 좋아한다. 그래서 달이 휘영청 뜬 저녁에는 발코니에 놓인 의자에 앉아 맑게 우린 차를 마시며 달과 이야기를 나눈다. 여러 가지 걱정과 고민, 아무에게도 말 못할 비밀들을 달에게 털어놓다 보면 어느새 기분이 나아지고 마음도 달처럼 밝아진다.

만약 사물과 소리 내어 대화하는 것이 쑥스럽다면 가장 일반적인 방법, 즉 '쓰는 것'을 추천한다. 최근 미국심리학협회는 '고민거리를 쓰는 것'을 최신 스트레스 해소법으로 추천했다. 한 심리학 연구 실험에 의하면 6주 동안 쓰는 방식으로 스트레스와 고민을 해소한 사람은 6주 전에 비해 훨씬 긍정적으로 변하고 스트레스에 대한 저항력도 강해졌다고 한다. 심지어 신체의 면역력까지 향상됐다고 하니, 그저 놀라울 따름이다.

이에 대해 한 심리학자는 이렇게 설명했다.

"걱정이 끊이지 않는 이유는 머릿속에 부정적이고 부정확한, 그리고 불완전하고 비이성적인 정보들이 제멋대로 쌓여 있기 때문이다. 이런 걱정거리를 일기 등으로 쓰면서 정리해보면 사실 그중 절반은 괜한 걱정이었다는 사실을 발견하게 된다. 또한 줄곧 나를 괴롭혔던 심각한 일도 종이 위에 쓰면서 정리하다 보면 그 스트레스 정도가 크게 완화되는 것을 알 수 있다."

이처럼 자기 자신과 동물, 사물에게 말하는 방법을 사용하면 다른 사람과 비밀을 나눌 필요도 없이 자신의 비밀을 지키면서 정서적인 안정도 찾을 수 있다.

3

'나 자신의 일'만
걱정하라

얼마 전, 오랜만에 모임에 나가서 친구들을 만났다. 성공한 친구도 있었고, 많은 어려움을 겪은 친구도 있었다. 그런데 대화를 나누는 동안 성별, 직업, 지위 고하를 막론하고 모두에게서 초조하고 불안한 기색이 엿보였다. 다들 겉으로는 웃고 있었지만 진심으로 즐겁고 편안해 보이는 사람은 없었다. 온갖 걱정이 머릿속을 꽉 채우고 있기 때문이리라. 직장에서의 승진 문제, 자녀교육 문제, 주택 대출금 문제, 장래 진로 문제 등 개인적 고민거리부터 사회치안, 환경오염, 국제정세에 이르기까지 셀 수 없이 많은 문제가 이들을 짓누르고 있었다. 여기에 지진, 화재, 자동차 사고 등 수많은 재난에 대한 두려움까지 더해질 테니 불안과 초조함에 시달리는 것은 어쩌면 당연했다.

사실, 이는 현대인이라면 누구나 겪는 고통이다. 그러니 세계의 종말이 코앞에 닥친 것처럼 불안해한다고 해도 손가락질을 받을 이유는 없다.

하지만 이렇게 불안한 상황일수록 마음을 더욱 담대히 갖고 눈앞에 있는 일을 제대로 해내는 데 온 정신을 집중해야 한다. 자신의 능력을 최대한 발휘하고 최대한 노력해야 하며, 부족하면 부족한 대로 최선을 다해야 한다. 내가 어찌할 수 없는 문제로 불안과 초조감에 빠진다면 결국 자기 자신의 생명만 야금야금 깎아먹힐 뿐이다.

그래서 때로는 '나와 상관없다'는 식의 태도가 필요하다. 이는 냉소적인 방관자 심리나 이기주의와는 다르다. 그보다는 정신 건강을 지키기 위한 긍정적이고 적극적인 태도라고 보는 편이 옳다.

인생에는 오로지 어제, 오늘, 내일만이 존재한다. 마찬가지로 세상에는 오직 세 가지 일만 있다. 나의 일, 남의 일, 하늘의 일이 바로 그것이다.

'하늘의 일'은 우리가 바꿀 수도, 거부할 수도 없다. 그저 받아들여야 한다. 과거에도 그랬고 현재에도 그러하며 미래에도 그럴 것이다. 이미 벌어진 일 역시 우리 힘으로 바꿀 수 없기 때문에 하늘의 일로 여기는 수밖에 없다. 즉, 이런 일은 '나와 상관없는 일'로 여기는 마음가짐이 필요하다. 바꿀 수 없는 일, 이미 너무나 명확하게 결정된 일을 붙들고 고민해봤자 아무 소용없다. 차라리 한 걸음 물러서서 해탈한 마음으로 손해를 최소화하거나 새로운 기회를 찾을 궁리를 하는 편이 훨씬 바람직하다.

'남의 일'은 말 그대로 다른 사람에게 벌어지는 일이다. 여기서 '남'은 가족, 배우자, 자녀까지도 포함된다. 왜냐하면 독립적인 사고력을 갖춘 개체끼리는 아무리 가까운 사이라도 자신의 의지를 강요할 수 없기 때문이다.

심지어 사랑도 타당한 이유가 아니다. 진정한 사랑은 상대방의 입장을 배려해주는 것이지, 자기 자신의 뜻을 만족시키는 것이 절대 아니다. 사랑하는 사람을 돕는 최선의 방법은 적당한 기회와 환경을 제공하고 의견을 제시하는 것뿐이다. 이조차도 상대가 필요로 할 때만 가능하다.

'자기 복은 타고난다'는 옛말이 있다. 부모 자식 간이라도 도와줄 수 있는 영역에는 한계가 있게 마련이다. 세상에서 제일 가깝다는 부모 자식 간도 이런데, 하물며 피 한 방울 안 섞인 남이라면 어떻겠는가? 그러니 남의 일에는 깊게 간섭하지 않는 것이 좋다. 합리적인 의견과 필요한 도움을 제공했다면 그다음부터는 역시 나와 상관없는 일로 치부해야 한다.

하늘의 일을 걱정하는 것은 기우이며, 남의 일을 걱정하는 것은 지나친 오지랖이다. 이 세상에 걱정할 만한 일은 오로지 '나 자신의 일' 밖에 없다. 자신이 진정으로 원하는 것은 과연 무엇인가? 재물, 권력, 지위, 건강인가? 아니면 진정한 행복인가? 바로 이런 것들이야말로 진짜 걱정거리다. 자기 자신에 관한 일만큼은 절대 '상관없는 일'로 생각해서는 안 된다.

만약 이 부분을 제대로 구분할 수 있다면 '나와 상관없다'는 태도 역시 단순한 방관이 아닌 행복한 삶을 위한 진정한 지혜가 될 것이다. 세상사에 멋대로 휩쓸리지 않으면서 자신의 인생을 즐길 수 있는 지혜라니, 이 얼마나 멋진가!

시행착오법으로
나 자신을 이해하라

　'시행착오법'이란 말 그대로 시행과 착오를 통해 정답을 찾는 방법이다. 착오를 줄이거나 아예 근절시킬 때까지 다양한 방법을 시행하여 만족스런 결과를 얻는 것이 이 방법의 목적이다. 이 '시행착오법'을 통해 나 자신이 진정으로 바라는 답을 찾을 수 있다.

　의지가 태산처럼 굳건한 사람도 살다 보면 가끔 흔들릴 때가 있다. 나도 예외는 아니다. 평생 글을 쓰며 살겠다고 굳게 결심했으면서도 한동안 커리어 문제로 심각하게 고민한 적이 있다. 프리랜서인 나는 재택근무를 하고 있으며, 일에 대한 만족도도 꽤 높다. 하지만 가끔은 소속이 없기 때문에 불편을 겪거나 불안할 때가 있다. 특히 모임에 나가 새로운 사람을 만날 때마다 회사나 조직에 속하지 않았다는 이유로 나에 대해 길게 설명해야 하는 상황이 생기면 이만저만 난처한 것이 아니다.

　그런데 얼마 전 한 잡지사에서 채용 제의가 들어왔다. 그야말로 달콤한 유혹이 찾아온 것이다. 나는 계속 프리랜서를 고집할지, 아니면 직장인의 대열에 뛰어들지를 놓고 고민에 빠졌다. 한편으로는 지금의 자유로운 삶이 좋았지만, 또 한편으로는 멋지고 당당한 커리어우먼으로서의 삶이 부럽기도 했다. 게다가 어딘가에 소속된다는 사실이 큰 장점으로 다가왔다.

나는 갈대처럼 흔들리면서 가족과 친구들에게 조언을 구했다. 하지만 저마다 의견이 제각각이라 전혀 도움이 되지 않았다. 결국 나는 '시행착오법'을 쓰기로 했다. 회사생활을 체험해보기로 한 것이다. 사업체를 경영하는 친구에게 부탁해 그 회사에 며칠간 출근하게 되었다.

다음 날, 나는 새벽같이 일어나 만원 버스에 몸을 실었다. 수많은 사람 사이에 끼고 치이다가 간신히 전철로 갈아탔는데 전철 안도 발 디딜 틈 없이 꽉 들어찬 것은 똑같았다. 우여곡절 끝에 회사에 도착한 나는 일을 시작했다. 그런데 화장실 가는 것 외에는 마음대로 자리를 떠날 수도 없었다. 친구는 내게 하루의 기한을 주며 기획서를 작성하라고 지시했는데, 희한하게도 몇 시간 동안 단 한 글자도 생각나지 않았다. 평소 영감이 퐁퐁 샘솟던 것과 영 딴판이었다. 사무실의 딱딱한 분위기 때문인지, 한자리에 붙박인 듯 앉아 있어야 하기 때문인지 몰라도 아이디어가 하나도 떠오르지 않았다. 머리를 쥐어짜며 가까스로 기획서를 완성해갔는데, 친구는 보자마자 이게 뭐냐며 가차 없이 퇴짜를 놨다.

그날 저녁, 완전히 파김치가 된 나는 도망치듯 집으로 돌아왔다. 그리고 단칼에 결론을 내렸다. 자유롭게 일하는 것을 좋아하는 나에게 매일 정시 출퇴근해야 하는 직장생활은 전혀 맞지 않았다! 결국 나는 잡지사의 일자리를 거절한 뒤 외쳤다.

"난 죽어도 아홉 시 출근, 다섯 시 퇴근은 못 해! 억만금을 준다고 해도!"

이 경험을 계기로 나는 나 자신을 더 잘 이해하게 됐다. 사실, 나에게는 프리랜서생활이 제격이었던 것이다. 그다음부터는 세상의 시선이나 평가에 얽매이지 않고 나의 현실적인 상황을 좀 더 객관적으로 받아들일 수 있었다. 또한 생활방식 선택에서도 명확한 기준이 생겼으며, 나의 업인 글쓰기에 대해서도 훨씬 강한 신념과 열정을 갖게 되었다. 그 고통스러웠던 하루 덕분에 많은 깨달음을 얻은 것이다.

신념을 가지고 해오던 일에 문득 의구심이 든다면 시행착오법을 사용해보라. 대담하게 생각하고 과감하게 시도한다면 아마 큰 수확을 얻을 것이다.

갈대처럼 흔들릴 때 가족과 친구들에게 조언을 구하라.
그래도 결정할 수 없다면 '시행착오법'을 써라.

5

나만의 좌우명을
정하라

당신의 좌우명은 무엇인가? 어쩌면 선뜻 대답이 나오지 않을 수도 있다. 학창 시절 열심히 공부하겠다는 의지를 북돋우기 위해 명언을 종이에 써서 책상 위나 침대 머리맡에 붙여놨던 것이 좌우명의 대부분일 것이다.

좌우명은 평생 필요한 것이다. 나태와 타성에 젖은 자신을 일깨우고 경종을 울리는 역할을 하는 것이 바로 좌우명이다. 사람은 언제든지 나태해질 수 있으며, 자기 약점에 발목 잡힐 수 있다. 또한 어려움 앞에 위축되거나 유혹에 흔들릴 수 있으며 마음이 흐트러지거나 잘못된 길로 빠질 수 있다. 이렇듯 내면의 의지나 노력만으로는 스스로를 바로잡기가 어려울 때 바로 좌우명이 필요하다. 좌우명은 날카로운 죽비 소리처럼 나사 풀린 정신을 일깨우며, 나약함을 극복하고 자신의 한계를 뛰어넘도록 독려한다. 또한 어두운 밤의 등불처럼 우리가 바른 방향으로 나아갈 수 있도록 길을 비춰준다.

한 소년이 있었다. 그의 꿈은 자신도 행복하고 남도 행복하게 만드는 것이었다. 그러나 어떻게 해야 그런 사람이 될 수 있을지를 몰랐다. 그래서 소년은 마을에서 가장 현명하고 가장 존경받는 현자에게 물었다. 현자는 미소를 지으며 말했다.

"어린 나이에 그토록 훌륭한 꿈과 목표를 갖다니, 참으로 기특하구나. 네게 해주고 싶은 말은 네 가지란다. 첫 번째는 바로 '자신을 남처럼 생각하라'는 것이다."

소년은 잠시 생각하다가 말했다.

"나 자신을 남처럼 생각하면 좋은 일이 생기거나 나쁜 일이 생겨도 좋고 나쁜 감정에 지나치게 빠지지 않을 수 있다는 말씀인가요?"

현자는 웃으면서 고개를 끄덕였다.

"두 번째는 '남을 자신처럼 생각하라'는 것이란다."

소년은 눈을 반짝이며 말했다.

"그 말씀은 알겠습니다. 다른 사람을 나 자신처럼 생각하면 그 사람의 고통과 어려움을 깊이 이해하고 공감할 수 있으며, 진심으로 도울 수 있겠지요. 물론 다른 사람이 기뻐할 때 나 역시 똑같은 기쁨을 느낄 테고 말이죠."

현자는 수염을 쓸어내리며 소년을 기특하다는 듯 바라봤다.

"잘 아는구나. 세 번째는 '남을 남처럼 생각하라'다."

잠시 생각에 잠겼던 소년이 고개를 끄덕이며 말했다.

"그 말씀은 다른 사람을 존중하라는 뜻인가요? 자신의 기준을 남에게 요구하지 말고, 자기 뜻대로 남을 바꾸려 들지 말라는 가르침으로 들립니다."

현자는 큰 소리로 웃었다.

"참으로 지혜로운 아이로구나! 네 번째는 '자신을 자신처럼 생각하라'는 것이다. 이 원칙들은 듣기에는 쉬운 것 같아도 실천하기가 결코 쉽지 않지."

소년이 고민스러운 얼굴로 물었다.

"그럼 어떻게 해야 잘 실천할 수 있을까요?"

"이 네 가지를 명심하고, 평생의 좌우명으로 삼거라. 그다음은 살면서 경험을 통해 확인하면 된단다."

일생의 행복은 평생을 들여 깨닫는 것이며 현실 속에서 실천하고 검증해야 하는 것이다. 좌우명은 소리만 요란한 구호가 아닐뿐더러 잘난 척하기 위해 들먹거리는 것은 더더욱 아니다. 실생활에서 행동으로 실천해야 하는 것이다. 따라서 좌우명을 정했다면 눈에 잘 띄는 곳에 두어야 한다. 벽, 거울, 자주 쓰는 수첩 맨 앞장에 써 붙여두거나 책상 오른편에 아예 새겨놓아도 좋다. 눈에 띄는 곳에 적어둠으로써 시시각각 나의 마음과 생각을 일깨워야 한다. 그리고 일상생활 속에서 좌우명을 원칙으로 삼고 엄격히 지켜야 한다.

괴롭고 힘들거나 좌절을 겪을 때 당신을 지탱해주는 말 한마디가 있는가? 자만심에 빠졌을 때 자기 자신을 뒤돌아보고 겸손해질 수 있도록 도와주는 명언이 있는가? 견딜 수 없이 화가 날 때 당신은 어떤 글을 떠올리며 마음의 평안을 되찾는가?

현인의 명언, 좋은 책의 글귀, 경전의 가르침, 무엇이라도 좋다. 당신에게 지혜와 깨달음을 주는 문장을 찾아 당신의 좌우명으로 세워라. 그리고 그것을 눈에 잘 띄는 곳에 두어라. 그 좌우명이 마음의 죽비가 되어 당신의 인생을 바른길로 이끌 것이다.

6

하루에 한 번,
마음의 매무새를 가다듬어라

미국 뉴욕의 중심가에는 독특한 가판대가 있다. 여러 가지 신문과 잡지가 가지런히 놓여 있는 모습은 여느 가판대와 비슷하다. 아침이면 인근 직장인들이 조간을 사고, 저녁이면 행인들이 석간을 사는 것도 별반 다르지 않다. 그런데 이 가판대의 주인은 환갑을 훨씬 넘긴 맹인이다.

맹인이 장사를 제대로 할 수 있을까? 사람들이 그를 속일 수도 있지 않을까? 혹시나 이런 걱정을 했다면 안심하시길!

가판대 주변의 CCTV에도 기록되어 있듯이 신문값을 내지 않거나 금액을 속이는 손님은 단 한 명도 없었다. 심지어 어떤 손님은 값을 지불하고 근처의 벤치에 앉아 신문을 다 읽고는 다시 곱게 접어 가판대에 두고 가기도 했다.

이 이야기를 읽고 미국인의 성실함과 정직함에 감탄하였는가? 맞다. 미국인의 정직함은 이 미담의 한 가지 이유다. 그런데 사실 진짜 이유는 가판대 정중앙에 놓인 붉은색 하트 모양의 나무 상자에 있다. 정확히 말하면 상자 뚜껑에 적혀 있는 글이 이 감동적인 이야기를 만들어낸 것이다.

'신문이 당신의 눈을 즐겁게 해주었나요? 나는 당신 마음의 소리가 듣고 싶습니다.'

재미있게도 이 글을 본 손님은 하나같이 공손한 태도로 신문값을 지불했다. 또한 다음번부터는 가판대가 가까워지면 자신의 옷매무새나 넥타이 등을 반듯이 매만진 뒤, 바른 자세로 뚜벅뚜벅 걸어가 돈을 내고 신문을 샀다. 그 모습은 마치 성전에 들어가는 것처럼 경건하기까지 했다.

심리학자의 분석에 따르면 그들이 매만진 것은 옷매무새가 아니라 마음의 매무새였다. 맹인 주인에게 보여주기 위함이 아니라 스스로에게 당당해지고자 자신의 마음을 다잡은 것이다.

이 가판대를 애용하는 사람들은 하나같이 맹인 주인의 미소에 대해 말한다. 그의 천사 같은 미소에 담긴 신뢰와 진실함 때문에 감히 나쁜 생각을 할 수 없다는 것이다. 이에 대해 맹인 주인은 어떻게 말했을까? 그의 이야기를 들어보자.

"나는 길 가는 사람들의 심장 소리 하나하나를 모두 들을 수 있답니다. 마치 갓 태어난 아기처럼 순수하고 힘차게 고동치는 심장 소리를 듣고 있노라면 저도 모르게 푹 빠져버리지요. 그래서 저절로 미소가 지어지나 봅니다."

만약 당신의 심장도 이처럼 두근거린다면, 단언컨대 그 어떤 마음의 병도 당신을 넘보지 못할 것이다. 왜냐하면 두근거리는 심장 소리에는 병마를 몰아내는 신비한 힘이 있기 때문이다. 삶에 대한 기대로 두근거리는 심장은 영원히 늙지 않는다. 이 점은 내가 경험한 바를 토대로 장담하는 것이니 믿어도 좋다.

나는 매일 밤 잠자리에 들기 전, 거울을 보며 나 자신에게 환히 웃어 준다. 그리고 "내가 하는 일은 옳은 것이며, 나는 아름다운 사람이고, 내일도 나 자신으로 살 것"이라고 스스로에게 소리 내어 다짐한다. 그 러면 나의 심장은 내일에 대한 기대와 행복감으로 두근두근 뛰기 시작 한다. 그 심장 소리를 들으며 입가에 미소를 띠고 잠들면 다음 날 아무 리 일찍 일어나도 전혀 피곤하지 않다. 오히려 얼굴에서 광채가 난다.

당신은 당신의 마음을 들여다본 적이 있는가? 마음의 매무새를 가 다듬은 적이 있는가? 만약 그런 경험이 없다면, 꼭 한번 해보기를 적 극적으로 권한다.

part 2 / 치유의 두 번째 걸음

느리게 살기
- 행복이 자연스레 번지게 하라

우리는 삶의 많은 시간을 평범하고 단조로운 삶에서 벗어나려고 애쓰며 보낸다. 또한 무언가를 해냄으로써 자신의 가치를 증명하려고 고군분투한다. 어떤 사람은 승진을 통해 자신의 능력을 부각하려 하고, 어떤 사람은 돈을 많이 벌어서 자신의 재력을 과시하려 한다. 또 어떤 사람은 자선이나 봉사 활동으로 세상과 소통하려 한다. 사람들은 저마다의 방법으로 자기 존재를 세상에 드러내려고 애쓴다. 모두가 지나치게 힘쓰며 살고 있는 것이다. 인생은 한 편의 연극과 같다. 아무리 뛰어난 배우라도 쉴 새 없이 연기를 하면 결국 지칠 수밖에 없다. 지금, 우리에게 진정으로 필요한 것은 '느리게 살기'다.

chapter 1
치유

인생은
차근차근 나아가는 것

강은 바위나 숲, 산이 앞을 가로막으면 억지로 다투지 않고 돌아서 갈 줄 안다.
그래서 강물의 흐름은 점진적이며, 순차적이다. 만약 우리의 인생도
강물처럼 흘러갈 수만 있다면 언제나 기쁨의 노래가 흘러넘칠 것이다.

인도양의 어느 섬에는 붉은 부리를 가진 새가 서식한다. 새의 부리
가 붉은 까닭은 체내의 카로틴이라는 천연색소가 부리에 몰리기 때문
이다. 카로틴은 새의 면역체계에 없어서는 안 될 중요한 성분이다. 새
들은 부리의 색이 선명하고 진할수록 이성에게 인기가 많은데, 부리가
붉다는 것은 그만큼 카로틴이 풍부하다는 뜻이며, 카로틴이 풍부하다
는 것은 그만큼 우수한 개체라는 의미가 될 수 있다. 그래서 몇몇 새들
은 체내의 카로틴 성분을 조절해 부리를 더욱 빨갛게 만든다. 그러나
생물학자들은 새의 이러한 행동이 허세에 불과할 뿐만 아니라 생명에
위협을 줄 수도 있다고 본다. 카로틴 성분을 부리에 집중시키다 보면
아무래도 몸의 면역체계가 약해질 수밖에 없기 때문이다. 결과적으로
이런 새는 이성에게 잘 보이고 싶다는 허영심 때문에 경쟁적으로 자기
생명력을 낭비하는 셈이다.

유치한 충동에 휩쓸려 우리 역시 소중한 생명의 힘을 마구 낭비하

고 있지는 않은가? 생명력은 무한히 퍼올릴 수 있는 샘이 아니다. 충분히 보완하고 축적되지 않은 상태에서 함부로 쓰기만 하면 결국 생명력이 단축될 수밖에 없다.

내 친구 중에 학업과 연구에 지나치게 많은 힘을 쏟은 이가 있었다. 비록 학문적인 성과는 올렸지만, 자기 몸을 돌보지 않은 탓에 결국 건강을 잃고 말았다. 나중에 그는 이렇게 한탄했다.

"인생은 길어. 그러니 혼신의 힘을 쏟을 필요는 없는 거야. 인생을 순서대로 차근차근, 점진적으로 사는 것이 얼마나 중요한지를 나는 이제야 깨달았어."

우리의 생명력은 현금카드와 비슷하다. 끊임없이 채워넣고 적당히 빼서 써야 그 가치가 사라지지 않는다. 채워넣을 줄은 모르고 빼서 쓰기만 하면 결국 가치가 사라지고, 엄청난 빚과 부담만 쌓일 것이다.

어떤 일에 전심전력을 다하는 것이 무조건 좋지만은 않다. 특히 아집과 욕심이 얽히면 더욱 그렇다. 다른 일을 해야 할 시간까지 한 가지 일에 쏟아붓게 되기 때문이다. 혹자는 '종일 일에 대한 생각만 한다'는 것을 자랑처럼 이야기하는데 사실 운전할 때나 밥을 먹을 때, 잠을 잘 때나 쉴 때는 일에 쏠렸던 마음과 정신을 어느 정도 분산시킬 줄 알아야 한다. 일에 전심전력으로 몰두하면 단기간에 좋은 성과를 낼 수 있을지는 모르나 장기적으로 보면 얻는 것보다 잃는 것이 더 많다. 오로지 일에만 목숨을 걸면 삶은 무미건조한 인생이 되고 결국 피폐해진다.

얼마 전, 어느 대학의 교수가 암으로 세상을 떠났다. 그가 남긴 일기에는 이런 글이 있었다.

생사의 갈림길에 서면 그동안 일을 너무 많이 한 것이 얼마나 큰 스트레스였는지 알게 된다. 밤새워 일하는 것은 자기 자신을 더 빨리 죽이는 행위다. 사람들은 더 큰 집, 더 좋은 차를 사기 위해 열심히 일하지만 사실 이 모든 것은 뜬구름이다. 자녀와 더 많은 시간을 보내고, 차살 돈으로 부모님께 신발 한 켤레라도 더 사드려라. 더 크고 좋은 집으로 이사하려고 목숨 걸고 일할 필요도 없다. 사랑하는 사람과 함께라면 단칸방도 충분히 따뜻하다.

나는 이 이야기를 매일 밥 먹듯 야근하는 친구에게 들려줬는데, 뜻밖에 이런 대답을 들었다.

"나라도 죽을 때가 되면 그렇게 쓰겠다. 하지만 멀쩡히 살아 있는 동안은 이렇게 살 수밖에 없어."

이 친구는 한 건설사에서 엔지니어로 일하고 있다. 예전에는 기술적인 업무만 했는데 회사가 구조조정을 하면서 모든 직원이 영업 관련 업무를 맡게 되었고, 그는 팀장이 되면서 눈코 뜰 새 없이 바빠졌다. 그전까지만 해도 우리는 자주 이메일을 주고받고 가끔 만나 이야기를 나누는 좋은 친구였다. 하지만 지금 그는 나의 '블랙리스트'에 오를 만큼 정신없이 바쁜 일중독자가 되어버렸다.

팀장이 된 이후 그의 생활은 매우 빡빡하게 돌아갔다. 하루에 도시 세 곳씩 돌아다니는 것은 기본이고, 집에 들어가는 날은 한 달에 사흘도 되지 않았다. 매일 저녁 열한 시까지 일을 했으며 숙직실에서 잠을 청하며 휴대전화도 24시간 켜놓고 전화가 오면 바로 달려나갔다. 그렇게 열심히 한 덕에 업무력 향상은 물론 연봉도 올랐지만 대신 건강을 해쳤다. 위장병에 고혈압까지 생겼으며, 심각한 스트레스성 탈모가 왔다.

부인이 불만이겠다고 물었더니 마누라 잔소리를 들을 새도 없다는 대답이 돌아왔다. 어쩌다 집에 들어가기 때문에 아내나 딸과는 한 달에 한두 마디밖에 나누지 않는다는 것이다. 나는 같은 여자로서 그의 부인이 얼마나 힘들지 족히 짐작할 수 있었다. 하지만 안타깝게도 친구는 자기 가정에 위기가 닥쳤다는 사실을 전혀 인식하지 못했다.

나는 그에게 매일 그렇게 힘들다면서 잠시 쉴 틈도 없이 죽어라 일하는 이유가 무엇이냐고 물어봤다. 그의 대답은 다른 남자들과 똑같았다. 아내와 딸에게 좀 더 풍족한 환경을 주기 위해, 그래서 더 넓은 집으로 이사하기 위해서라는 것이었다. 이런 젠장! 남자들이 하는 그 수많은 헛소리 중에서 이것만큼 수준 낮은 말이 또 있을까! 분명 그의 아내와 딸은 더 넓은 집에 살기보다는 남편이자 아빠인 그가 자신들과 함께 있기를 바랄 것이다.

일은 매우 중요하다. 사람은 일을 통해 생활에 필요한 생존 여건을 충족시키며, 인생의 가치를 확인한다. 사회적 측면에서 봐도 열심히 일하여 경제적 가치를 창출하는 사람들은 반드시 필요하다.

그러나 단지 더 높은 연봉을 받기 위해, 야근수당을 받기 위해, 승진하기 위해 자신의 모든 시간을 일에 쏟는 것이 과연 현명한 선택일까? 정말로 그것이 목숨을 걸 만큼 가치가 있는가? 지금 내가 하는 일과 노력은 반드시 인생 전체를 생각하는 장기적 관점에서 그 가치를 가늠해야 한다. 왜냐하면 모두에게 그렇듯, 인생은 유한한 것이기 때문이다.

자신이 원해서든 어쩔 수 없어서든, 많은 사람이 일중독자로 살아가고 있다. 이제부터라도 시간을 내어 자연의 품에서 편안히 쉬며 삶의 즐거움을 누리는 것이 현명하다. 장기적으로 보면 이렇게 하는 것이 일과 사업에 훨씬 더 유익하다.

기억하라. 자기 자신을 소중히 여길 줄 아는 사람만이 진정으로 인생을 이해할 수 있다.

지금 내가 하는 일과 노력은
반드시 인생 전체를 생각하는
장기적 관점에서 그 가치를 가늠해야 한다.

    컴퓨터공학 박사가 오랫동안 일자리를 찾다가 성과가 없자 결국 직업소개소를 찾았다. 그리고 박사학위를 숨긴 채 최저학력으로 구직자 명단에 이름을 올렸다. 그러자 금세 한 회사에서 연락이 왔고, 일자리를 얻었다. 그가 맡은 일은 단순한 프로그램 입력이었지만 불경기에 힘들게 얻은 일자리인지라 군말 없이 열심히 일했다.

    일을 처리하는 그의 솜씨가 매우 훌륭했기에 곧 회사 사장이 그를 주목했다. 그가 자신의 대학 졸업장을 사장에게 내보이자 사장은 곧 그의 직책을 대학 졸업자에게 걸맞은 자리로 바꿔주었다. 얼마 후, 사장은 그가 여전히 자리에 비해 훨씬 더 뛰어난 능력과 독특한 아이디어를 가지고 있음을 발견했다. 그가 석사학위증을 보여주자, 사장은 당장 그를 승진시켰다. 그 후 반년이 흘렀다. 사장은 그가 실제 업무 중에서 맞닥뜨리는 기술적 문제를 전부 해결하는 것을 보면서 또다시 놀라고 말았다. 결국 그는 사장의 끈질긴 질문에 못 이겨 자신이 컴퓨터공학 박사임을 고백했다. 일자리를 찾기 힘들어서 박사학위 이력을 숨긴 사정도 이야기했다. 다음 날, 그가 박사학위증을 보여주기도 전에 사장은 그를 부사장으로 임명했다.

이 이야기의 작가가 전하고자 했던 바는 아마도 '멀리 돌아갈 줄 아는 지혜'가 아니었을까. 살다 보면 일이 뜻대로 풀리지 않을 때도 있고, 좀처럼 기회가 오지 않을 때도 있다. 그럴 때 쓸데없이 자존심을 내세우지 않고 실력을 갈고닦으며 우회로를 찾는 지혜가 필요하다. 이야기 속 컴퓨터공학 박사는 서두르지 않고 차근차근 길을 찾음으로써 순서에 맞게 점진적으로 성장해야 한다는 인생의 철학을 충실히 실천했다.

자기 생명의 가치를 적절히 보존하는 것은 매우 중요한 일이다. 붉은부리새는 한때의 치기로 자신을 과시하려다 생명력을 낭비하는 우를 범했다. 당신은 어떠한가? 혹시 붉은부리새처럼 눈에 보이는 성과를 내기 위해 조급해하며 자기 생명력을 낭비하고 있지는 않은가?

2

몸은 마음의 유리창이다

누군들 마음속에 한 점 어둠이 없으랴!

사랑하는 사람의 꿈속에 들어갈 수 있는 기계가 있다면 아마 이 세상의 모든 사랑은 산산이 깨져버릴 것이다.

"나는 당신 한 사람만 사랑해. 꿈도 당신 꿈만 꾼다니까!"

사랑하는 연인의 이 달콤한 속삭임을 나는 믿지 않는다. 나는 사랑이 완벽하고 순수하다고 믿을 만큼 바보가 아니다. 마음속에 티끌 하나, 그림자 한 점 없는 사람이 어디 있겠는가. 누구나 크든 작든 상처도 있고 아픈 기억도 있으며 엉망진창인 사랑도 있는 법이다. 그러니 남에게든 스스로에게든 너무 가혹한 기준을 들이대서는 안 된다.

얼마나 잘생겼는지, 만약 내가 그의 애인이라면 엄청나게 불안하겠다는 생각이 들 정도의 남자 친구가 있다. 그에게는 학창 시절부터 만나온 애인이 있었다. 직장에 다니기 전까지 그는 자신의 애인이 세상에서 제일 예쁘다고 생각했으며, 다른 여자에게 눈길 한 번 준 적 없었다.

그런데 직장에서 새로운 여성들과 만날 기회가 점점 많아졌다. 여자 동료와 같이 일할 때도 많았고, 함께 출장을 가는 때도 있었다. 그는 조금씩 자신의 애인이 예전처럼 예뻐 보이지 않았다. 자기도 모르게 다른 여자를 쳐다보는 시간도 길어졌고, 심지어 꿈에 다른 여자가 나오기도 했다. 공교롭게도 그의 주변에 있는 여자들 역시 그를 가만두지 않았다. 한번은 회사에서 헌혈을 했는데, 그가 헌혈을 마치고 나오자 여직원 두 명이 달려오더니 우유며 꿀물 따위를 건네고는 서로 그를 돌봐주겠다며 부산을 떨었다.

그는 내게 전화를 걸어 말했다.

"친구야, 나 너무 괴롭다. 솔직히 이제는 내 애인이 제일 예쁘지도 않고, 제일 착하다는 생각도 안 들어. 다른 여자랑 만나보고도 싶어. 하지만 여전히 걔를 사랑해. 그래서 이런 생각을 한다는 게 걔한테 정말 미안해. 죄를 짓는 기분이야."

친구는 죄책감에 괴로워했지만 나는 오히려 그를 한바탕 칭찬해줬다. 그가 요즘 남자들 같지 않게 자신의 어두운 일면을 솔직히 인정하고 스스로를 돌아보며 반성하고 있었기 때문이다. 게다가 다른 여자에게 눈길이 간 것은 남자라면 어쩔 수 없는 정상적인 반응 아닌가! 나는 그에게 진짜 바람을 피웠다면 몰라도, 그런 것 때문이라면 괜히 자책할 필요가 없다고 위로해주었다.

이후로도 그는 한동안 혼자 갈등했다. 하지만 그것 때문에 애인과 헤어지거나 사이가 멀어지지는 않았다. 그는 위기를 잘 넘겼고, 결국 애인과 무사히 결혼했다. 지금은 좋은 남편이자 자상한 아빠로서 매력을 한껏 발산하는 중이다.

세상에 불순물이 전혀 섞이지 않은 순수한 마음을 가진 사람은 없다. 절대 변하지 않는 사랑이란 존재하지 않는다. 우리는 누군가의 옛 사랑이 될 수 있으며, 새로운 사랑이 될 수도 있다.

사람의 마음은 복잡하다. 그래서 때로는 저도 모르게 나쁜 생각을 할 수도 있다. 나 역시 가끔은 어둡거나 괴팍한 생각, 냉정하거나 이상한 생각을 불쑥불쑥 한다. 못된 사람을 보면 망하게 하고 싶고, 영화를 볼 때면 자꾸만 내 시야를 가리는 커다란 뒤통수를 후려갈기고 싶다. 나를 힘들게 하는 사람을 미워하고, 내게 상처를 준 남자를 증오하며, 내 남자를 빼앗아간 여자를 저주한다. 나를 싫어하는 사람은 나도 싫고, 나를 욕하는 사람의 머리를 뽑아버릴 듯 쥐고 흔들고 싶다.

하지만 이 모든 것은 그저 생각일 뿐이다. 아무리 어둡고 비열해도, 생각은 얼마든지 고칠 수 있다. 행동으로 옮기지만 않으면 된다. 이렇게 이상하고 비열한 생각들이 내 마음을 물어뜯을 때, 나는 얼른 그 생각들을 양지로 끌어내어 뜨거운 햇빛에 노출시킨다. 스스로의 마음을 뒤집어보고, 검사하고, 반성하고, 한바탕 자아비판을 한다. 그러고 나면 마음이 한결 정결해지는 느낌이다.

만약 모든 사람이 자기 마음의 어둡고 더러운 생각들을 솔직히 꺼내놓고 깨끗이 씻을 수 있게 된다면, 나는 신께 이렇게 말할 것이다. 잠시 일손을 놓고 휴가를 떠나셔도 좋다고, 신께서 애쓰지 않으셔도 다들 자신을 구할 수 있게 되었다고…….

스테인드글라스는 햇볕이 가득한 낮에 보면 보통의 유리창과 다르지 않다. 그러나 어두운 밤, 안쪽에서 불을 켜면 비로소 그것의 아름다움이 드러난다. 사람은 바로 이 스테인드글라스와 같다.

이를 달리 말하면 성형수술이 당신의 인생을 행복하게 만들어주지도, 페라리가 당신을 사랑받는 사람으로 만들어주지도 않는다는 뜻이다. 내면의 아름다움을 빛내는 것만이 행복한 인생, 사랑받는 사람으로 나아가는 비결이다. 그러나 대부분의 사람은 자신이 스테인드글라스라는 사실을 모른다. 그래서 겉을 화려하고 멋지게 꾸미는 데 치중하느라 정작 중요한 내면을 잊고 산다.

며칠 전 친구에게 문자를 받았다. 요즘 심란하고 힘들어서 마음 보양도 할 겸 전통악기를 배워볼까 하는데, 가야금이 나을지 아쟁이 나을지를 묻는 문자였다.

단순한 내용이었지만 나는 아주 오랫동안 이 문자를 지우지 못했다. 문자를 받았을 때, 나는 마침 길바닥에 두툼히 깔린 은행잎을 양탄자 삼고 앉아 깊어가는 가을의 정취를 즐기던 참이었다.

마음 보양이라니, 이 얼마나 멋진 말인지! 눈에 보이는 화려함과 세속적 욕망에 물든 요즘 세상에 자기 마음을 돌보고 내면의 성숙을 추구하는 사람이 과연 얼마나 되겠는가? 어느 순간부터 돈과 권력을 추구하는 것을 다들 너무 당연하게 생각하고 있다. 어디 그뿐이랴. 술집, 노래방, 클럽 등 각종 유흥업소가 즐비한 거리를 보면 과연 이런 시대에도 차 한 잔의 멋과 여유를 아는 사람이 아직 남아 있을지 의문이다. 늦은 오후, 향기로운 차를 음미하며 책을 읽고 자연의 아름다움과 사색을 즐길 줄 아는 그런 사람 말이다.

친구의 마음 보양이라는 말이 더욱 감동적인 이유는 그가 돈과 명예를 모두 가진 높은 직책의 공무원이기 때문이다. 친구는 공무로 바쁜 와중에도 나와 문학에 대한 이야기를 나누고 가끔 여행도 함께 가곤 한다. 이미 자기 마음을 돌보고 보양할 줄 하는 친구다. 이런 친구가 있기에 나는 답답한 도시에서도 한줄기 상쾌한 바람을 느끼며, 잠시 길을 잃고 헤매다가도 따끔한 깨달음과 든든한 힘을 얻는다.

속물근성이 팽배한 사람도 처음부터 속물이었던 건 아닐 것이다.

원래는 높은 뜻과 고상한 인품을 가지고 있었는데, 세속에 치이다가 평범하고 천박하고 경솔하게 변해버렸을 수도 있다. 혹은 굳은 의지와 숭고한 꿈이 있었지만 현실의 수많은 장벽에 부딪혀 좌절한 것일 수도 있고, 궁핍한 생활에 시달리다 순수한 마음을 완전히 잃어버린 것일 수도 있다.

과연 인간은 고난과 좌절 앞에 이토록 연약할 수밖에 없는 존재일까? 현실의 고통을 전혀 이길 수 없는 것일까?

그렇지 않다!

시간을 천 년 전으로 되돌려보자.

소식(蘇軾)은 평생 좌천과 유배를 수없이 겪었으며 죽을 위기도 몇 번이나 넘겼다. 그러다 예순을 바라보는 나이에 다시 혜주(惠州)로 좌천되면서 출세는커녕 생계를 걱정해야 하는 처지에 이르렀다. 하지만 그는 변함없이 자연의 아름다움을 누릴 줄 알았으며 그 사실에 감사했다. 그의 눈에 비친 달빛은 여전히 청명했고, 바람은 여전히 부드러웠으며, 풀과 나무도 여전히 아름다웠다. 돈이나 명예는 얻지 못했지만 그는 시와 서화를 벗 삼아 인생을 누렸다. 그가 혜주에 있을 때 쓴 시만 보아도 이 점을 충분히 짐작할 수 있다.

시인이 봄날의 잠을 충분히 즐기게 하기 위함인가. 하인이 치는 새벽 종소리가 은은하도다.

비록 이 시구 때문에 후에 더 큰 어려움을 겪기는 했으나 그의 순수하고 담백한 인문정신만큼은 당대 권력가의 핍박에도 절대 꺾이지 않았다.

나는 소식이야말로 순수한 인문정신을 대표할 인물이라고 생각한다. 특히 재능도 없으면서 마치 '시대를 잘못 만난 천재'인 양 자처하며, 세상에 대한 조소와 반항심만 가득하고, 그러면서 말과 행동이 따로 노는 표리부동한 사람이 넘쳐나는 요즘 시대에는 더욱 그렇다.

중국의 대문호로 사랑받는 소식이지만, 정작 생전에는 그의 시와 서화가 제대로 된 평가를 받지 못했다. 그러나 소식은 명예에 연연하지 않고 유유자적하게 자기 인생을 살았다. 벼슬길에 올랐으나 한 번도 순탄한 적이 없었고 여러 번 좌천되기도 했지만 언제나 자신의 처지에 만족할 줄 알았으며 가난 속에서도 행복을 찾았다. 그가 이렇게 할 수 있었던 이유는 바로 어떤 상황에서도 마음의 보양을 잊지 않았기 때문이다. 그는 이 비결을 시로 노래하기도 했다.

마음에 호연지기를 품으니 온 세상의 바람이 상쾌하다. 인생은 고된 여행길, 나는 그저 행인일 뿐이니.

역사를 꼼꼼히 살펴보면 소식처럼 예술적 소양이 풍부하면서도 온갖 시련에 꺾이지 않고 유유자적한 삶을 산 이들을 찾아볼 수 있다. 전원과 은거의 시인 도연명(陶淵明), 바보가 되기란 어렵다는 뜻의 '난득호도(難得糊塗)'라는 시를 쓴 정판교(鄭板橋) 등이 그러했다. 비록 그들의 인생은 순탄하지 않았지만 그들의 마음은 아름다운 스테인드글라스처럼 어두운 밤일수록 더욱 아름답고 영롱한 빛을 발했다.

매서운 추위는 온기의 소중함을 깨닫게 하고, 칠흑처럼 어두운 밤은 우리 마음의 등불을 더욱 밝게 한다. 마음이 흐려질 때는 소식이나 도연명 같은 지혜로운 선인들을 본받아 마음의 먼지를 닦고 내면의 빛을 타오르게 하자.

그나마 위로가 되는 것은 스스로가 스테인드글라스임을 깨닫고 나름의 방식으로 마음을 수련하고 보양하는 사람이 점점 늘고 있다는 사실이다.

결혼생활이 불행했던 한 친구는 슬픔과 괴로움이 끊이지 않던 시기에 책을 읽으면서 자신을 지탱하는 힘을 얻었다고 말했다. 그녀는 문학에 대한 사랑으로 어려운 시절을 이겨냈다.

여행을 하다 만난 친구 한 명은 사업을 한다. 평소 눈코 뜰 새 없이 바쁜 그녀지만 시간이 날 때마다 카메라를 들고 거리로 나간다. 천천히 걸으며 눈에 띄는 아름다운 풍경을 사진으로 남기다 보면 저절로 긴장이 풀리고 여유가 생기면서 지쳤던 심신이 회복된다고 한다.

이 친구들은 자신도 의식하지 못하는 사이에 문학과 예술로서 마음을 보양하고 있었다. 비록 사는 모습은 다르지만 그들 모두 하나같이 아름답게 빛나는 이유는 자기 마음을 잘 돌보고 있기 때문이리라.

사실, 마음을 빛나게 하는 것은 문학과 예술뿐만이 아니다. 각종 스포츠나 장기, 바둑처럼 건전하고 유익한 취미 활동도 똑같은 작용을 한다. 또한 생기와 영감으로 가득한 대자연 속에서 마음의 원기를 충전하는 것 역시 같은 효과를 얻을 수 있는 방법이다.

3

내일 일은 내일에,
오늘 일은 오늘에

인생은 여름날의 강물처럼 느릿하게 흘러간다. 스무 살 때는 나이 서른에 생길 주름 때문에 미리 고민하거나 나이 쉰에 올 노화 때문에 미리 슬퍼하지 말아야 한다. 살아 있는 동안에는 죽음이 올까 두려워할 필요도 없다. 올 것은 오고, 갈 것은 가게 두어라.

지금 우리가 할 수 있는 일은 매 순간을 소중하게 여기며, 최대한 행복하기 위해 노력하는 것뿐이다. 그러나 안타깝게도 많은 사람이 이 중요한 사실을 잊고 산다. 불행한 사람들은 대부분 내일을 걱정하거나 어제를 후회하느라 오늘을 그저 흘려보낸다.

사하라 사막에 사는 잿빛 모래쥐는 건기가 올 때쯤이면 풀뿌리를 모아 저장하기 시작한다. 이른 아침부터 늦은 저녁까지 온 사막을 죄다 헤집고 다니며 열심히 풀뿌리를 모은다. 그런데 건기를 날 수 있을 만큼 충분히 풀뿌리를 저장한 뒤에도 모래쥐들은 여전히 끊임없이 풀뿌리를 찾아다닌다. 그렇지 않으면 불안감에 떨며 날카로운 소리로 울어댄다. 모래쥐 한 마리가 겨울을 나기 위해 필요한 풀뿌리는 2킬로그램 정도이지만 실제로 모아들이는 양은 10킬로그램이 넘는다. 그중 대부분은 썩어버리는데도 모래쥐들은 여전히 풀뿌리를 필요 이상으로 모아들인다.

연구에 따르면 모래쥐의 이러한 습성은 유전인자에 의해 결정된 것이라고 한다. 다시 말해 모래쥐는 태생적으로 걱정이 많다! 그래서 고통과 피곤에 시달리면서도 필요한 양의 몇 배, 심지어 몇십 배나 많은 풀뿌리를 모은다. 순전히 걱정 때문에 하지 않아도 될 고생을 하는 것이다.

한때 의학계에서는 흰쥐 대신 모래쥐를 실험용 쥐로 사용하려고 했다. 모래쥐가 흰쥐보다 몸집이 크고, 약물에 대한 반응도 더 정확했기 때문이다. 그러나 이 시도는 모래쥐의 습성 탓에 결국 실패하고 말았다. 모래쥐들은 우리에 갇힌 채 풀뿌리를 찾지 못하게 되자 이미 충분한 양의 먹이가 있는데도 습관적인 불안과 걱정에 시달렸다. 결국 먹이는 입도 대지 않은 채 하나둘씩 죽어버렸다. 의학계가 판단한 사망 원인은 바로 극도의 불안감으로 인한 스트레스였다. 결국 모래쥐는 잠재의식 속에 깊이 뿌리박힌 걱정 때문에 실제로 있지도 않은 심리적 위협에 시달리다가 죽은 셈이다.

인간이라고 모래쥐와 다를까?

물질적으로도 풍족하고 가정도 화목하며 부부관계도 원만한 여자가 매일 죽지 못해 산다고 한다면 믿을 수 있겠는가? 내가 아는 사람 중에 정말 그런 사람이 있다. 그녀는 전업주부다. 공기업에 다니는 남편은 무슨 일이든 그녀가 원하는 대로 해준다. 시댁과 친정에서도 사랑을 담뿍 받고 있고, 집도 차도 있으며, 충분한 자유도 있다. 그야말로 부러울 것도, 아쉬울 것도 하나 없는 인생인 것이다.

하지만 내 눈에는 그녀가 시골 촌부의 아내만큼도 행복해 보이지 않는다. 왜일까? 이유는 간단하다. 쓸데없는 걱정을 너무 많이 하기 때문이다. 나와 메신저로 대화할 때마다 그녀는 끊임없이 걱정거리를 늘어놓는다.

'동네에 괜찮은 유치원이 없는데 나중에 아이가 생기면 어찌해야 할지 고민이에요.'

'혹시 남편 회사가 망하면 어쩌죠? 난 회사도 안 다니는데, 어떻게 살지요?'

'지금은 시부모님이 시골에 계시지만 나중에 모시고 살아야 할 것을 생각하면 벌써 답답해요. 만약 시어머님이 병에 걸리기라도 하면 그 비싼 병원비는 또 어떻게 감당해야 할지 정말 걱정이에요, 걱정!'

사실, 그녀의 걱정거리 중 열의 아홉은 하지 않아도 될 걱정이다. 그녀는 아직 아이도 없고, 시부모 역시 건강하며, 심지어 시부모는 시골집을 떠날 생각조차 없다고 한다. 그럼에도 그녀는 늘 일어나지도 않은 일들을 걱정하느라 전전긍긍이다.

행복한 인생을 사는 비결은 단순하다. 사람, 장소, 시간 모두 현재를 최우선으로 살면 된다. 그런데 우리는 잠시도 쉬지 않고 머리를 굴리면서 과거를 회상하거나 미래를 상상한다. 사실, 바로 지금 이 순간을 온전히 누리는 사람은 별로 없다. 이렇듯 현재를 살지 못하니 인생의 참맛을 알지 못하는 것도 당연하다.

만약 내가 모래쥐라면 나는 아마 모래쥐 세계의 이단아일 것이다. 당장 필요한 2킬로그램의 풀뿌리 외에는 더 모으려 하지 않을 것이고, 앞으로 어떻게 살지를 고민하지도 않으며, 엄청나게 게으를 테니까!

살다 보면 슬픈 일도 있고 기쁜 일도 있게 마련이다. 또한 인생은 한 치 앞도 알 수 없는 것이기에 언제 끝날지도 모른다. 길다면 길고, 짧다면 짧은 인생을 걱정과 근심에 매여 살아서야 되겠는가? 모래쥐처럼 풍족한 먹이를 눈앞에 두고도 초조함에 시달리다가 절망 가운데 죽음을 맞이해서야 되겠는가?

인생이라는 여행길에는 쉬어갈 곳이 굉장히 많다. 쉬어갈 곳을 만나면 조급해하지 말고 충분히 쉬어가라. 또한 항상 모든 짐을 죄다 둘러메고 있을 필요도 없다. 오늘은 오늘의 짐만 짊어지면 된다. 우리는 초능력자가 아니기 때문에 쓸 수 있는 힘과 능력에 한계가 있다. 그러니 내일의 문제를 오늘 해결하려고 애쓰지 말라. 내일의 걱정은 내일에 맡기고, 어제의 걱정은 어제에 버려두어라. 오늘, 바로 지금 이 순간만이 당신이 충실해야 할 유일한 시간이다.

chapter 2

습관

1

멈출 수 없음,
멈출 줄 아는 사람이 빨리 달릴 줄도 안다

어느 화장품 광고 포스터에는 프랑스의 작은 마을을 배경으로 여인이 석양 속에 긴 머리카락을 휘날리며 한 손에는 하이힐을 들고 맨발로 지붕을 걷는 모습이 담겨 있다. 또 다른 포스터는 그녀가 치마를 휘날리며 푸른 숲으로 뛰어가는 모습을 담고 있다. 매우 평화롭고 행복해 보이는 사진 아래 이렇게 적혀 있다.

'잠시 멈추고, 아름다움을 누리세요.'

이 포스터를 보는 것만으로도 마음이 느긋하고 편안해진다. 게다가 눈부시게 예쁜 미녀가 온갖 폼을 잡고 자신의 얼굴을 쓰다듬으며 뻣뻣한 목소리로 "피부가 촉촉해요!"라고 외치는 여타 화장품 광고와 비교도 안 되는 고아한 품격이 느껴진다. 잠시 멈추고, 아름다움을 누리라니……. 이 얼마나 매혹적인 속삭임인가!

그날 저녁 나는 '멈춤'이라는 단어를 두고 오래도록 생각에 잠겼다. 그리고 문득, 처음 스키를 탔을 때의 기억을 떠올렸다. 그러자 멈출 수 있다는 것이 인생에서 얼마나 중요한 일인지를 새삼 깨달을 수 있었다.

스키를 처음 탔을 때 내가 가장 힘들었던 것은 바로 멈추는 법을 익히는 일이었다. 나는 강사의 도움을 받지 않고 독학으로 스키를 배웠다. 남들이 타는 모습을 보니 별로 어려울 것 같지 않았다. 스키를 신고 산 위에서 미끄러져 내려가기만 하면 되는데, 뭐가 어렵단 말인가? 그래서 나는 씩씩하게 눈 덮인 산비탈을 단숨에 미끄러져 내려왔다. 아니, 솔직히 말하면 굴러 내려왔다! 타는 것은 문제가 아니었는데 도저히 멈출 수가 없었던 것이다. 엄청나게 구르고 부딪히며 산 밑까지 내려온 후, 나는 낮은 곳에서부터 천천히 내려오며 멈추는 연습을 했다. 한참이 지나자 마침내 내 뜻대로 멈춰 설 수 있게 되었다. 드디어 스키를 제대로 탈 수 있게 된 것이다! 한층 자신감이 붙은 나는 다시 산 위로 올라갔다. 그리고 이번에는 볼썽사납게 구르지 않고 천천히, 여유 있게 미끄러지기와 멈추기를 반복하며 무사히 산 아래까지 내려왔다.

인생도 스키 타기와 비슷하다. 스키를 잘 타는 것도 중요하지만 잘 멈출 줄 아는 것이 더 중요하다. 그래야 나무나 돌, 심지어 사람과 부딪히지 않는다.

멈출 줄 아는 사람만이 빠르게 달릴 수 있다. 이는 자동차의 최고시속과 같은 원리다. 예를 들어 어떤 차는 시속 200킬로미터까지 달릴 수 있고, 또 어떤 차는 시속 150킬로미터밖에 달리지 못한다고 하자. 엔진의 성능은 두 대 모두 비슷하다고 했을 때, 이와 같은 차이의 원인은 바로 브레이크 시스템이다. 최고시속 150킬로미터인 차는 멈출 수 있는 능력이 시속 150킬로미터에 맞는 정도일 것이다. 그런데 만약 이를 무시하고 시속 200킬로미터로 달린다면? 분명히 사고가 날 것이다!

멈춰 서야 비로소 아름다움이 눈에 보인다. 멈출 줄 알아야 비로소 더 멀리, 더 빨리, 더 안정적으로 갈 수 있다. 인생의 아름다움과 행복은 바쁜 와중에도 잠시 멈춰서 휴식을 즐길 줄 아는 사람의 것이다. 잠시 멈춰 서야 하는 이유가 충분히 많은데도 사람들은 대부분 정신없이 바쁘게 살아가느라 도무지 멈춰 설 줄을 모른다. 바쁘게 돌아가는 세상 속에 얼마나 분주히 살아가는지, 잠시 멈춰 서서 풍경을 감상하기는커녕 자기 자신을 돌아볼 여유조차 없다. 그래서일까? 그들의 눈에는 이 세상에 가득 채운 아름다움이 보이지 않는다. 그저 분주함과 긴장감, 힘듦과 걱정만이 보일 뿐이다. 이것이야말로 지금 우리 시대가 앓고 있는 가장 큰 병이다.

탐욕과 오만함과 부박함,
마음을 불안하게 하는 원흉

탐욕은 마음의 날카로운 가시요, 오만함은 만족을 모르게 하는 자만이요,
부박함은 편안함이 없는 천박하고 경솔한 인생이다.

욕망은 때로 꿈을 향해 달려가는 동력이 되기도 한다. 그러나 통제
불능의 욕망은 탐욕일 뿐이다. 탐욕은 늘 불안과 초조감을 동반하기
때문에 탐욕에 물든 마음은 결코 행복할 수 없다. 그래서 탐욕은 끊임
없이 마음을 찌르는 날카로운 가시다.

이집트의 훌륭한 사상가이자 작가인 타우픽 알 하킴은 다음의 우화
를 통해 인간의 탐욕을 꼬집었다.

아기새가 아빠새에게 물었다.

"아빠, 세상에서 가장 똑똑한 동물은 뭐예요? 우리인가요?"

"아니란다, 얘야. 가장 똑똑한 동물은 인간이야."

"인간은 어떻게 생겼어요?"

"가만있자……. 그래, 종종 찾아와 우리 둥지에 돌을 던지는 그 커
다란 동물 기억나니? 그게 바로 인간이란다."

아기새는 고개를 크게 끄덕였다.

"아, 알았어요! 그럼 아빠, 인간은 우리보다 뛰어난가요? 우리보다 행복한가요?"

"인간은 우리보다 뛰어나지만 우리보다 행복하지는 않단다."

"인간은 왜 우리보다 행복하지 않은 건가요?"

"그건 인간의 마음에 있는 날카로운 가시 때문이야. 이 가시는 아무 때나 마음을 찔러서 인간을 괴롭게 만든단다. 인간들은 이 가시를 욕심이라고 부른단다."

"욕심이요? 욕심이 뭔가요?"

"아빠는 인간의 마음에 있는 욕심이라는 가시를 경험해본 적이 있어. 얘야, 너도 직접 보고 싶니?"

"네! 보고 싶어요!"

"자, 저기서 잘 지켜보고 있다가 인간이 나타나면 아빠를 부르렴. 그럼 내가 인간의 마음속에 있는 가시를 보여주마."

잠시 후, 아기새가 다급히 아빠새를 불렀다.

"아빠! 저기 인간이 와요!"

아빠새가 아기새에게 말했다.

"잘 들어라. 이제 나는 자진해서 인간의 손에 잡힐 거란다. 곧 재미있는 광경이 벌어질 테니 눈 크게 뜨고 잘 보렴!"

아기새가 걱정스러운 얼굴로 말했다.

"하지만 아빠, 그러다 다치기라도 하면 어떡해요?"

"빠져나올 방법이 있단다. 걱정하지 말고 잘 지켜보렴."

아빠새는 훌쩍 날아올랐다가 일부러 인간 앞에 떨어졌다. 인간은 땅에 떨어진 아빠새를 얼른 두 손으로 잡더니 신이 나서 외쳤다.

"야, 정말 맛있게 생긴 새로구나! 내 얼른 너를 구워먹을 테다!"

그때 아빠새가 말했다.

"나는 작고 마른 새라 살도 별로 없어요. 먹어봤자 간에 기별도 안 간다고요!"

하지만 인간은 여전히 입맛을 다시며 말했다.

"뭐, 살은 별로 없지만 대신 아주 맛있을 것 같구나."

"잠깐, 내 말 좀 들어봐요. 내 고기보다 훨씬 더 좋고 유용한 것을 알려줄게요. 사실, 나는 부자가 되는 비결 세 가지를 알고 있어요. 이것만 안다면 당신도 금세 부자가 될 거예요."

"그래? 정말이냐? 그럼 어서 말해봐!"

인간의 재촉에 아빠새는 태연하게 말했다.

"대신 조건이 있어요. 첫 번째 비결은 그냥 말해드리죠. 하지만 두 번째 비결은 당신이 날 놓아준 뒤에, 세 번째 비결은 내가 저 나무 위까지 날아간 뒤에 말해드리겠습니다. 어때요?"

인간은 조금도 망설이지 않고 고개를 끄덕였다.

"알았어. 네 말대로 해주마. 자, 첫 번째 비결부터 말해봐!"

"잘 들으세요. 첫 번째 비결입니다. 이미 잃어버린 것을 아까워하지 말라. 됐죠? 이제 저를 놔주세요."

인간은 아빠새를 놔주었다.

"그럼 두 번째 비결을 말씀드리겠습니다. 있을 수 없는 일을 믿지 말라."

말을 마친 후, 아빠새는 휙 날아올라 인간의 손이 닿지 않을 만큼 높은 나뭇가지 위에 앉았다. 그리고 소리쳤다.

"바보, 멍청이! 만약 나를 잡아서 내 배를 갈라봤으면 당장에 부자가 됐을 텐데. 사실 내 뱃속에는 무게가 120그램이 넘는 커다란 보석이 있거든. 도시 하나를 살 수 있을 만큼 엄청나게 귀한 보석이지!"

인간은 화가 나서 입술을 피가 나도록 꼭 깨물었다. 그는 나무 위의 새를 죽일 듯 노려보다가, 쥐어짜는 듯한 목소리로 외쳤다.

"제길, 약속한 대로 마지막 비결을 알려다오!"

아빠새는 혀를 찼다.

"욕심 많은 인간! 욕심 때문에 눈까지 멀었군. 내가 앞서 얘기해준 두 가지 비결도 벌써 잊어버렸는데, 세 번째 비결을 말해줘봤자 무슨 소용이 있겠어? 내가 말하지 않았나? 이미 잃어버린 것을 아까워하지 말고, 있을 수 없는 일을 믿지 말라고! 생각해봐. 이 작은 몸에 어떻게 120그램짜리 보석이 들어 있겠어? 내 몸무게만도 100그램이 채 안 되는데. 직접 손으로 나를 잡아봤으니 알 것 아냐?"

인간은 저도 모르게 입을 쩍 벌렸다. 한 끼니도 안 되는 작은 새에게 그야말로 철저히 놀림을 당한 것이다.

아빠새는 아기새를 돌아보며 말했다.

"애야, 잘 보았지? 인간은 저렇게 욕심 많은 동물이란다."

"네, 아빠. 그런데 전 이해가 안 가요. 인간은 왜 아빠 뱃속에 보석이 있다는 말을 믿은 거죠? 그건 누가 봐도 말이 안 되잖아요."

"그게 다 욕심 때문이란다. 욕심 때문에 어리석어지는 것, 그것이 바로 인간이 가진 욕심의 본성이야!"

탐욕은 마음의 지혜가 자라는 것을 막는다. 심지어 기본적인 판단력과 건전한 생각까지 빼앗고, 사람을 바보로 만들어버린다. 탐욕을 내려놓으라. 그러면 조급함과 두려움에서도 벗어날 수 있다.

오만함 역시 마음을 불안하게 하는 주된 원흉이다.

요즘에는 겸손하게 자신을 낮출 줄 아는 사람이 많지 않다. 대신 스스로 잘났다고 자처하는 사람만 넘쳐난다. 이들은 남에게 깔보이는 것을 죽기보다 싫어하고, 칭찬을 받아야만 직성이 풀린다. 어디 그뿐이랴! 오만한 공작새처럼 남들이 박수를 쳐주지 않으면 화를 내고, 언제든 싸울 준비가 되어 있는 수탉처럼 자신을 비판하는 사람은 무조건 물고 뜯는다. 모두 지나친 자만심에 빠져 있기 때문이다.

한 젊은이가 실의에 빠진 채 어느 절에 도착했다. 그는 주지를 만나자마자 한탄부터 늘어놨다.

"저는 오로지 그림을 배우기 위해 좋은 스승을 찾아 천하를 돌아다녔습니다. 그러나 지금까지도 제 마음에 꼭 드는 스승을 만나지 못했습니다. 대체 어찌하면 좋을까요?"

주지가 온화하게 웃으며 물었다.

"천하를 10년 넘게 헤매고 다니면서 훌륭한 스승을 정말 단 한 명도 만나지 못했단 말입니까?"

그러자 젊은이가 길게 한숨을 쉬며 말했다.

"훌륭하다는 소문을 듣고 힘들게 찾아가보면 대부분 속 빈 강정이었습니다. 그들의 그림을 전부 봤는데, 심지어 저보다 못 그리는 사람도 있더군요."

주지는 여전히 온화한 미소를 띤 채 말했다.

"소승은 비록 그림을 잘 알지는 못하나 그림 수집에 취미가 있어서 대가의 작품을 몇 점 가지고 있습니다. 보아하니 시주님의 그림 실력 역시 대가 못지않은 듯하니, 괜찮으시다면 소승에게 그림 한 점을 그려주시겠습니까? 소중하게 간직하겠습니다."

그는 동자승에게 먹과 벼루, 화선지를 가져오게 했다.

"소승에게 또 다른 취미가 있는데, 바로 다도입니다. 특히 생김이 시원시원하고 고풍스러운 다기를 좋아한답니다. 그래서 말인데, 찻주전자와 찻잔을 그려주실 수 있겠습니까?"

젊은이는 흔쾌히 승낙했다.

"그거야 어렵지 않지요!"

젊은이는 먹을 갈고 화선지 한 장을 펼쳤다. 그리고 붓에 먹물을 골고루 묻힌 뒤, 거침없이 그림을 그리기 시작했다. 잠시 후, 화선지 위에 살짝 기울여진 찻주전자와 얌전히 놓인 찻잔이 그려졌다. 찻주전자 주둥이에서 차가 흘러나와 찻잔에 담기는 그림이었다. 그리기를 마친 후, 젊은이가 주지에게 물었다.

"어떻습니까? 마음에 드십니까?"

그런데 주지가 살짝 고개를 저으며 말했다.

"시주님께서 한 가지 잘못 그리신 게 있습니다. 찻주전자와 찻잔의 위치가 바뀌지 않았습니까? 응당 찻잔이 위에, 찻주전자가 아래에 있어야 할 텐데요."

젊은이는 어이없다는 듯 웃었다.

"참, 스님도 투미하십니다. 찻잔이 위에 있고 찻주전자가 아래에 있으면 대체 어떻게 차를 따르겠습니까?"

그러자 주지가 부드럽게 웃으며 말했다.

"이제 보니 시주님도 그 이치를 알고 계셨군요! 말씀하신 대로입니다. 시주님은 자신의 찻잔을 훌륭한 대가들의 향기로운 차로 가득 채우고 싶다고 하셨지요? 그런데 정작 대가들을 만날 때마다 자신의 찻잔을 대가들의 찻주전자보다 더 높은 곳에 두지 않으셨습니까? 그러니 대가들의 향기로운 차를 담을 수 없을 밖에요. 자기 자신을 낮출 줄 아는 자만이 다른 사람의 지혜와 경험을 배울 수 있는 법이랍니다."

충실한 삶을 살고 싶다면 먼저 나 자신을 바르게 이해해야 한다. 바다가 그처럼 장대한 까닭은 스스로를 가장 낮은 곳에 두고, 넓은 마음으로 모든 것을 받아들일 줄 알기 때문이다.

인생도 마찬가지다. 진정한 성공과 영예를 얻고 싶다면 수많은 강줄기를 전부 받아들이는 거대한 바다처럼 넓은 도량을 길러야 한다. 그러니 경솔과 오만을 버리고, 그 자리에 겸손과 포용을 채워라!

경솔과 천박은 현대인의 공통적인 병이다. 노력하지 않고도 얻기를 바라고, 마땅히 해야 할 일을 차분하게 하지 않으니 부박한 인생은 절대 편안할 수 없다.

문제는 이 현상이 전 연령대에 걸쳐 나타난다는 점이다. 차분히 학

신념의 힘을 길러라.
신념은 마음가짐을 바로잡아주는 영혼의 나침반이다.
신념이 강할수록 마음을 바로 가다듬을 수 있다.

업 및 자기계발에 매진해야 할 젊은이는 툭하면 엉덩이를 들썩인다. 열심히 일해야 할 중장년은 불혹을 넘기고도 여전히 온갖 유혹에 흔들리고, 현재에 만족하지 못한 채 이곳저곳 기웃거리며 초조함에 시달린다. 노인도 마찬가지다. 인생을 관조하며 마음을 다스릴 때도 되었건만 여전히 걱정과 근심과 불안을 떨쳐버리지 못한다. 그래서 많은 철학자와 심리학자는 전 국민이 부박함에 빠진 요즘의 세태를 '이 시대가 가진 기본적인 불안 요소'라고 표현했다.

인생 경험이 풍부한 노인이 외손자에게 중요한 교훈을 가르쳐주기로 마음먹었다. 그는 종이로 기다란 용을 만들고, 용의 배 부분에 빈 공간을 만들었다. 그리고 메뚜기 몇 마리를 용의 뱃속에 집어넣었다. 그런데 메뚜기들은 얼마 되지 않아 모두 죽어버렸다.

노인은 이것을 외손자에게 보여주며 말했다.

"얘야, 이것 보렴. 메뚜기들이 왜 죽었는지 아니? 그건 메뚜기의 성격이 너무 조급하고 경솔하기 때문이란다. 차분하게 앞이나 뒤로 기어가기만 했다면 얼마든지 용의 입이나 꼬리를 통해서 밖으로 나올 수 있는데 정신없이 발버둥만 치다가 결국 죽고 만 게지. 아무리 강한 턱과 높이 뛸 수 있는 뒷다리를 가지고 있으면 뭐하겠니? 제 성질에 제가 넘어지고 마는 것을!"

노인은 이번에는 작은 청개구리 몇 마리를 용의 뱃속에 집어넣고 입을 꼭 닫았다. 몇 분쯤 지났을까. 놀라운 일이 일어났다. 청개구리들이 한 마리씩 용의 꼬리를 통해 살며시 기어나온 것이다.

메뚜기는 침착할 줄도, 기다릴 줄도 모르고 그저 죽어라 발버둥만 쳤다. 이 부박함 때문에 죽고 말았다. 그러나 청개구리는 침착하게 상황을 분석하고 바른 선택을 내렸으며, 선택한 바를 꾸준히 밀고 나아가 살아날 수 있었다.

실제 삶 속에서도 메뚜기 같은 사람이 있다. 이들은 개인의 이해득실을 굉장히 중시하며, 뭐든 움켜쥐려고만 할 뿐 선뜻 내려놓지 않는다. 어려운 문제가 생겨도 차분히 분석할 줄 모르고 오로지 불로소득만을 꿈꾼다. 이들은 경박함의 그림자에 사로잡혀 조급하게 자기 이익을 좇기 때문에 늘 마음이 불안하다.

이런 현상은 시대적, 사회적 병폐에서 비롯되었다. 급변하는 사회, 표면적이고 이익만 추구하는 인간관계, 늘 팍팍하기만 한 살림살이, 불안한 미래, 지나친 경쟁 등이 모두 부박함을 조장하는 원인이다.

하지만 그럼에도 부박함의 근본적인 원인은 여전히 '확고한 신념'의 부족에 있다. 결국은 개인의 문제라는 뜻이다. 신념과 의지가 부족한 사람은 혼란에 직면하면 금방 흐트러지며, 유혹 앞에서 금세 자기 자신을 잃어버린다. 마치 허수아비처럼 외부에서 부는 바람에 따라 이리저리 흔들리고 비틀대는 것이다. 이 얼마나 수동적인 인생인가?

내면의 혼란과 갈등을 잠재우고 싶은가? 그렇다면 신념의 힘을 길러라. 신념은 마음가짐을 바로잡아주는 영혼의 나침반이다. 신념이 강할수록 마음을 바로 가다듬을 수 있으며, 부박함의 덫에서 벗어나 깨끗하고 올바른 내면세계를 세울 수 있다.

3

목적성과 복잡성,
마음이 복잡하면 발걸음도 무겁다

한 원예가가 자신의 정원에 포도 덩굴을 심었다. 사랑과 정성으로
돌본 덕인지 달콤한 포도송이들이 풍성하게 열렸다. 원예가는 얼른 포
도 몇 송이를 따서 잘 알고 지내던 장사꾼에게 선물했다. 장사꾼은 포
도를 맛보며 말했다.

"맛있네요, 아주 맛있어요! 한 근에 얼마나 드리면 됩니까?"

원예가는 필요 없다며 손사래를 쳤다. 하지만 상인은 끝까지 고집
을 부리며 지폐 몇 장을 억지로 원예가의 주머니에 쑤셔 넣었다.

원예가는 또다시 포도 몇 송이를 따서 직원에게 선물했다. 그런데
직원은 한참을 머뭇거리더니 조심스레 물었다.

"저, 혹시 제게 시키실 일이 있습니까?"

당황한 원예가가 아무 일도 없으며, 그저 맛이나 보라고 주는 것이
라고 몇 번을 설명하고 나서야 직원은 포도를 받아 들었다.

이번에는 이웃에 사는 젊은 부인에게 포도를 선물했다. 원예가가

포도를 건네자 젊은 부인은 조금 놀란 듯 보였고 그의 남편은 곁에 서서 원예가에게 경계의 눈빛을 보냈다. 한눈에도 원예가의 방문을 달갑게 생각하지 않는 것이 분명했다.

원예가는 왠지 지친 기분이 들어 집으로 돌아가다 한 노인과 마주쳤다. 원예가는 마침 손에 남아 있던 포도송이를 노인에게 건넸다. 노인은 포도 한 알을 맛보더니 수염을 쓰다듬으며 한마디 했다.

"훌륭하군요!"

그런 뒤 노인은 뒤도 돌아보지 않고 발걸음을 옮겼다.

하지만 원예가는 매우 행복했다. 자신의 기쁨에 순수하게 공감해주는 사람을 드디어 만났기 때문이다.

안타깝게도 이 세상에는 아무 의도나 목적 없이 순수하게 친절을 베푸는 사람이 적다. 목적성을 가진 사람은 항상 남도 자신과 마찬가지로 모종의 의도가 있을 것이라는 기본전제를 깔고 타인을 대한다. 그래서 이들에게 인간관계란 기본적으로 '기브 앤드 테이크'다. 문제는 항상 의도와 목적을 가지고 인간관계를 맺다 보니 늘 긴장과 걱정 속에 살게 된다는 점이다. 생각해보라. 누구를 만나든 항상 상대의 진짜 의도를 추측해내려고 신경을 곤두세워야 한다면 얼마나 피곤하겠는가?

행복하게 살려면 머리는 단순하게, 마음은 비우는 것이 좋다. 그래야 편해진다. 비록 가끔 남에게 오해를 받더라도 피곤한 장사꾼보다는 바보 같은 원예가로 살고 싶은 것이 나의 바람이다.

친구와 이야기를 하던 중, 친구가 갑자기 감정에 북받쳐 말했다.

"사는 게 너무 힘들어. 왜 이렇게 복잡한지 모르겠어. 오늘은 이거 생각하고, 내일은 저거 처리해야 하고, 문제 하나 겨우 해결하면 다른 문제가 또 터지고……. 대체 어떻게 해야 할지 모르겠어."

그녀의 하염없는 한탄을 듣다가 나도 모르게 피식 웃었다. 그러자 친구가 어이없다는 듯 소리를 질렀다.

"너는 이런 얘기를 하는 내가 웃기니?"

나는 황급히 친구에게 미안하다고 말했다. 내가 워낙 단순하게 살아서 별로 복잡한 일이 없다는 말도 변명처럼 덧붙이고, 생각을 조금만 덜하고 해야 할 일만 열심히 하면 마음이 훨씬 가벼워질 것이라는 위로도 건넸다.

사실, 인생은 매우 단순하다. 일할 때는 성실하게 최선을 다해 일하고, 쉴 때는 다른 생각하지 말고 그저 푹 쉬면 된다. 일할 때 일하고 먹을 때 먹고 잘 때 자면 된다. 그런데 이렇게 단순한 인생이 복잡해지는 까닭은 순전히 우리가 생각을 너무 많이 하기 때문이다.

새 시계가 두 개의 낡은 시계 사이에 걸렸다. 두 낡은 시계는 째깍째깍 소리를 내며 일 초에 한 걸음씩 가고 있었다.

그중 한 낡은 시계가 새 시계에게 말했다.

"자, 젊은 친구. 이제 자네도 일을 시작하게. 하지만 자네는 좀 약해 보이는군. 과연 3,200만 걸음을 걷고 난 뒤에도 멀쩡할지 걱정이야!"

새 시계가 깜짝 놀라 외쳤다.

"3,200만 걸음요? 맙소사! 그런 큰일을 어떻게 한다는 말입니까? 전 못 해요, 못 한다고요!"

그러자 다른 낡은 시계가 혀를 차며 말했다.

"이보게 젊은이. 저 늙은 영감의 헛소리는 듣지 말게. 걱정할 필요 없어. 그저 일 초에 한 걸음씩만 걷게나. 그건 어렵지 않겠지?"

"그렇지요. 하지만 정말 그렇게 간단한 일인가요?"

새 시계는 반신반의하면서도 조심스레 한 걸음을 내디뎠다. 째깍째깍, 한 걸음씩 걷는 것은 조금도 힘들지 않았다.

그렇게 1년이 흘렀다. 새 시계는 어느새 자기도 모르는 사이에 3,200만 번이나 걸음을 옮겼다!

똑같은 일도 어떻게 생각하느냐에 따라 달라진다. 간단하게 생각하면 의외로 쉽게 해결할 수 있지만 어렵게 생각하면 해결하는 과정도 까다로워진다. 심지어 너무 복잡하게 생각한 탓에 원래는 단순하기 그지없는 문제가 어디서부터 손을 대야 할지 모를 정도로 꼬이는 경우도 있다. 그런가 하면 반대로 세계 최고의 난제들이 단순한 사고방식을 가진 사람에 의해 어이없을 정도로 쉽게 풀려버리기도 한다.

어느 중학교 수학 선생님이 한 학생에게 매일 수학 문제 세 개를 숙제로 내주었다. 제출 기한은 항상 다음 날 아침이었는데, 학생은 성실하게 매일 숙제를 제출했다.

어느 날, 학생은 평소와 달리 선생님이 네 문제를 내주었다는 사실을 깨달았다. 게다가 네 번째 문제는 다른 문제보다 좀 더 어려웠다. 그는 늘 하던 대로 문제에 대해 깊이 생각하고, 문제를 풀기 시작했다. 새벽녘, 학생은 마침내 네 번째 문제의 답을 구해냈다.

다음 날, 그는 평소처럼 선생님에게 숙제를 제출했다. 그런데 선생님이 네 번째 문제의 풀이를 보더니 깜짝 놀란 표정으로 학생을 바라봤다!

사실, 그 문제는 여태껏 제대로 풀지 못한 수학계의 오래된 난제였다. 그것을 선생님이 종이에 베껴 써두고는 실수로 다른 세 가지 문제와 함께 숙제로 준 것이다. 수학자들도 풀지 못한 어려운 문제를 중학생이 풀어냈으니 선생님이 그토록 놀란 것도 당연한 일이었다.

만약 선생님이 이 문제를 학생에게 주면서 수학자들도 풀지 못한 아주 어려운 난제라고 몇 번이나 강조했다면 결과는 어땠을까? 그랬어도 학생이 문제에 도전하였을까? 아닐 것이다. 처음부터 이 문제가 수학계의 난제라는 것을 알았다면, 학생은 아마 문제를 풀 엄두조차 내지 못했을 것이다. 하지만 그는 그 사실을 몰랐기에 평상심을 가지고 단순하게 생각하였고 난제를 해결할 수 있었다.

안톤 체호프는 이렇게 말했다.

"나는 당신이 어린아이처럼 편안하기를 바란다. 가장 중요한 것은 당신의 행복이다. 그러니 인생을 너무 복잡하게 생각하지 말라. 인생의 진실은 어쩌면 가장 간단한 일에 있는지도 모르니까!"

chapter 3
해답

1

마음이
끌리는 일을 하라

　우리의 고민 대부분은 하고 싶은 것을 하지 못하는 데서 비롯된다. 나는 자고 싶은데 일을 해야 할 때, 일을 잘하고 싶은데 부서 간 이해관계 충돌 혹은 동료와의 불화 때문에 잘 진행되지 않을 때, 나는 이 일을 마쳐야 하는데 상사는 자꾸 저 일을 시킬 때 우리는 고민에 빠진다.

　바로 이런 자기 바람과 현실 간의 괴리가 우리를 우울감과 무력감에 빠뜨린다. 내가 바라는 바와 상관없이 현실에 발목을 잡히는 사실이 우리를 고민하고 괴롭게 만드는 것이다.

　어떻게 하면 현실의 속박을 벗어날 수 있을까? 사실, 그 해답은 의외로 간단하다. 잘나갈 때는 성취 자체를 즐기고, 못 나갈 때는 인생 자체를 누리면 된다. 할 마음이 들 때는 의미 있는 일을 하고, 기분이 영 아닐 때는 재미있는 일을 하면 된다. 즉, 마음이 끌리는 일을 하고 할 수 있는 일을 하는 것이다. 마음에 따라 정하고 능력에 따라 행하라. 이렇게 하면 고민되는 상황에서 결정을 내리기가 훨씬 수월해진다.

먼저 마음에 따라 정하는 것에 대해 생각해보자.

지금 해야 할 일과 하고 싶은 일 중 대부분의 사람은 해야 할 일을 선택한다. 그런데 해야 할 일은 잠시 미룰 수 있지만 하고 싶은 일은 도저히 미룰 수 없는 상황이라면? 해야 할 일을 과감하게 내려놓고 나의 마음을 따라 하고 싶은 일을 해야 한다!

베이징은 가을에 가장 아름다운데 안타깝게도 베이징의 가을은 매우 짧다. 날씨가 쾌청한 날도 얼마 되지 않는다. 따스하게 내리쬐는 햇살을 만끽하며 황금빛으로 물든 은행나무 길을 걸을 기회는 더더욱 얻기 힘들다. 그래서 이번 가을, 나의 소원은 햇살 좋은 날 댜오위타이 근처의 은행나무 길을 산책하며 멍하니 시간을 보내는 것이었다. 그런데 얼마 전, 그 소원을 이룰 수 있는 맑은 날이 찾아왔다. 하필이면 원고 마감 기한이 바로 코앞이었다. 나는 고민에 빠졌다. 원고를 쓸 것인가? 아니면 나가서 이 아름다운 가을날을 만끽할 것인가?

5분쯤 고민한 후, 나는 결심했다. 나가자! 나가기로 결심한 이유는 간단했다. 원고는 하루쯤 미뤄도 되지만 날씨는 나를 기다려주지 않을 것이기 때문이다. 만약 오늘 밤 큰바람이 불어서 은행나무 잎이 다 떨어진다면 어쩌지? 소원 성취를 위해 또다시 일 년을 기다려야 하나? 게다가 이미 아름다운 가을날에 마음을 빼앗긴 이상 책상 앞에 앉아 있어봤자 원고 한 장 제대로 쓰지 못할 것이 분명했다. 결국 나는 밖으로 나가 내 생애 가장 아름다운 가을날을 원 없이 만끽했다.

그다음, 능력에 따라 일하는 것에 대해 생각해보자.

만약 자기 성격대로 할 수 없는 상황이 생긴다면 그때는 객관적인 형편에 맞춰서 할 수 있는 일을 해야 한다.

어느 절에 훌륭한 노승이 있었다. 그는 명성에 걸맞게 성실한 제자들을 아주 많이 거느리고 있었다. 어느 날, 노승이 제자들에게 뒷산에 가서 나무를 해오라는 분부를 내렸다. 제자들은 서둘러 뒷산으로 향했지만 곧 강 앞에 멈춰 서야 했다. 얼마 전 내린 큰비로 강물이 엄청나게 불어 있어 도저히 건널 수 없을 정도였다. 결국 제자들은 빈손으로 돌아와야만 했다.

다들 의기소침해서 노승 앞에 서 있는데 한 동자승만 싱글벙글 웃고 있었다. 노승이 이유를 묻자, 동자승이 주머니에서 사과 한 알을 꺼내 노승에게 건네며 말했다.

"강가에 사과나무 한 그루가 있었습니다. 어차피 강을 건널 수 없어서 장작도 못 하게 되었는데 잘됐다 싶어서 나무에 딱 하나 열려 있던 사과를 따왔답니다. 받으십시오, 스승님!"

노승은 껄껄 웃으며 사과를 받아 들었다. 이 동자승은 나중에 노승의 계승자가 되었다.

이처럼 자신의 능력에 따라 할 수 있는 일을 하겠다고 마음먹으면 막다른 길이나 곤궁한 상황에서도 항상 활로를 찾을 수 있으며, 모종의 성과를 거둘 수 있다.

이 세상에 끝까지 갈 수 없는 길은 없으며 영원히 건널 수 없는 강은 없다. 건널 수 없는 강 앞에서 발길을 돌리는 것도 일종의 지혜다. 물론 진짜 지혜는 생각의 경계를 넓혀 강가에서 할 만한 일을 찾는 것이다. 장작을 구하지 못하면 사과라도 따겠다는 식으로 말이다. 자고로 이러한 신념을 가진 사람은 언제나 인생의 한계를 뛰어넘는다. 그러나 사람들은 대부분 불어난 강물을 보며 안타까워할 뿐, 강가의 사과나무는 발견하지 못한다. 눈앞의 길이 막혔을 때는 내가 할 수 있는 일을 먼저 생각해라. 그러면 남들이 보지 못하는 활로를 발견할 것이다.

2

독서, 상상 여행, 추억 찾기 등 즐기며 휴식하라

미국과 유럽에서는 원래 저녁때 어머니나 아버지가 가족들에게 책을 읽어주는 전통이 있었다. 그런데 아쉽게도 현대에는 이 좋은 전통이 대부분 사라진 듯하다.

우리는 인터넷과 TV 등 다양한 매체를 통해 수많은 정보를 접한다. 이러한 정보 습득의 방식은 지속적이고 집중적인 독서 행위와 본질적인 차이가 있다. 이렇게 입수한 정보는 깊이가 없고 피상적이며, 표면에만 머문다. 그에 비해 독서는 우리를 더 넓고 더 깊은 세계로 안내하며, 잠깐이나마 우리의 마음이 현실을 떠나 편안하고 안정된 휴식을 누릴 수 있도록 도와준다.

독서를 즐겨라

나는 책 읽기를 아주 좋아한다. 그래서 소파, 침실, 발코니, 식탁 할 것 없이 집 안 곳곳에 책이 제멋대로 쌓여 있다. 독서 취향도 잡식이라 경제 서적, 소설, 전문 서적, 잡지, 동화책 등 다양하다. 휴가 때도 역시 책과 함께한다. 대개는 아무 책이나 뽑아든 뒤, 흥미가 생기면 자세히 읽고 구미가 당기지 않으면 대충 훑어보는 식이다. 좋아하는 책의 종류와 내용도 상황에 따라 다양하게 변화하고 발전해왔다.

유년기에는 다른 아이들과 마찬가지로 동화책을 좋아했다. 그중에서도 특히 삽화가 들어간 전래동화를 좋아했다. 나는 동화책을 읽으면서 알게 모르게 고전문학의 매력에 빠져들었다. 그리고 나도 구름을 타고 날아다니거나 천상 혹은 지하를 여행하는 꿈을 꾸며 마음껏 상상의 나래를 펼쳤다.

청소년기에 나를 사로잡은 것은 시와 소설이었다. 당시의 나는 한창 감수성이 풍부한 문학소녀였다. 시쳇말로 굴러가는 낙엽만 봐도 눈물이 또르르 흘러내렸다. 그때 읽었던 수팅[舒婷], 구청[顧城], 푸슈킨, 타고르의 시와 츙야오[瓊瑤], 진용[金庸], 량위성[梁羽生], 톨스토이의 소설은 청소년기 나의 정신적 성장에 풍부한 영양분이 되어주었다. 나는 지금도 훌륭하고 아름다운 시와 소설을 많이 읽는 것은 풍부한 감성과 고아한 성품을 기르는 최고의 방법이라고 생각한다.

성인이 되어 일을 시작한 후에는 매일 의무적으로 봐야 하는 신문과 잡지 외에 산문과 수필을 즐겨 읽었다. 작가 펑지차이[馮驥才]는 "산문은 가장 마음대로 쓴 문장이자 거리낄 것이 없는 글이다"라고 했는데, 정말로 그렇다. 산문을 읽을 때마다 나는 마치 나 자신이 정령이 되어 우주 속을 천천히 유영하는 듯한 기분을 만끽한다. 내 마음과도 한층 더 가까워진 느낌이다. 그에 비해 수필은 좀 더 현실감이 있으며 정신을 맑게 해준다. 천문지리, 인류사, 문화, 종교, 정치, 경제 등을 다룬 글은 독자에게 풍성한 견문과 깊게 사고할 수 있는 능력을 선사하며, 좀 더 고상한 문화생활과 정신세계를 누릴 길을 열어준다. 또한 끊임없이 내면을 고찰하고 물질적 욕망을 반성하게 함으로써 세상사에 통달하고 인생의 바른길을 찾게 도와준다.

어쩌면 당신은 금과 보석으로 가득한 상자를 가진 엄청난 부자일지도 모른다. 그러나 당신은 영원히 나보다 부유해질 수 없다. 왜냐하면 내게는 책을 읽어주시는 어머니가 있었기 때문이다.

미국 시인 스트리클랜드 질릴란의 시 '책 읽어주는 어머니'에 나오는 문장이다. 이러한 어머니가 있다는 것이 얼마나 행복한 일인가? 당신도 이러한 어머니를 가질 수 있다. 스스로 나 자신의 어머니가 되어서 매일 자기 자신에게 이야기를 읽어주는 것이다. 무엇이든 좋다. 내가 듣고 싶은 것을 스스로에게 읽어주어라.

독서는 삶을 더욱 풍성하게 만들고 나의 정신을 고귀하게 만든다. 나의 품격을 높여주며 시야를 넓혀주고 자신감을 북돋아준다. 또한 나의 영혼을 위로해준다. 그러니 어떻게 책 읽기를 사랑하지 않을 수 있겠는가!

상상 여행을 떠나라

누구나 훌쩍 떠나는 여행을 꿈꾼다. 아무것에도 얽매이지 않고 떠날 수 있다면, 대자연의 품에 안겨 자유롭고 편안하게 쉴 수 있다면 얼마나 좋겠는가! 상사의 눈치를 볼 필요도 없고, 허세를 부릴 필요도 없으며, 갑을관계에 묶여서 머리싸움을 할 필요도 없다면 그야말로 살맛이 날 것이다. 하지만 대부분은 일과 생활 때문에 쉽사리 떠나지 못한

독서는 삶을 더욱 풍성하게 만들고 나의 정신을 고귀하게 만든다.
나의 품격을 높여주며 시야를 넓혀주고 자신감을 북돋아준다.
또한 나의 영혼을 위로해준다.
그러니 어떻게 책 읽기를 사랑하지 않을 수 있겠는가!

다. 바로 이럴 때, 여행을 가고 싶은 마음을 조금이나마 충족시킬 수 있는 좋은 방법이 있다. 집에서 한 발짝도 나가지 않고 천하를 여행하는 방법, 바로 '상상 여행'이다.

상상 여행은 말 그대로 상상력을 마음껏 발휘하여 생각으로 떠나는 여행이다. 따라서 내가 원한다면 언제든 어디로든 갈 수 있다. 여행 방법도 매우 쉽다. 생각의 세계 속에 나를 풀어두고 내가 잘 알거나 잘 모르는 곳, 혹은 상상할 수 있는 다양한 환경과 장면 속으로 떠나면 된다. 유명한 유적지, 명승고적, 멋진 도시는 물론이고 심지어 아마존 속을 여행할 수도 있다. 캠핑이나 암벽 등반을 하는 것도 가능하다. 과학적 상상력을 발휘해서 버뮤다 삼각지대나 시베리아 외곽의 퉁구스카 폭발 현장으로 모험을 떠날 수도 있다. 어디 그뿐이겠는가? 아예 시간을 거슬러 선사시대 여행도 할 수 있다. 원하는 것은 무엇이든 할 수 있고, 자신이 주인공이 되어 멋진 모험 영화를 찍으며 마음껏 스트레스를 발산할 수도 있다. 상상 여행의 매력은 이처럼 무궁무진하다.

물론 상상 여행에도 준비가 필요하다. 지리, 역사, 멋진 여행지, 동서양의 흥미로운 사건 등에 대해 어느 정도는 사전 지식이 있어야 좀 더 다채롭고 구체적인 여행을 즐길 수 있기 때문이다.

상상 여행의 장점은 돈 한 푼 쓰지 않고 몸도 힘들지 않으면서 여행의 욕구를 충족시킬 수 있다는 것이다. 또한 상상 여행을 준비하면서 갈 곳에 대한 자료, 노선, 관련된 이야기 등을 조사하는 과정을 통해 지식도 습득할 수 있다. 여행이 끝났는데도 여전히 아쉽다면, 부담 없이 또 한 번 여행을 떠날 수 있다는 것도 상상 여행의 좋은 점이다. 마음껏 여행을 즐긴 뒤에 이를 기록으로 남길 수도 있다. 당신의 완벽한 상상력을 아름다운 글로 남긴다면 세상에 둘도 없는 당신만의 여행기가 탄생한다. 이 얼마나 매력적인가!

이미 몇백 년 전에 종병(宗炳)이라는 사람은 생각으로 여행을 하고 기록을 남겼다. 이십사사(二十四史. 중국에서 정사로 인정받는 24종의 역사서 통칭) 중 『송서(宋書)』의 기록에 따르면 종병은 여행을 아주 좋아하는 사람이었다. 그는 평생 안 가본 곳이 없을 정도로 온 나라를 돌아다녔는데 한 번 여행을 떠나면 몇 달이고 집에 돌아오지 않는 것이 예사였다. 하지만 뭐든지 과하면 모자라는 것만 못한 법. 종병은 여행을 너무 많이 다니다가 결국 병을 얻고 말았다. 집으로 돌아온 뒤, 그는 자리에 누워 이렇게 한탄했다.

"천하의 명산을 다 보기도 전에 나는 늙고 병이 들어버렸구나!"

하지만 그는 곧 마음과 생각을 가다듬었다. 그런 뒤 그는 누워서 천하를 여행하기 시작했다. 밖으로 직접 나갈 수는 없지만 대신 생각으로 여행을 떠난 것이다. 그는 자신이 평생 가보았던 모든 곳을 생각으로 다시 가본 뒤, 이를 그림으로 그렸다. 나중에 그는 지인에게 "가락을 지어 거문고를 켜면 예전에 가보았던 산들이 방 안에서 거문고 가락에 맞춰 함께 춤을 춘다"라고 말했다고 한다.

마음만 있으면 얼마든지 여행을 갈 수 있다. 중국의 저명한 시인 왕궈전[汪國眞]도 시를 통해 이렇게 노래하지 않았던가.

한 가닥 마음이여, 자랑스럽구나. 그 자랑스러움이 깃든 눈빛을 이 수수한 글로 어찌 표현하랴! 한 번 보니 물과 같고, 두 번 보니 날리는 눈송이 같구나. 한 가닥 마음이여, 여유 있는 격조가 넘치누나. 서리 내린 가을날 단풍 물들고, 첫 추위와 함께 붉어지며, 가을이 깊을수록 색이 깊어진다. 한 가닥 마음, 뜻은 사라지지 않는다. 대지는 늘 푸르고 나는 쇠하지 않으리라.

바쁜 일상 속, 마음으로 떠나는 여행을 통해 지친 심신을 달래보면 어떨까?

옛일을 추억하라

어느 블로그에서 이런 글을 봤다.

'사람이 옛일을 생각하기 시작했다면 둘 중 하나다. 늙었거나, 늙을 준비를 하고 있거나!'

나는 이 말에 동의하지 않는다. 옛일을 추억하는 것은 나에게 매우 달콤한 감정을 선사하기 때문이다. 옛일을 추억하는 것은 가치 있는 일이다. 영국의 심리학자 팀 와일드처트도 이렇게 말했다.

"사람은 기분 좋은 과거를 추억할 때 심리적으로 편안해진다."

젊은 부부가 있었다. 결혼 2년 차인 이들은 집을 사느라 진 빚 때문에 엄청난 압박에 시달리고 있었다. 결혼 초, 두 사람은 되도록 빚을 빨리 갚는 것을 공통의 목표로 세우고 일에 몰두하기로 결정했다. 아침 일찍 눈을 뜨면 부부는 각자 직장으로 향했고 저녁 늦게까지 야근하다 각자 저녁을 먹고 집으로 돌아왔다. 얼마나 피곤했는지, 서로 말한마디도 하지 않는 날이 수두룩했다. 이들 부부에게는 옛일을 추억할 시간도 없었다. 유행하는 노래 한 곡 들을 시간도 없는데, 언제 옛일을 추억하겠는가!

심한 눈보라가 치던 어느 겨울밤, 두 사람은 버스와 지하철을 갈아타고 한 시간 만에 겨우 따뜻한 집에 도착했다. 그런데 곧 누가 저녁 식사를 준비할 것인가를 놓고 말다툼이 벌어졌다. 아내는 손에 들고 있던 리모컨을 집어던졌고, 남편은 컵을 던져 깨뜨렸다.

화가 머리끝까지 난 두 사람은 결국 저녁 식사를 걸렀다. 갑자기 결혼생활에 대한 믿음도, 직장생활에 대한 의지도 사라지는 것 같았다. 결혼 이후 단 한 번도 지친 적 없었던 부부가 처음으로 의기소침해진 것이다. 절망감이 들면서 모든 것이 부질없게 느껴졌다. 아내는 소파 위에 웅크리고 앉아 괜히 머리카락만 만지작거렸다. 남편은 될 대로 되라는 심정으로 평소 돈을 아끼고자 단 한 번도 켜지 않았던 벽난로를 켰다. 그러고는 혹시 시작될지도 모를 아내의 잔소리를 차단하기 위해 이어폰을 귀에 꽂고 음악을 들었다.

창밖에는 눈송이가 소담하게 떨어지고, 집 안에는 벽난로가 온화하게 타올랐다. 남편은 음악을 들으며 벽난로를 바라보다가 저도 모르게 코끝이 시큰해지고 눈가가 붉어졌다. 아내도 탁탁 소리를 내며 타오르는 벽난로의 불꽃을 조용히 바라보고 있었다.

두 사람은 각자 옛 추억에 빠졌다. 예전의 일들이 하나둘씩 떠올랐다. 두 사람이 처음 만났던 날, 처음 손을 잡았던 날, 처음 입 맞춘 날, 처음 서로의 집에 놀러 갔던 날…… 문득, 마지막으로 서로를 안아본 것이 언제인지도 모르겠다는 생각이 떠올랐다. 두 사람은 누가 먼저랄 것도 없이 서로를 끌어안았다. 그리고 처음 데이트를 했던 그 겨울밤에 대해, 서로의 어렸을 적 추억에 대해 대화를 나누기 시작했다.

이 부부를 위기에서 구원한 것은 벽난로와 옛 추억이었다. 벽난로가 옛 추억을 떠올리는 매개체가 됐고, 추억은 자칫 벌어질 뻔한 두 사람의 마음을 다시 하나로 이어주었다.

이런데도 '옛날 일을 추억하는 것은 늙었다는 뜻'이라는 소리를 하겠는가? 옛일을 추억하는 것은 아주 건전하고도 건강한 마음의 요구 사항일 뿐이다.

추억은 심리적 안정에도 많은 도움이 된다.
우리도 모르는 사이에 우리 마음속 가장 부드러운 곳을 건드려서
따뜻한 감정이 일게 하는 것이다.

심리학적으로 보면 옛일을 추억하는 것은 인간의 본능이다. 사람은 의식적으로든 무의식적으로든 익숙한 것에 그리움을 느낀다. 주변 사람들을 자세히 관찰해보라. 대부분 집에서든 사무실에서든 같은 자리에 앉는 것을 좋아한다. 익숙하기 때문이다. 고향, 가족, 친구에 대해 특별한 감정을 갖는 것도 비슷한 이치로 이해할 수 있다.

추억은 매우 아름다운 것이다. 오랜만에 친구를 만나거나 예전에 좋아했던 물건을 접하면 몇 년 동안 단절되었던 감정이 다시 연결되는 것을 느낄 수 있다. 마치 전기에 감전된 듯 짜릿한 기분도 든다. 추억은 우리에게 인생이 얼마나 깊고 넓으며 강한지를 알려주며, 이를 통해 삶에 감사하는 마음을 갖게 해준다.

추억은 심리적 안정에도 많은 도움이 된다. 우리도 모르는 사이에 우리 마음속 가장 부드러운 곳을 건드려서 따뜻한 감정이 일게 하는 것이다.

당신은 추억을 사랑하는가? 당신은 어떠한 방법으로 옛일을 추억하는가?

나는 오래된 사진, 낡은 신문, 심지어 한창 방황할 때 마구 갈겨썼던 원고까지도 모두 간직하고 있다. 여기저기 때 묻은 낡아빠진 물건들이지만 볼 때마다 많은 것을 느끼고 깨닫기 때문이다.

얼마 전, 베이징에서 가장 오래된 거리 중 하나인 난뤄구샹[南鑼鼓巷]에서 낡은 사진첩 한 권을 샀다. 그리고 이 사진첩에 오래된 사진들을 끼워두었다. 낡은 사진첩과 오래된 사진의 조화가 얼마나 멋스럽던지! 왠지 내 어린 시절의 기억이 더욱 아름다워지는 것 같아 행복했다.

물론 아무리 좋은 정서와 행동도 지나치면 결국 이상하게 변하고 만다. 추억 역시 마찬가지다. 추억이 아무리 좋다지만, 과거에 지나치게 빠져서 현실과 멀어지는 일은 없어야 할 것이다.

3
때로는
휴대전화와 컴퓨터를 멀리하라

현대의 도시인이라면 누구나 한 번쯤은 '달아나고 싶다'는 강렬한 충동을 느낀다. 아무것도 신경 쓰지 않고, 모두 던져두고, 휴대전화는 꺼버리고, 아무도 모르는 곳에 가서 단 며칠이라도 편히 쉬고 싶다는 그런 충동 말이다. 일이나 사람에 얽매이지 않고 온전히 나 자신만을 위한 시간을 보낼 수 있다면 얼마나 좋을까?

이런 소원을 이루겠다고 빠듯한 업무 일정을 조절해서 연차를 내고, 돈과 시간을 들여 유명한 휴양지에 가야만 하는 것일까? 아니다. 그저 휴대전화와 컴퓨터의 전원을 끄는 것만으로도 얼마든지 가능하다. 왜냐하면 현대인의 고질병인 불안, 초조, 혼란은 대부분 정보에 대한 지나친 의존에서 비롯되기 때문이다.

휴대전화를 가지고 있고 인터넷을 즐기는 사람들은 어느 정도 '정보 불안증'을 앓고 있다. 나 자신도 예외는 아니다. 나는 두 물건에 대한 의존증이 심각했다. 한동안은 아침에 눈을 뜨면 곧장 컴퓨터를 켜곤 했다. 물을 마시기도 전에, 밥을 먹기도 전에, 심지어 세수를 하기도 전에 컴퓨터 전원부터 켠 것이다. 그러고는 메신저에 로그인을 하고 블로그에 들어가 한참을 인터넷 삼매경에 빠졌다. 외출했다 돌아왔을 때도 손을 씻거나 화장실을 가기 전에 인터넷부터 열었다. 메신저에서 누가 날 찾지는 않았는지, 블로그에 새로운 댓글이 달리지는 않았는지 궁금했기 때문이다. 그뿐만이 아니다. 버스를 탔을 때 어디선가 휴대전화 벨소리가 울리면 얼른 내 휴대전화를 꺼내보았다. 분명히 다른 사람의 벨소리인데도 꼭 내 것인 듯한 착각이 들었다. 심지어 환청으로 벨소리를 듣기도 했다. 수시로 문자를 확인하는 것은 기본이고, 별일이 없으면서도 하루에 수십 수백 번씩 휴대전화를 들여다보았다.

이러한 증세는 꽤 오랫동안 지속됐다. 그런데 어느 날부터 위가 심하게 아프기 시작했다. 게다가 거울 속에 비친 나의 얼굴은 생기를 잃었고, 늙어 보이기까지 했다!

나는 인터넷을 뒤져보고, 의사도 찾아갔으며, 나의 행동 하나하나를 꼼꼼히 되짚어봤다. 그리고 결론을 내렸다. 내가 위병이 생기고 못생겨진 이유는 모두 휴대전화와 인터넷에 지나치게 의존한 나의 생활 방식 때문이라고 말이다.

휴대전화와 인터넷에 사로잡히기 전만 해도 나는 일어나자마자 착실하게 세수부터 했다. 그리고 상쾌한 기분으로 화장대 앞에 앉아 치장을 했다. 그런 뒤 가볍게 콧노래를 흥얼거리며 영양 만점의 아침 식사를 했다. 시간을 들여 천천히 밥을 먹고 난 후에는 어김없이 밖에 나가서 집 앞 공원을 산책하며 신선한 공기를 마음껏 들이마셨다.

하지만 두 물건에 얽매인 후에는 눈뜨자마자 인터넷을 하느라 바빠서 산책은커녕 세수조차 하지 않았다. 아침 식사는 언제나 오전 아홉 시를 넘기는데, 그나마도 제대로 밥 한술 뜨지 못했다. 메신저에서 사람들이 끊임없이 말을 걸거나 인사를 하는 통에 밥을 입에 대충 밀어넣고 젓가락을 내려놓기 무섭게 다시 컴퓨터 앞으로 가곤 했다. 점심은 원래 열두 시쯤 먹는데, 두 시가 넘어서 먹는 경우도 허다했다. 저녁은 더욱 불규칙했다. 식사 시간이 이렇게 불규칙한데 위에 탈이 나지 않을 리 없었다.

컴퓨터 앞에 오래 앉아 있으면 피부에도 좋지 않다. 인터넷에 빠져 있는 동안 나는 외출을 거의 하지 않았다. 굳이 나가지 않아도 언제든 다른 사람과 이야기를 할 수 있기 때문이다. 게다가 인터넷을 하다 보면 운동할 여유도 없었다. 그전까지만 해도 매일 집에서 요가를 했었는데, 요가 매트가 어디에 있는지조차 생각나지 않을 정도였다.

이 모든 것이 부지불식간에 일어난 엄청난 변화들이었다. 위장은 약해지고, 맑았던 얼굴빛은 칙칙해지고 기미까지 생겼다. 허리 사이즈는 3인치나 늘었고, 생전 없던 똥배까지 나오고 있었다. 그제야 나는 현재 상황의 심각성을 알아차리고 나 자신에게 처방전을 내렸다. 나의 처방전은 다음과 같다.

- 아침에 일어나면 반드시 체조부터 한다. 그런 뒤 씻고 아침밥을 먹는다. 밥을 먹은 뒤에는 방을 정리하고 화초에 물을 준다.
- 인터넷은 연속 두 시간 이상 하지 않는다. 두 시간이 넘으면 컴퓨터를 끄고 몸을 움직이거나 간단한 스트레칭을 하면서 몸의 긴장을 푼다.
- 식사 시간을 정하고 엄격히 준수한다. 식사를 할 때는 즐겁게 하되, 식사를 마치기 전에는 인터넷 세상에서 천지가 개벽할 일이 벌어진다 해도 절대 식탁을 떠나지 않는다. 메신저로 하나님이 말을 건

다고 해도! 휴대전화 역시 무음모드로 바꿔놓고, 전화가 와도 받지 않는다. 매주 일요일은 '나 혼자만의 시간'으로 정하고 휴대전화, 컴퓨터의 전원을 하루 종일 꺼둔다. 원고를 써야 한다면 손글씨로 쓴다.

• 인터넷 채팅은 최대한 줄인다. 일이 있다면 되도록 전화로 하고, 급한 일이 아니라면 상대방과 직접 만나서 이야기한다. 혹시 며칠 동안 인터넷을 하지 못해 '인터넷 금단 증상'이 온다면 마음을 가라앉히고 아주 오래전, 인터넷도 휴대전화도 없이 살던 시절을 떠올려본다. 그 시절에도 충분히 살 만하지 않았는가. 엄마와 다정하게 수다를 떨고, 친구와 손을 잡고 거리를 다녔던 그 시절이 지금보다 훨씬 편안하고 자유롭지 않았던가.

의학 전문가의 말에 따르면, 단기적인 불안 증세는 감기에 걸리는 것과 마찬가지로 자연스러운 일이며 심신이나 생활, 업무 등에 별다른 영향을 미치지 않는다고 한다. 그러나 장기적이고 지속적인 불안 증세는 안색을 나쁘게 만들며 체중을 감소시키고 심지어 병을 유발한다. 만약 직종의 특성상 매일 휴대전화와 인터넷을 사용할 수밖에 없다면 적어도 일주일에 하루 정도는 그것들을 멀리하고 '나 혼자만의 시간'을 갖도록 하자. 이는 선택 사항이 아니라 심신의 건강을 위한 필수 사항이다.

놓아주기
- 마음의 지혜가 스스로 자라게 하라

이 세상에 한 점 부끄러움도 없는 이가 어디 있으랴? 시간은 우리 인생의 자잘한 파편들을 멀리 가져가지만, 진실로 중요한 것과 감정은 남겨둔다. 이러한 것들은 우리를 품고 지켜주며 오래도록 마음속에 쌓여, 고요하고 안정적이며 그 어떤 말도 필요로 하지 않는 거대한 산맥을 이룬다. 우리는 이 사실을 알고, 거듭 깨달아야 한다. 믿음을 가지고 기다리는 법을 배운다면 이 모든 것이 가능해질 것이다.

chapter 1
치유

세상살이에 필요한 여섯 가지

"모든 일을 자연스러운 흐름에 맡겨라. 어떤 일을 만나든 태연하라. 득의할 때는 담담하라. 실망할 때는 의연하라. 어려움과 고난은 필연적인 것임을 인정하라. 갖가지 형태의 질곡은 깨달음을 위한 것임을 받아들여라."

위의 여섯 가지 충고에는 세상살이의 지혜가 오롯이 함축되어 있다. 이를 제대로 이해하고 마음에 새겨서 실제 삶에 적용한다면 인생은 훨씬 더 행복해질 것이다.

한 선사(禪師)에게 세 명의 제자가 있었다. 어느 날, 선사가 제자들에게 물었다.

"대문 밖에 나무 두 그루가 있는데 한 그루는 싱싱하고 한 그루는 시들었다. 너희는 어느 나무가 좋으냐?"

첫 번째 제자가 대답했다.

"싱싱한 나무가 좋습니다."

두 번째 제자가 대답했다.

"시든 나무가 좋습니다."

하지만 마지막 제자는 이렇게 대답했다.

"싱싱한 것도 나름의 이유가 있고, 시든 것도 나름의 이유가 있을 터이니 저는 어떤 것이든 상관없습니다."

선사는 과연 어느 제자의 대답을 흡족하게 생각했을까? 만약 당신이 앞의 두 제자 중 한 사람을 선택한다면 얻고 잃음, 좋고 나쁨에 얽매이는 마음이 생길 수밖에 없으며 외부 환경의 영향에 따라 일희일비하게 된다. 그러나 마지막 제자처럼 싱싱한 것도, 시든 것도 그 나무의 사정일 뿐 자신의 마음 상태와는 아무런 관련이 없다는 사실을 깨닫는다면 어떨까? 아마 세상사가 어떻게 변하든 간에 늘 평상심을 유지하며 태연자약하게 살아갈 수 있을 것이다.

위의 선문답은 매우 단순하지만 인생의 현묘한 이치와 세상 사는 여섯 가지 충고의 깊은 뜻을 생동감 있게 보여준다. 그렇다면 이러한 충고에 담긴 깊은 뜻을 어떻게 이해하면 좋을까?

첫째, 모든 걱정과 근심은 '사람 때문에' 생기는 번뇌로 요약할 수 있다.

"사람이 사는 곳에는 반드시 강호(江湖)가 생긴다"라는 말이 있다. 여기서 강호란 복잡하게 얽힌 인간관계를 의미한다. 사람은 아무리 노력해도 절대 강호에서 빠져나올 수 없다. 무협소설을 봐도 한때 무림에 몸담았던 사람이 강호를 떠난다고 하는 것은 결국 그전까지 속해 있던 생활권에서 벗어나거나 그 범위를 좁히는 것에 불과하다. 즉, 진정한 의미의 떠남은 아닌 것이다.

인생도 마찬가지다. 사람은 살아 있는 한 반드시 타인과 얽히며 생활을 꾸려가게 된다. 그저 생활의 반경이 넓은가, 좁은가의 차이만 있을 뿐이다. 게다가 반경이 아무리 좁아도 사랑, 미움, 은혜, 원한 등 인간관계에서 일어나는 모든 일은 어떻게든 겪게 되어 있다. 그래서 '강호가 생긴 곳에는 반드시 얽힘이 있다'라고 하는 것이다.

세상의 모든 일은 결국 인간의 일이다. 그렇기에 어떠한 마음가짐을 가지고 대하느냐에 따라 얼마든지 달라질 수 있다. 만약 자연스러운 흐름을 따르고 침착하게 평상심을 유지할 수만 있다면 저절로 수많은 번뇌와 근심에서 벗어나게 될 것이다.

둘째, 인간관계에서 나타나는 거의 모든 문제는 그 배경에 이해득실이 깔려 있다.

자신의 바람대로 일이 흘러가지 않거나 기대에 못 미칠 때, 자신에게 불리하게 돌아갈 때, 사람들은 실망하며 자신이 실패했다고 느낀다. 반면 일이 자기 뜻대로 잘 흘러갈 때는 마치 모든 것을 얻은 양 득의양양해한다. 즉, 이해득실에 따라 마음이 요동치는 셈이다.

만약 이해득실과 상관없이 담담하고 평온한 마음가짐을 유지할 수 있다면 어떨까? 아마 살면서 실망하거나 절망에 빠지는 일이 크게 줄어들 것이다. 얻는다면 행운이고 잃는다면 운명이다. 이해득실에 일희일비할 이유가 없다. 이 사실을 꼭 기억하자.

셋째, 인생은 순탄한 길이 아니며, 원만하지도 않다. 언제나 우여곡절이 가득하고 마음에 거슬리는 일이 하루에도 한두 가지씩은 꼭 생기는 게 인생이다.

달은 차면 기울게 마련이며, 밝을 때가 있으면 어두울 때도 있다. 인생도 그렇다. 기쁠 때가 있으면 슬플 때가 있고, 만남이 있으면 이별이 있다. 이는 예나 지금이나 변함없는 사실이다. 그렇기에 무슨 일이 생기든 크게 놀랄 필요가 없다.

어차피 인생이란 변덕스럽고 굴곡이 심한 것이니, 애써 싸우려 할 필요도 없다. 이처럼 인생에서 마주치는 불행을 필연적인 것으로 받아들이면 여태까지 알지 못했던 큰 깨달음을 얻을 수 있다.

이상의 세 가지 의미를 이해하면 세상살이의 여섯 가지 충고도 이해할 수 있다. 또한 여섯 가지 충고를 이해하고 잘 실천하면 수많은 문제를 쉽게 풀 수 있다. 이 충고는 좋은 약처럼 마음의 상처를 보듬어주며, 반짝이는 열쇠처럼 닫힌 문을 열어준다. 또한 한 줄기 시원한 바람처럼 답답한 기분을 상쾌하게 만들어주며, 맑은 샘처럼 메마른 마음을 촉촉이 적셔준다. 그리고 날카로운 명검처럼 평화로운 생활을 방해하는 온갖 부정적인 요소와 나쁜 기운을 단칼에 끊어준다.

얻으려면 놓을 줄 알아야 하고, 좋은 것을 바란다면 나쁜 것도 받아들일 줄 알아야 한다. 평화로운 삶을 원한다면 인생의 필연적인 굴곡을 인정할 줄도 알아야 한다. 무슨 일이든 억지로 만들지 말고, 어떤 감정이든 집착하지 말라. 그래야 진정한 마음의 평안을 얻을 수 있다.

2

좌절은
인생을 아름답게 조각한다

"눈은 눈물을 많이 흘릴수록 더욱 맑아지고, 마음은 우환과 고난을 많이 겪을수록 더욱 온화하고 관대해진다."

나는 종종 이 말에 담긴 독창적인 지혜의 매력에 흠뻑 빠져 깊은 사색에 잠기곤 한다.

옛날 옛적, 어느 산속 절에 긴 돌층계가 놓여 있었다. 하루는 돌층계가 불만스러운 목소리로 절 안에 있는 돌부처를 불렀다.

"이봐, 돌부처 양반! 우리 둘 다 똑같이 돌로 만들어졌는데 누구는 매일 밟히고 누구는 높은 자리에 앉아 공양을 받다니, 너무 불공평하지 않소?"

그러자 돌부처가 온화하게 웃으며 말했다.

"당신은 대여섯 번 정도 정을 맞고 돌층계가 되었겠지요. 하지만 나는 수백, 수천 번 넘게 정을 맞으며 깨지고 깎인 후에야 비로소 지금의 모양이 된 것이랍니다."

지금의 처지나 얻은 것이 부족하다는 원망이 들 때, 당신은 그동안 치른 대가가 얼마나 되는지 생각해본 적이 단 한 번이라도 있는가? 문득 작고 연약하게 느껴질 때, 당신은 아직 충분히 단련되지 않았다고 반성한 적이 단 한 번이라도 있는가?

어린 시절, 나는 매일같이 동네 아이들과 산으로 들로 쏘다니며 놀았다. 그러던 어느 날, 나는 숨바꼭질을 하다가 이상한 모양의 나무를 발견했다. 키 작은 나무였는데, 희한하게도 몸통 한가운데 큼직한 혹이 튀어나와 있었다. 보기만 해도 징그러운 모습이었다. 나는 친구들을 불러모았고, 그중 한 친구가 작은 칼로 혹을 떼어내려고 했다. 하지만 혹이 어찌나 단단한지, 아무리 힘을 줘도 칼끝조차 들어가지 않았다. 나를 비롯해 모두가 고개를 갸웃거렸다.

"이상하다. 왜 이렇게 딱딱하지?"

결국 우리는 근처에서 양을 치던 할아버지를 모셔와 나무를 보여드리며 이유를 물었다. 그러자 할아버지는 나무의 혹을 가만히 쓰다듬으며 우리 장난꾸러기들에게 이렇게 말씀하셨다.

"이 혹은 예전에 이 나무가 큰 상처를 입어서 생긴 것이란다."

어리석고 무지한 우리는 할아버지의 말씀을 이해하지 못했다. 상처를 입었는데 왜 단단한 혹이 생긴 것일까? 할아버지는 참을성 있게 설명해주셨다.

"나무는 상처를 입으면 그 부분이 아물면서 오히려 딱딱해진단다. 사람도 마찬가지야. 얘들아, 상처를 입어야 비로소 더욱 단단해지지. 너희도 어른이 되면 자연히 알게 될 거다."

그 후 세월이 흘러 나이가 들고, 수많은 좌절과 아픔을 겪으면서 나는 조금씩 그 할아버지의 말씀에 담긴 깊은 뜻을 이해하게 되었다. 그리고 상처를 받은 부분이 더욱 단단해질 수밖에 없는 이유 또한 깨달았다.

실패는 직접 경험해봐야 한다. 그래야 그것이 그저 한 번 넘어졌다 일어나는 과정일 뿐 두려워할 필요가 없는 것임을 깨달을 수 있다. 마찬가지로 좌절을 겪어봐야 자신이 고통을 얼마나 견딜 수 있는지, 얼마나 강인한지를 깨달을 수 있다. 이런 과정을 거쳐야 다시 한 번 고개를 들 수 있다.

푸시킨은 말했다. 모든 것은 지나가게 마련이며, 지나간 후에는 친근한 그리움만을 남겨놓는다고……. 이것은 좌절이 우리에게 남겨주는 가장 좋은 선물이며, 신이 베풀어주는 은혜의 보살핌이다.

3

외로움과 유혹을 이겨내고
행복을 차지하라

산다는 것은 외로움을 견디고 유혹을 이겨내며 고통을 감내하는 것이다.

"당신이 외로운 까닭은 아무도 당신에게 관심을 갖지 않아서가 아니라 당신이 관심을 갖고 바라보는 그 사람이 당신에게 전혀 신경을 쓰지 않기 때문이다."

이는 그야말로 세속적인 외로움의 본질을 꿰뚫은 한마디다.

나는 먹는 것을 매우 좋아한다. 그런데 가끔은 어떤 음식이 너무 먹고 싶은데 하필 그 음식이 없거나 구하기 어려울 때가 있다. 이럴 때는 대신 다른 음식으로 허기를 채우게 마련이다. 그런데 이상하게도 이 경우에는 아무리 음식을 많이 먹어도 좀처럼 만족스럽지 않다! 아마도 내가 원하던 것을 먹지 못했기 때문이리라. 당신도 나처럼 먹보라면 아마 이런 기분을 충분히 이해할 것이다.

외로움도 마찬가지다. 당신이 뼈에 사무치도록 외로운 이유는 곁에 아무도 없어서가 아니다. 당신이 함께하기를 바라는 사람이 곁에 없기 때문이다.

나는 예전에 단 한 사람의 사랑을 받지 못한다는 이유로 구제할 길 없는 외로움에 빠져버린 소녀를 본 적이 있다. 그녀는 남자 친구에게 차인 후, 먹지도 자지도 않고 죽네 사네 난리를 피워서 부모의 애간장을 끊게 했다. 그나마 그녀와 잘 지내던 사람이 나였기에, 나는 그녀의 어머니로부터 한동안 딸의 곁에 있어달라는 부탁을 받았다. 물론 내가 곁에 있어봤자 아무 소용도 없다는 사실을 잘 알고 있었지만 딸을 생각하는 부모의 마음이 너무도 애잔해서 그러겠노라고 대답했다.

나는 며칠 동안 그녀의 말동무가 되어주었다. 그녀는 마치 넋이 나간 사람처럼 앉아서 끊임없이 세상을 원망하고 사람들을 저주했다. 그리고 자신이 얼마나 외로운지, 자신을 생각해주는 사람이 얼마나 적은지를 이야기했다. 물론 그것은 사실이 아니었다. 부모를 비롯해 일가친척, 심지어 제삼자나 다름없는 나까지 직접 찾아와서 그녀의 곁을 맴돌며 진땀을 흘리고 있지 않은가! 심지어 나는 원래의 도도하고 우아한 콘셉트를 버리고 그녀에게 온갖 농담과 우스갯소리를 들려주며 그야말로 광대 노릇을 하고 있었다. 이처럼 주변 사람 모두가 그녀를 갓난아기 돌보듯 하고 있었지만, 그녀는 여전히 세상이 춥고 냉정하다며 외로움에 떨었다.

나의 우상인 저우궈핑[周國平] 선생은 자신의 저서 『애여고독(愛與孤獨)』에서 외로움을 두 가지 종류로 구분했다.

첫째, 영혼이 자신의 근원과 돌아갈 곳을 갈구했으나 결국 찾지 못했을 때, 자신의 존재가 망망한 우주 가운데 아무런 근본도 없이 우연히 생긴 것이라고 느낄 때 드는 외로움. 이는 절대적이고 형이상학적이며 철학적 성질의 외로움이다.

둘째, 영혼이 또 다른 영혼을 찾으나 결국 찾지 못했을 때, 이 세상에서 반려자도 없이 홀로 떠돌고 있다고 느낄 때 드는 외로움. 이는 상대적이고 형이하학적이며 사회적 성질의 외로움이다.

보통 사람의 외로움은 대개 두 번째 것이다. 사랑을 추구했으나 결국 얻지 못했을 때 생기는 외로움 말이다.

그렇다면 이런 외로움에는 어떻게 대처해야 할까?

예를 들어 자신의 미각과 식욕을 만족시킬 수 있는 음식을 먹지 못할 때, 그것을 대체하겠다는 생각으로 다른 음식을 폭식해서는 안 된다. 이런 욕망은 근본적으로 대체할 수 없는 것이기 때문에 아무리 다른 음식을 먹어도 만족할 수 없다.

감정적인 부분도 마찬가지다. 누군가를 사랑하게 되었지만 오히려 그 사람 때문에 외로워진다면 당신은 어떻게 하겠는가? 외로운 이유가, 그가 당신을 신경 쓰지 않아서라면? 나라면 그가 나의 외로움을 알게 하지도, 제삼자를 찾아가 도움을 구하지도 않을 것이다. 어차피 그 외로움은 다른 사람이 해결해줄 수 없는 것이므로 차라리 마음껏 느끼는 것이 좋다. 외로움을 실컷 느낀 후 뜨거운 눈물로 확실히 이별을 고하는 것이다. 이 과정을 거치고 나면 어느새 마음이 편안해지고, 삶이 다시금 아름답게 느껴진다.

마음의 문제는 오직 나 자신만이 해결할 수 있다. 감정적 '얼음의 궁'에 갇혀서 몸부림치는 것은 결국 자신을 더욱 추하고 외롭게 만들 뿐이다. 외로움은 피할수록 오히려 더 깊게 찾아온다. 그러니 소란을 부리는 것보다는 조용히 받아들이고 감내하는 편이 더 낫다.

1960년대, 미국의 심리학자 월터 미셸은 4세 아동을 대상으로 흥미로운 실험을 했다. 그는 먼저 아이들에게 달콤한 마시멜로를 주고 지

금 당장 그것을 먹어도 좋다고 말했다. 하지만 만약 20분 동안 먹지 않고 기다린다면 마시멜로를 또 하나 주겠다고 했다. 그런 뒤 아이들의 행동을 관찰했다. 몇몇 아이는 그 자리에서 당장 마시멜로를 먹어버렸다. 하지만 몇몇 아이는 20분을 끝까지 참아냈다. 마시멜로의 유혹을 이기기 위해 그들은 마시멜로를 아예 쳐다보지 않거나 팔을 베고 엎드렸으며, 혼잣말을 하고 노래를 불렀다. 심지어 잠을 잔 아이도 있었다. 그리고 마침내 이 아이들은 인내심에 대한 보상으로 마시멜로를 더 얻을 수 있었다.

미셸과 그의 연구팀은 청소년이 된 아이들의 삶을 조사했다. 그 결과, 마시멜로의 유혹을 끝까지 이겨냈던 아이들은 목적을 이루는 데 조급해하지 않는다는 사실을 밝혀냈다. 반면, 참지 못하고 마시멜로를 먹은 아이들은 고집스럽고 우유부단하며 스트레스에 취약한 청소년으로 자라 있었다.

그로부터 십수 년 후, 연구팀은 어른이 된 아이들을 다시 찾아 현재 상황을 관찰했다. 그리고 더 많은 마시멜로를 얻기 위해 기다렸던 아이들이 그렇지 못했던 아이들보다 훨씬 성공적인 삶을 살고 있으며 더 많은 성과를 냈음을 확인했다.

이 실험의 결론은 유혹을 잘 이겨내는 아이가 성인이 된 이후에 더 쉽게 성공을 거둔다는 것이었다. 즉, 유혹을 이기고 충동을 억제하며 욕망을 절제하고 자기규율을 유지하는 것이 매우 중요하다는 사실을 보여준 것이다.

나는 인간이 기본적으로 비슷한 존재이며, 개인의 특성을 만드는 것은 몇몇 차이점에 불과하다고 생각한다. 그런데 바로 이 차이점 때문에 인생에 커다란 격차가 생긴다. 특히 외로움을 견뎌내고 자기 자신을 통제하며 스스로의 욕망을 통제할 능력이 있는가 없는가에 따라 격조 높은 인생이 될 수도, 수준 낮은 인생이 될 수도 있다.

누구나 살면서 크고 작은 수많은 유혹에 부딪히며 때때로 그 유혹에 무릎을 꿇는다. 흡연이 건강을 해친다는 사실을 잘 알면서도 많은 이가 흡연이 주는 쾌감에 사로잡혀서 그 나쁜 습관을 버리지 못한다. 공부를 열심히 하는 것이 미래의 성공에 큰 도움이 된다는 것을 알면서도 당장의 재미와 편안함을 포기하지 못해서 소홀히 하는 사람도 부지기수다. 하지만 이러한 유혹을 이겨냄으로써 받는 보상은 상상 이상으로 크다.

1960년대의 미국은 경제 상황이 지금만큼 부유하지 못했기에 당시 아이들에게 마시멜로는 엄청난 유혹이었다. 그럼에도 불구하고 달콤한 마시멜로의 강렬한 유혹을 20분이나 참아낸 아이들은 결국 더 큰 보상을 얻었을 뿐만 아니라 그때의 경험을 바탕으로 성인이 된 이후에 더 큰 성공을 이룰 수 있었다.

이렇듯 어떤 유혹은 지금 당장의 필요를 충족시켜주는 대신 앞으로 거두게 될 더 큰 성공이나 지속적인 행복을 방해하기도 한다. 참깨 한 톨을 얻자고 수박 한 덩이를 포기하는 사람은 아마 없을 것이다. 바로 이것이 우리가 정신을 바짝 차리고 자기 신념을 지키며 외로움 등에서 비롯된 유혹을 참아내야 하는 이유다.

4

자유를 얻기 위한
내려놓음

내려놓으면 가는 곳마다 대로가 열리지만 붙잡고 있으면 모든 길이 미로다.

사람은 누구나 자유를 갈망한다. 하지만 진정으로 자유를 누리는 사람은 많지 않다. 불평불만이 자자한 요즘 시대에 가장 으뜸가는 불만거리는 바로 '자유롭지 못하다는 것'이다. 회사원은 정해진 시간에 맞춰 출퇴근해야 하는 자신의 처지를 비관하며 시간의 자유가 없다고 불평한다. 가난한 사람은 부자처럼 마음대로 쓸 수 있는 돈이 없다고 슬퍼한다. 물론 돈이나 시간적 여유가 있는 사람은 더 크고 더 많은 자유를 꿈꾼다. 돈과 명예에 관심이 없고 사람 간의 정과 의를 중시하는 사람도 마찬가지다. 자신과 꼭 맞는 인생의 동반자를 만나지 못했다는 둥, 진심으로 믿을 만한 친구를 찾지 못했다는 둥, 혹은 자신을 알아주는 지기가 없다는 둥 그들 나름대로 불만이 있다. 어쩌면 인간은 어떠한 상황에서도 불만을 가질 수밖에 없는 존재인지도 모르겠다.

우리는 이토록 왜 자유롭지 못한가? 이는 얽매임을 끊지 못하기 때문이다.

한 제자가 외출을 나갔다가 사찰로 돌아오는 길에 흥미로운 광경을 보았다. 그는 이것으로 자신의 스승을 시험해보기로 하고, 스승을 만나자마자 느닷없이 이렇게 물었다.

"어째서 빙글빙글 돕니까?"

그러자 스승은 조금도 당황한 기색 없이 곧장 대답했다.

"얽매임을 끊지 못하기 때문이다."

제자는 스승의 대답에 깜짝 놀랐다.

"아니, 어떻게 아신 겁니까? 사실, 돌아오는 길에 고삐를 맨 소 한 마리가 나무에 밧줄로 묶여 있는 것을 보았습니다. 소는 나무에서 좀 떨어진 풀밭으로 가서 풀을 뜯고 싶어 했지만 묶여 있는 탓에 아무리 애써도 나무 주위를 빙글빙글 돌 뿐 결코 벗어나지 못했지요. 저는 스승님이 그 광경을 보지 못하셨으니 아마 대답하지 못하실 것이라 생각해서 그런 질문을 한 것입니다. 그런데 이리도 정확하게 답을 맞히시다니!"

그러자 스승이 미소를 지으며 말했다.

"네가 말한 것은 일이고 내가 말한 것은 이치다. 네가 질문한 것은 밧줄에 묶여서 벗어나지 못하는 소에 대한 것이지만 내가 대답한 것은 속세의 잡다한 일에 묶여서 자유를 얻지 못하는 마음에 관한 것이다. 한 가지 이치가 백 가지 일을 통달한다는 사실을 잊었느냐?"

사실, 자유는 많이 가지는 것보다는 쉽게 내려놓을 줄 아는 데서 시작된다.

사람들은 지금의 내 생활을 부러워한다. 매우 자유로워 보이기 때문이다. 그들은 내게 돈도 있고 시간 여유도 있으니 얼마나 좋으냐는 말을 자주 한다. 하지만 이는 아무것도 몰라서 하는 소리다. 분명히 나는 자유로운 편이고, 시간 여유도 있다. 하지만 돈은 없다. 오히려 내게 부럽다고 말하는 사람들이 돈은 나보다 더 많을 것이다. 그럼에도 나는 지금의 '소박한 자유'가 좋다. 왜냐하면 '부유함의 속박'은 이미 질릴 만큼 겪어봤기 때문이다.

학창 시절, 나는 돈이 꽤 있는 편이었다. 한 달 생활비가 다른 친구들 일 년치 생활비보다 많았으니, 정확하게는 돈이 아주 많았다고 해야 옳으리라. 넘치는 생활비 덕에 옷장에는 늘 예쁜 옷이 가득했다. 게다가 이성에게 인기도 있어서 매일 연애편지나 교제 제안을 받곤 했다. 하지만 그때의 나는 조금도 자유롭지 않았다. 오히려 항상 수동적이었고, 금방이라도 미쳐버릴 것 같은 괴로움에 시달렸다.

당시 내게 가장 필요했던 것은 사랑이었는데, 정작 내가 좋아하는 남자는 끊임없이 다른 여자에게 눈길을 주었다. 그래서 나는 옷장이 예쁜 옷으로 가득한데도 습관적으로 쇼핑을 나갔고, 미친 듯이 옷을 사들였다. 마음에 안 들면 몇 번이고 다시 가서 옷을 바꿨다. 그러면서도 더 예쁘고 더 완벽한 옷을 찾지 못할까 봐 불안에 떨었다.

학업에서도 늘 최고가 아니면 안 됐다. 그래서 가장 유명한 로스쿨에 가장 전도유망한 전공, 가장 훌륭한 교수님을 선택해 대학원 과정을 밟으려 했다. 다른 사람에게 우쭐거리며 내밀 만한 명함을 바랐던 것이다.

다른 사람이 보기에는 무엇 하나 부족할 것 없는 생활이었지만, 정작 나 자신은 엉망진창이었다. 정신적으로도 피폐했고 건강 상태도 최악이었다. 나는 자유롭지도, 행복하지도 않았다.

지금은 어떤가? 나의 남편은 키 크고 잘생긴 부자가 아닌, 평범한 남자다. 나는 글로 먹고살고 있으며, 결코 화려하지도 대단하지도 않은 삶을 살고 있다. 내가 일주일 동안 쓰는 생활비는 겨우 50위안 남짓이다. 그러나 지금의 나는 충분히 유유자적하다. 크지는 않지만 안락하고 편안한 집에서 느긋하게 전원생활을 즐기고 있으며, 외면보다 내면을 중시하는 충만한 나날을 보내고 있다.

지금 내가 자유롭고 행복한 이유는 많이 가져서가 아니다. 얼마든지 내 마음의 소리를 따를 수 있기 때문이다. 내가 마음의 소리를 따를 수 있는 이유는 쉽게 내려놓을 줄 알기 때문이다. 나는 이미 많은 것을 내려놓았다. 물질에 대한 욕망을 내려놓았고, 애정을 향한 갈구를 내려놓았다. 다른 사람에게 무언가를 바라는 것도 내려놓았다. 이 모든 것을 내려놓은 순간, 나는 이전에 단 한 번도 체험하지 못했던 자유를 느꼈다.

나는 매일 내가 가치 있다고 여기는 일을 한다. 그리고 전혀 기대하지 않았음에도 때때로 예상치 못한 기쁨과 행복을 얻는다. 나는 더 이상 자만하지 않으며, 어떤 일이든 가능하다고 믿을 만큼 생각의 문을 활짝 열어놓고 있다. 과거 유물주의가 차지하고 있던 자리는 이제 직접 경험하고 느끼는 생생한 감동으로 가득하다. 나는 나 자신에게 실패할 권리를 주었지만, 또 그만큼 기회를 소중하게 여길 줄 알게 되었다.

요즘 사람들이 가장 바라는 것은 마음의 평안과 정신적인 자유다. 많은 이가 자유로 가는 통행증을 얻기 위해 열심히 돈을 벌고, 바쁘게 머리를 굴린다. 그런 방법으로는 자유를 얻을 수 없는데도 말이다. 자유는 세속적인 가치에 관심이 없는 순수한 아가씨다. 그녀를 신부로 맞이하고자 하는 사람은 많지만 그녀는 절대 돈과 명예 같은 화려한 예물에 흔들리지 않는다. 만약 그녀가 예물을 요구한다면 그것은 오직 하나, 바로 '내려놓음'뿐이다.

chapter 2
습관

1

체면치레와
비교하기

체면치레처럼 사람을 지치게 하는 일도 없다.

한 중국 기자가 뉴욕으로 파견됐다. 그녀가 맡은 일은 길거리 예술가들을 취재해서 기사를 쓰는 것. 그런데 취재를 하던 도중, 그녀는 매우 흥미로운 사실을 발견했다. 같은 길거리 예술가여도 자신의 일에 대한 중국인과 미국인의 사고방식이 전혀 다르다는 점이었다.

중국인 길거리 예술가의 경우, 대부분 기사에 실명을 밝히지 않기를 원했고 사진 찍기도 거부했다. 상당히 풍부한 스토리를 가진 한 중국인 바이올린 연주가는 지하철에서 악기를 연주해서 꽤 많은 돈을 벌었다. 그렇게 번 돈을 멀리 고향에 있는 아내와 아이에게 정기적으로 보냈다. 하지만 정작 그들에게는 자신이 뉴욕의 유명한 교향악단에서 연주한다고 거짓말을 했다. 가족들에게 체면을 잃고 싶지 않았던 것이다. 그는 기자에게 혹시라도 가족들이 신문에서 자신의 얼굴을 발견하고 진실을 알게 될까 봐 두렵다고 말했다.

한때 월가의 회사에서 일했지만 해고된 이후 지하철에서 가수로 활동하고 있다는 한 미국인 예술가는 자신의 성공적인 변신에 대단한 자부심을 가지고 있었다. 그는 기사에 자신의 실명을 싣는 것을 찬성했으며, 기자가 사진을 잘 찍을 수 있도록 멋지게 포즈까지 취했다. 그리고 몇 번이고 이렇게 당부했다.

"제 기사에 이 말을 꼭 써주십시오. 월가에서 일할 때보다 지금이 훨씬 더 행복하고 자유롭다고 말이죠!"

두 예술인은 서로 비슷한 수입을 올리지만 행복지수는 엄청난 차이를 보였다. 실명 공개를 꺼린 중국인 예술가는 미국인 예술가에 비해 훨씬 피곤하게 살 수밖에 없다. 왜냐하면 그는 '체면'이라는 무거운 짐을 짊어지고 있기 때문이다.

비교의식은 현대인의 심기를 불편하게 하는 주된 원인이다. 아무리 열심히 노력하고 애써도 주변의 이웃, 친구, 친척에 비해 나의 처지가 한없이 부족하게 느껴질 때 우리는 실망하고 절망한다.

생각해보자. 스스로 잘산다고 믿고 있다가도 다음의 상황이 닥치면 마음이 불편해지지 않던가?

다른 사람은 다 승진했는데 나만 승진에서 누락됐다든지, 다른 사람은 늘 지갑에 빳빳한 지폐가 두둑한데 내 지갑에는 먼지만 날린다든지, 같이 일하던 동료가 나보다 훨씬 좋은 직장으로 이직을 했다든지, 원래 내 밑에 있던 부하가 초고속 승진을 해서 갑자기 내 상사로 임명된다든지 하는 상황들…….

이런 상황이 벌어지면 웬만한 사람은 모두 평상심을 잃고 분노하거나, 눈꼴시어하거나, 괴로워한다. 저도 모르게 자신과 남의 처지를 비교하다가 불행한 감정에 빠지는 것이다.

모든 일에는 장단점이 있다. 인생도 마찬가지다. 인생은 저마다 독특한 광채와 가치를 지니고 있으므로, 사실 서로 비교하고 말고 할 것도 없다. 물론 돈도 잘 벌고 일도 잘 풀리는 사람을 보면 부러워지는 것은 어쩔 수 없다. 하지만 그 사람이 산간벽지에서 밭을 갈며 땀 흘려 일하는 농부보다 더 행복하다는 보장은 없다.

언젠가 구이저우[貴州]의 한 시골 마을에 놀러 갔다가 우연히 만난 농부 할아버지의 점심 대접을 받으며 이런저런 이야기를 나눈 적이 있다. 대화를 하던 중, 나는 할아버지에게 이곳에서 사는 것이 힘들지 않냐고 물었다. 그 마을은 산 중턱에 있었는데 밭들이 죄다 좁디좁은 계단식이라 농사짓기가 매우 불편해 보였기 때문이다. 그러나 할아버지는 호탕하게 웃으면서 손사래를 쳤다. 그리고 몇 년 전에 비하면 지금은 훨씬 살기 좋아졌다며 이곳에서 사는 것이 매우 만족스럽다고 말했다. 게다가 이곳의 산세가 얼마나 아름답고 물은 얼마나 맑으며, 또 인심이 얼마나 좋은지 아느냐며 오히려 마을 자랑을 시작했다. 나이 지긋한 마을 사람들은 대부분 이곳을 떠나고 싶어 하지 않는다는 말도 덧붙였다. 할아버지 부부도 청두[成都]에서 일하는 딸이 몇 번이고 도시로 나와 같이 살자고 했지만, 떠날 수가 없었다고 했다. 그러고는 사립문 바깥으로 콸콸 흐르는 계곡물을 가리키며 말했다.

"저 물보다 더 맑고 깨끗한 물을 본 적이 있소?"

할아버지의 대답은 인생의 중요한 이치를 분명하게 보여준다. 바로 명예, 재물, 지식, 환경 등은 행복의 정도를 판단하는 절대적 기준이 될 수 없다는 것이다! 이렇듯 행복의 잣대는 사람에 따라 천차만별이다. 반드시 돈과 명예가 있고 성공을 해야만 행복한 것은 아니다. 권력을 가진 사람도 평범한 사람이 누리는 휴식과 자유를 얻지 못할 수 있고, 학술과 지식이 뛰어난 사람도 화목한 가정에서 비롯되는 소소한 따뜻함을 누릴 여유가 없을 수도 있다. 삶은 그 위에 어떤 것이 오르든 늘 평형을 맞추려 하는 양팔 저울과 같다. 어느 한 면이 부족하면 반드시 다른 한 면이 풍족해진다. 이것이 바로 인생의 균형이다.

그렇다고 현실에 안주하라든지, 생활을 바꾸려고 노력하지 말라는 뜻은 아니다. 그저 인생에서 정말 중요한 두 가지를 기억하라는 것이다. 그중 하나는 인생 목표요, 다른 하나는 인생 태도다.

사람은 누구나 자기 인생에 숭고한 목표를 가져야 한다. 목표는 내 인생의 어두운 길을 밝히는 등불이다. 동시에 인생에 바른 태도를 취해야 한다. 그래야만 자신의 생활을 객관적으로 볼 수 있고, 불행을 편협하게 부풀리거나 행복을 무시하는 잘못을 범하지 않는다.

손가락의 길이는 다 제각각이지만 그중 하나라도 없으면 매우 곤란하듯이 인생도 모양은 제각각이지만 각자 비교할 수 없는 가치를 지니고 있다. 만약 스스로 중심을 바르게 잡고 쓸데없는 비교의식을 버린다면 오롯이 나 자신에게 속한 행복이 늘 넘쳐날 것이다.

무절제한 비교의식과 자기 능력치를 벗어나는 헛된 욕심은 엄청난 심리적 부담만을 가져올 뿐이다. 불필요한 근심을 끊어버리고 스스로에게 행복할 여지를 부여하라. 설령 다른 사람이 돈을 세느라 손에 쥐가 날 정도라고 해도, 나는 편안하게 달을 감상할 수 있는 지금의 삶이 좋다. 과연 누가 더 행복할까? 자신의 행복은 오로지 자신만이 정할 수 있다는 사실을 기억하자.

2

지나치게
생각이 많음

최근 홍콩에서 유행하는 말이 있다. 바로 "너는 생각이 너무 많아!"
다. 유명한 TV 오락쇼 〈리자와 신들과 함께 즐겨요(Fun with Liza and
Gods)〉에서 비롯된 유행어로, 단순한 의미의 이야기를 괜히 꼬아서
생각하는 사람을 사회자가 타박하며 하는 말이다.

인간이 동물과 다른 가장 큰 차이점은 생각할 수 있다는 점이다. 그
런데 생각이 너무 많은 것도 병이다. 생각을 지나치게 많이 하면 집중
력이 저하되고 행동도 굼떠진다. 타인의 말 한마디, 표정 하나, 동작
하나에도 온갖 상상의 나래를 펼친다. 예를 들어 상사가 당신에게 이
렇게 말했다고 치자.

"저번에 말한 보고서 작성 중이지?"

어쩌면 상사는 마침 당신을 보고 그 보고서가 우연히 생각나서 지
나가는 말로 물은 것일지도 모른다. 하지만 생각이 너무 많은 당신은
그 말을 듣자마자 바삐 머리를 굴리기 시작한다.

'무슨 뜻이지? 나를 못 믿어서 그러는 건가? 일일이 말하지 않으면 내가 하지 않을 것 같았나? 설마 내가 능력이 없다고 생각하는 건가?'

이렇듯 온갖 생각이 꼬리에 꼬리를 물고 머리를 가득 채우다 보면 어느새 내가 어떻게 할 것인가보다는 남이 나를 어떻게 볼 것인가에 온통 관심이 쏠리게 된다.

그래서 한참을 궁리한 끝에 이런 대답을 하고 만다.

"죄송합니다! 원래는 내일 회의를 끝내고 각 부서의 건의를 모아 진행하려고 했습니다만, 지금 시작하라고 하시면 바로 하겠습니다!"

장고 끝에 악수라고, 이게 대체 무슨 대답인가. 그저 자신의 계획을 당당하게 설명하면 될 일이다. 그런데 생각을 너무 많이 한 나머지, 표면적으로는 사과하는 것 같지만 사실은 상사에게 은근히 불만을 표하고 나중에 일의 결과가 나쁘면 곧바로 시작하라고 명한 상사의 책임이라는 식의 대답을 하게 된 것이다.

상사가 별말 하지 않았는데도 마음이 불안하고 머릿속이 어지러운 것 역시 생각이 너무 많은 탓이다. 이렇게 부정적 생각이 계속 쌓일 경우, 심하면 인간관계까지 나빠질 수 있다.

사실, 우리는 매일 너무 많은 생각을 한다. 그래서 온갖 걱정과 고민, 시시비비가 생기는 것이다. 그러나 평소 자신이 얼마나 복잡하게 머리를 굴리는지 알지 못한다. 그래서 가끔은 참선이나 명상을 통해 머릿속을 비울 필요가 있다. 차분하게 앉아 최대한 머리를 비우려고 노력하다 보면 자신의 생각을 통제하는 것이 고삐 풀린 망아지를 단속하는 것보다 훨씬 더 어렵다는 사실을 깨닫게 된다. 한 가지 생각이 사라지기도 전에 다른 생각이 떠오르고, 생각이 꼬리에 꼬리를 물고 일어난다. 그야말로 쑥대밭이 따로 없다.

이처럼 생각은 하는 것보다 안 하는 것이 훨씬 어렵고 힘들다. 그렇기에 인내심을 갖고 생각을 버리는 연습을 해야 한다. 무의미한 생각을 버리고 오감, 즉 시각, 청각, 후각, 미각, 촉각을 이용해서 진정한 자유와 평안에 이르러야 한다. 일본, 한국 등지에서 50만 부 이상 팔리며 베스트셀러에 오른 코이케 류노스케의 『생각 버리기 연습』은 바로 이 점을 집중적으로 다룬 책이다.

이 책에서는 많은 사람이 블로그나 인터넷 게시판, 댓글 등에 집착하는 이유를 지나치게 생각이 많은 것과 연계해서 설명한다. 처음에 사람들은 단순히 자신의 생각을 공유하기 위해 인터넷 공간에 글을 올린다. 그런데 어느 순간부터 자신의 글이나 댓글을 얼마나 많은 사람이 보느냐에 신경을 쓰기 시작한다. 그리고 읽는 사람이 적으면 자신이 무시당했다고 느끼거나 사람들의 수준이 낮다며 화를 낸다. 반대로 읽는 사람이 많으면 괜스레 기뻐서 다음에는 어떤 글로 사람들의 구미를 만족시키고 조회 건수를 더 올릴지 궁리한다. 틈만 나면 인터넷 세상을 휘젓고 다니며 마치 중독된 것처럼 다른 사람의 글을 공유하거나 댓글을 남긴다. 이때 몇몇은 인터넷의 익명성에 기대어 제멋대로 남을 비방하거나 부정적인 분위기를 퍼뜨리는데, 이것이 반복되면 나쁜 습관이 된다. 이렇듯 부정적 분위기가 가득하고 사방팔방 욕설이 가득한 인터넷 공간의 글은 아무리 많이 읽어봤자 백해무익할 뿐, 조금도 도움이 되지 않는다.

만약 당신이 다른 사람의 말투, 눈빛, 행동, 평가 하나하나에 괴로워한다면 그것은 이미 자기 통제력을 잃었다는 의미다. 자기 통제력을 잃은 사람은 누에가 고치를 만들고 스스로 그 안에 갇혀버리는 것처럼 자기 속에 갇혀버릴 수밖에 없다. 조금만 덜 생각하고, 또 바르게 생각하는 법을 배우자. 그러면 삶이 훨씬 자유로워질 것이다.

3

나 자신을 묶는 족쇄,
미워하고 쉽게 잊지 못하는 마음

다른 사람에 대한 증오심은 곧 나 자신을 묶는 족쇄다.
우리는 부지불식간에 타인의 잘못으로 자신을 괴롭히고 있다.

살다 보면 미운 사람 한둘쯤 생기게 마련이다. 상사에게 내 험담을
하는 직장 동료, 호시탐탐 나의 애인을 노리는 연적, 처음부터 끝까지
내게 상처만 준 전 애인, 내 뒤통수를 치고 계약을 빼앗아간 경쟁사 직
원……. 이들을 미워하지 않기란 하늘의 별 따기보다도 어렵다! 어디
그뿐이겠는가. 사소하게는 버스 정류장에서 새치기를 하는 사람부터
지하철에서 내 발을 밟고도 사과 한마디 하지 않는 사람에 이르기까
지, 이 세상에는 미워할 수밖에 없는 사람이 차고도 넘친다.

하지만 생각해보자. 정말 그들을 꼭 미워해야만 하는 것일까?

아니다. 전혀 그럴 필요가 없다! 우리가 아무리 이를 갈며 그들을 미
워한들, 정작 미움받는 사람은 그 사실도 모르는 채 별일 없이 잘 살게
마련이니까. 사실, 미움은 미움받는 사람보다 그를 미워하는 사람에게
더 큰 해악을 끼친다. 누군가를 미워하면 에너지를 굉장히 많이 소모
하게 마련이다. 그러니 건강에도 해롭고, 심적 상태도 크게 흔들린다.

그에 반해 내가 미워하는 사람은 먹을 것 다 먹고 놀 것 다 놀면서 잘 산다! 이런데도 미워하는 것이 미움을 받는 것보다 낫다고 할 수 있겠는가?

남아프리카공화국 최초의 흑인 대통령 만델라는 무려 27년 동안이나 옥살이를 하며 온갖 고초를 당했다. 그런데 대통령 취임식에 그는 과거 자신을 학대했던 교도관 세 명을 초청했다. 그들을 예의를 갖춰 맞이함으로써 현장에 있던 사람들은 물론 전 세계 관중을 침묵 속에 빠뜨렸다. 자신의 행동에 대해 그는 이렇게 설명했다.

"마침내 자유로 통하는 큰 문을 나섰을 때 나는 모든 고통과 원한을 뒤에 남겨두기로 결심했습니다. 그렇지 않으면 몸은 자유로워도 마음은 여전히 감옥에 갇혀 있으리라는 사실을 잘 알았기 때문입니다."

그렇다. 미움은 감옥과 같다. 이 감옥 속에 스스로를 가둬서는 안 된다. 그런데 여전히 많은 사람이 미움이라는 감옥에 갇혀 있는 것을 마치 기쁨인 양 여긴다. 나 역시 한때 어리석은 짓을 한 적이 있다.

어느 해인가, 연휴를 맞아 남편과 함께 배낭 여행을 가기로 했다. 목적지는 간난[甘南]초원과 주자이거우[九寨溝]였다. 천국이나 다름없다는 주자이거우의 경치에 대해서는 익히 들어왔기에 여행 전부터 DSLR 카메라를 꼭 챙겨 가야겠다고 결심했다. 하지만 사진에 딱히 취미가 있는 것도 아닌데 오로지 여행을 위해 그 비싼 카메라를 사는 것은 낭비처럼 느껴졌다. 그래서 친구에게 DSLR을 빌리기로 했다. 다행히 친구는 흔쾌히 빌려주겠노라고 대답했다.

그런데 여행을 떠나기 직전 친구는 갑자기 마음을 바꿔 카메라를 빌려줄 수 없다며 고집을 피웠다. 평소 내가 가장 싫어하는 사람이 바로 약속을 지키지 않는 사람이었기 때문에 나는 말할 수 없을 정도로 화가 났다. 이미 여행이 임박한 터라 다른 사람에게 빌리기도, 카메라를 사기도 어려운 상황이었다. 결국 나는 똑딱이 카메라를 들고 여행을 떠났다. 하지만 이미 마음속은 온통 먹구름으로 가득했다. 오랜 세월 우정을 쌓아온 친구가 약속을 지키지 않다니, 배신을 당한 듯한 기분이었다. 어디 그뿐이랴. 여행을 다니는 내내 아름다운 풍경을 입체적으로 담아낼 수 없다는 사실에 순간순간 화가 치밀었다. 함께 여행을 간 다른 친구들이 DSLR 카메라로 찍어낸 동화 속 한 장면 같은 풍경 사진을 보며 속이 쓰리기까지 했다. 갈수록 친구가 미워진 나는 남편에게 쉴 새 없이 험담을 쏟아냈다.

"무슨 친구가 그래? 약속도 안 지키는 게 친구야? 배신도 이런 배신이 없어. 그 탓에 여행도 망치고, 이게 대체 뭐람. 진즉에 빌려주지 않겠다고 했으면 다른 방법이라도 생각해봤을 것 아냐?"

남편은 참을성 있게 나의 불만을 들어줬다. 하지만 나중에는 결국 이렇게 말했다.

"내가 봤을 때 지금 당신의 기분을 망치는 장본인은 그 친구가 아니라 당신 자신인 것 같아."

그 말을 듣는 순간, 나는 머리를 한 대 얻어맞은 기분이었다. 남편의 말이 옳았다. 아름다운 자연 풍광을 보며 기분 전환을 하자고 와서는 그깟 DSLR 카메라 한 대 때문에 여행을 엉망진창으로 만들다니! 돈 쓰고 시간 쓰고 기분 나쁘고, 낭비도 이런 낭비가 없었다. 게다가 내가 분노로 씩씩거리는 그 순간에도 그 친구는 멀쩡하게 잘 지내고 있을 것 아닌가? 손해를 보고 있는 사람은 친구가 아닌 바로 나였다!

그 순간 나는 마음을 고쳐먹고 내 마음을 가득 채우고 있던 미움과 원망을 주자이거우의 오색 빛깔 호수에 던져버렸다. 그리고 눈앞에 펼쳐진 천국 같은 풍경을 감상하는 데 집중하기 시작했다. 그러자 점차 마음이 가벼워졌고, 어느새 진심으로 여행을 즐길 수 있게 되었다.

나의 경험이 '미움은 나 자신을 묶는 족쇄'라는 말을 이해하는 데 조금이나마 도움이 되었는지 모르겠다. 지금 어떤 종류의 '족쇄'에 묶여 있는가? 부디 당신을 묶어두는 그 족쇄가 무엇인지 바르게 보기를 바란다. 그것이 미움인지 두려움인지, 혹은 죄책감인지 상처인지 확인하라. 그것들을 내려놓을 수 없는 이유는 지금 당신이 묶여 있다는 사실을 모르거나 인정하지 못하기 때문이다. 당신이 그 사실을 인정하는 바로 그 순간, 그것이 얼마나 큰 고통을 주었는지 깨닫고 저절로 내려놓게 될 것이다. 그러면 비로소 진정한 자유를 맛볼 수 있을 것이다.

물고기의 기억력 지속시간은 7초에 불과하다. 7초 후에는 과거의 모든 일이 머릿속에서 깡그리 사라지고 모든 것이 새롭게 리셋된다. 그래서 물고기는 아주 작은 어항 속에서 살면서도 절대 무료함을 느끼지 않는다. 왜냐하면 7초 뒤에는 어항 속의 모든 곳이 전혀 새로운 세계로 변하기 때문이다. 그렇게 물고기들은 평생 새로움을 느끼며 산다.

우리도 물고기처럼 다시는 떠올리고 싶지 않은 부끄러운 일, 꿈에서라도 만나고 싶지 않은 사람이 기억 속에서 말끔히 사라진다면 얼마나 좋을까?

고통은 대부분 기억과 연계되어 있다. 기억해두어야 할 기쁨은 금세 잊히고, 잊혀야 할 고민은 머릿속에 뿌리를 내리니 고통스러운 것이다. 게다가 우리에게는 다른 사람이 아흔아홉 번 잘해준 일은 모두 잊어버리고, 한 번 잘못한 일만 기억하며 꽁한 마음을 품는 못된 습성이 있다.

알리가 길버트와 마샤라는 두 명의 친구와 함께 여행을 떠났다. 함께 험준한 계곡을 지나다가 마샤가 발을 헛디뎌 절벽 아래로 떨어질 뻔했다. 다행히 길버트가 잽싸게 그를 붙잡아서 목숨을 건질 수 있었다. 마샤는 근처의 커다란 바위에 이렇게 새겼다.

'○○년 ○○월 ○○일, 길버트가 마샤의 목숨을 구하다.'

며칠 후, 그들은 모래사장이 펼쳐진 강가에 이르렀다. 그런데 길버트와 마샤가 사소한 일로 크게 말다툼을 벌이게 됐다. 화가 난 길버트는 마샤의 뺨을 때렸다. 그러자 마샤는 모래밭으로 달려가 다음과 같이 썼다.

'○○년 ○○월 ○○일, 길버트가 마샤의 뺨을 때리다.'

그러자 알리는 마샤에게 왜 길버트가 구해준 일은 바위에 새기고, 뺨을 때린 일은 모래사장 위에 썼는지 물었다. 마샤가 대답했다.

"나는 길버트가 나의 목숨을 구해준 일을 평생 잊지 않고 감사하고 싶었다네. 하지만 그가 내 뺨을 때린 일은 금방 잊고 싶었지. 그래서 기억하고 싶은 일은 바위에 새기고, 잊고 싶은 일은 글씨가 금방 사라져버릴 모래사장 위에 쓴 것이라네."

아름다운 일은 기억하고 나쁜 일은 되도록 빨리 지워버리는 것, 이 얼마나 현명한 선택인가! 이러한 지혜 덕분에 마샤는 늘 밝고 행복하게 살 수 있었다.

편안하고 행복하게 살고 싶은가? 그렇다면 어느 정도 건망증을 일상에 허하라. 마음 아프고 불쾌한 일은 지나는 즉시 잊어버리는 것이 가장 좋다.

4

모난 돌이
정 맞는 이유

지나치게 모나거나 튀는 성격은 다른 사람들의 표적이 되기 쉽다는 말이 있다. 그런데 개성이 강조되고 다원화된 요즘 시대에는 '평범한 사람'보다는 '튀는 사람'이 더 많아지고 있으며, 그런 이들이 더 환영받는다. 그래서일까? 무난하고 일상적인 생활을 마다하고 어떻게든 남들과 다른 모습, 남들과 다른 인생을 영위함으로써 자신의 개성을 뽐내려고 애쓴다.

그 때문일까? 인간관계나 사회생활에서 충돌이 생길 때마다 이렇게 대꾸하는 사람이 많아졌다.

"이게 내 성격인데 어쩌라고!"

"너무 둥글둥글하고 원만하게 사는 것도 어찌 보면 위선이야."

이런 말들은 때로 자기 행동을 설명하는 것 같기도 하고 핑계를 대는 것 같기도 하다. 하지만 그들은 이런 말을 내뱉을 때마다 자기 인생의 폭이 얼마나 좁아지는지, 또 앞길에 얼마나 많은 장애물이 생기는지 전혀 알지 못한다. 스스로 자기 인생길에 온갖 굴곡의 씨앗을 심고 있으면서 정작 자신은 그 사실을 모르는 것이다.

누구나 개성이 있고, 모난 부분도 있다. 사물이 모가 나면 날카로운 끝이 드러나고, 사람이 모가 나면 성격과 기개가 보인다. 또한 그만큼 독창적인 생각과 혁신적인 의식을 갖추었다는 의미에서 매우 좋은 자질이라고 볼 수 있다.

그러나 아무리 개성 넘치는 사람이라도 사회에서 벗어날 수는 없으며, 아무리 독특한 사람이라도 집단 안에서 살아야 하는 법이다. 즉, 아무리 개성을 추구하더라도 어느 정도 자신의 기질과 성격을 다듬고 수렴할 필요성이 있는 것이다.

모가 많이 난 사람은 타인과 원만하게 어울리기 힘들다. 이런 사람들은 조금만 마음에 들지 않아도 금세 얼굴에 드러나고, 인간관계를 제대로 처리하지 못한다. 그러다 보니 남에게 그다지 좋은 평가를 받지 못하며, 인간관계에 문제가 많이 생긴다. 또한 지나치게 개성이 강한 사람은 아집에 빠지기 쉽다. 아집이 생기면 다른 사람이나 일을 대하는 태도 역시 객관성을 잃게 되며, 호불호가 뚜렷해진다. 이 때문에 일을 할 때도 전체적인 그림을 보지 못하고 생각에 구멍이 생긴다. 인간관계에서도 자기만 생각하고 행동하기 때문에 자연히 타인과 마찰을 빚게 된다. 게다가 성격이 튀는 사람은 남에게 이용당하기 쉽다. 한마디로 방패막이가 될 위험성이 높다.

만약 자기 스스로 모난 성격이거나 개성이 뚜렷하다고 판단된다면 성질대로 행동하기 전에 냉정하게 생각해보자. 지금 너무 충동적이지는 않은가? 남에게 상처를 주는 건 아닐까? 상황을 전반적으로 고려했는가? 혹시 다른 사람에게 이용당하는 것은 아닌가? 성격대로 무턱대고 행동하거나 말하기 전에 스스로에게 이런 질문을 던지는 것만으로도 불필요한 갈등이나 위험을 크게 줄일 수 있다.

항상 "원래 성격이 이래서 어쩔 수 없다"는 핑계를 대는 사람은 그 것이 다른 사람의 연민을 얻기 위한 것이든, 남이 자신을 따르도록 강 요하기 위한 것이든 결국 자기 무덤을 파게 된다.

자신의 성격에 어떤 결함이 있는지 객관적으로 파악하고 늘 경계하 자. 그러면 아무리 모난 성격이라도 얼마든지 다른 사람과 원만하고 평화롭게 지낼 수 있다.

chapter 3
해답

1

정기적으로
마음의 먼지를 청소하라

미용에 신경 쓰는 여성이라면 아마 정기적으로 피부의 각질을 제거할 것이다. 각질이 지나치게 쌓이면 화장품의 영양분이 피부에 흡수되는 것을 방해하기 때문이다. 마음도 피부와 비슷하다. 마음에 먼지 같은 각질이 너무 두껍게 쌓이면 영양분을 받아들이지 못하고 결국 메마르고 둔감해진다.

극작가이자 소설가인 스톄성[史鐵生] 선생은 이렇게 말했다.

"마음의 방은 매일 청소하지 않으면 금세 먼지가 쌓인다. 먼지가 쌓인 마음은 흐릿한 잿빛으로 변한다. 우리는 매일 많은 일을 겪는다. 그리고 기쁜 일도, 슬픈 일도 모두 마음의 방에 자리 잡는다. 그런데 너무 많은 일이 자리 잡아서 서로 복잡하게 얽혀버리면 마음도 그에 따라 엉망이 된다. 고통스러운 감정과 불쾌한 기억이 마음을 채운다면 더더욱 의기소침하고 우울해질 수밖에 없다. 그렇기에 늘 정기적으로 마음의 먼지를 걷어내고 어두운 마음을 밝게 환기시켜야 한다. 마음에 쌓인 많은 일을 정리하라. 그래야 혼란과 번민에서 벗어날 수 있다. 무의미한 고통은 버려라. 그러면 기쁨과 행복이 마음의 방에서 더 많은 공간에 자리할 것이다."

옛날 옛적에 아주 유명한 고승인 일등(一燈)대사가 살았다. 그에게는 '인생의 등'이라는 매우 신비한 등불이 있었는데, 등의 심지에는 심해에서 500년 넘게 자란 야명주(夜明珠)가 있다고 했다. 또한 그 빛을 받은 사람은 마음이 깨끗하고 고귀해지기 때문에 세상 사람의 존경을 받게 된다는 소문이 돌았다.

어느 날, 세 제자가 일등대사 앞에 무릎을 꿇고 각자 자신에게 그 귀중한 보물을 물려달라고 간청했다. 그러자 일등대사가 말했다.

"사람은 크게 세 가지 등급으로 나눌 수 있다. 첫째, 남에게 늘 해를 입히고 자신만 생각하는 사람은 하등이다. 그 마음이 먼지로 가득하기 때문이다. 둘째, 남에게 가끔 해를 입히고 자신을 생각하는 사람은 중등이다. 이들은 마음이 붉고 유혹에 약하기 때문에 낭떠러지 끝에 서 있는 것처럼 위태하다. 셋째, 남에게 평생 해를 입히지 않는 사람이다. 이들은 상등으로, 그 마음이 깨끗하기 때문에 뭇사람의 존경을 받는다. 사람의 마음은 수정과 같아서 먼지가 앉지 않도록 항상 깨끗하게 닦아야 한다. 속세에 몸담고 사는 사람이라도 늘 마음을 깨끗이 닦으면 얼마든지 고귀한 경지에 도달할 수 있다."

말을 마친 후 대사는 세 제자에게 '양심의 책'이라고 적힌 공책을 한 권씩 나눠주었다. 그러고는 각자 하산해서 탁발을 하며 사람들과 교류하라고 명했다. 또한 그 과정에서 혹시라도 남을 해하고 자기만 위하는 짓을 저질렀다면 하나도 빠짐없이 '양심의 책'에 기록하라고 당부했다. 그리고 20년 후에 그 책을 가지고 돌아오면 자신이 직접 하나하나 꼼꼼히 점검한 뒤 가장 훌륭하게 살았다고 판단되는 사람에게 보물을 물려주겠다는 말도 덧붙였다.

어느덧 20년이 흘렀다. 제자들은 각자 '양심의 책'을 소중히 품고 일등대사를 찾아왔다. 때마침 대사는 출타 중이었고, 그들은 꽤 오랜 시간 대사를 기다려야 했다. 그동안 세 제자는 자신의 '양심의 책'을 차근차근히 읽어보면서 자신이 남에게 해를 입혔던 크고 작은 일들을 생각하고 반성했다. 또한 서로 책을 돌려보면서 진심을 담아 조언해주고, 함께 고민하며, 평가해주었다. 그렇게 며칠이나 지났을까. 마침내 제자들은 홀연히 깨달았다. '인생의 등'이라는 보물이 이미 자신의 마음속에 있다는 사실을! 먼지 한 점, 부끄러움 한 점 없는 깨끗한 마음이 바로 찬란한 빛을 발하며 세상을 밝히는 '인생의 등'이었던 것이다.

사람의 마음은 곳간이다. 내가 한 말, 한 행동, 그로 인해 얻은 것들이 내가 원하든 원치 않든 이 곳간 안에 빠짐없이 차곡차곡 쌓인다. 그러므로 남에게 자신의 마음 곳간 문을 활짝 열어 보이고 날카롭게 감찰하는 시선을 견뎌낼 수 있다면 무엇에도 얽매이지 않고, 일말의 부끄러움도 없이 행복하고 당당하게 인생을 살았다고 할 수 있다.

인생의 마지막 순간을 아름답고 완벽하게 만들기 위해서는 무엇이 필요할까? 화려한 옷이나 많은 재물, 아름다운 애인, 온 세상에 자자한 명성 등은 결코 정답이 아니다. 인생의 마지막 순간, 우리를 빛나게 해주는 것은 맑고 투명한 마음뿐이다.

둔하고 무겁고 잔뜩 더러워진 마음은 행복에 가닿을 수 없다. 그렇기에 우리는 매 순간 마음의 먼지를 쓸고 닦아 불순한 각질층을 제거함으로써, 건강하고 깨끗한 마음을 유지해야 한다.

사람은 나이가 들수록 진실한 감정과 내면의 흠집과 그림자를 감추며 감정의 요동을 억누르는 데 익숙해진다. 그렇다 보니 어떤 일에도 감흥을 느끼지 못하고 그저 수박 겉핥기식으로 살아갈 때가 많다. 더이상 소리 내어 울지도, 웃지도 않는 것이다. 그러니 겉으로는 아무 일 없는 것처럼 살아가지만 속은 상한 감정을 표출할 출구를 찾지 못해 곪기 일쑤다.

시간과 기회가 있다면, 그리고 슬픈 일을 겪거나 좌절했다면 마음 껏 울어도 좋다. 실컷 눈물을 흘릴 수 있다는 것은 아직 마음이 메마르지 않았다는 뜻이며, 고통을 느낀다는 것은 아직 마음이 마비되지 않았다는 뜻이다. 감정을 표출함으로써 마음의 먼지를 닦아내자.

번잡하고 골치 아픈 일들에 시달리느라
마음이 지치고 피곤할 때
조용하고 편안하게 쉴 수 있는 마음의 집이 필요하다.

2

공상하는 습관을 기르고
'마음의 집'을 마련하라

　누구나 한 번쯤은 멍한 순간을 경험한 적이 있을 것이다. 회의를 하거나 대화를 나누던 도중, 갑자기 멍해지는 순간 말이다. 이럴 때면 시선은 한군데 고정되고, 머릿속은 하얀 백지장처럼 변하며, 누가 무슨 말을 하든 귀에 들어오지 않는다. 흔히 이런 상태를 '한눈판다' 혹은 '멍 때린다'라고 하지만 심리학에서는 이를 '심리 조절을 위한 현상'이라고 한다. 명칭이야 어쨌든 그것의 실체는 머릿속을 텅 비우는 것으로, 스트레스를 줄여주며 정신 건강을 도모하는 효과가 있다.

　실제로 최근 2년 동안 심리학자들은 '멍하게 있는 것'의 스트레스 감소 효과를 상당히 인정하는 추세다. 심리학자의 설명에 따르면 멍하게 있는 것은 일종의 집중된 무의식이라고 한다. 이는 스트레스와 피로를 덜어줌으로써 대뇌가 충분히 휴식할 수 있도록 돕는다. 멍한 상태에 들어가면 잠시나마 생각을 멈출 수 있고, 안정된 분위기에서 모든 것을 잊은 채 온전히 자기 자신에게만 집중할 수 있다. 그래서 멍하니 공상에 빠지는 것은 의외로 큰 기쁨과 편안함을 가져다준다. 또한 멍하게 있는 것은 신체적으로도 이완 효과가 있으며 혈액순환을 원활하게 하여 몸 구석구석까지 산소와 영양소가 잘 전달되게 한다. 그래서 불안, 근심, 스트레스 감소에 현저한 효과가 있다.

매일 바쁘게 살아가는 직장인이라면 더더욱 멍하게 공상에 빠질 필요가 있다. 업무, 직장 내 인간관계, 승진, 고객 등 골치 아픈 문제를 잠시나마 던져두고 머리를 쉬게 해주자. 대뇌에 아무런 명령도 내리지 않고, 눈은 아무것도 보지 않으며, 주의력을 최대한 분산시킨 채 마음껏 공상을 하는 것이다. 얼핏 시간 낭비처럼 보이는 이 일이 정신 건강에 얼마나 큰 도움이 되는지 알게 된다면 아마 깜짝 놀랄 것이다.

나는 어려서부터 '멍 때리기'도 잘하고 공상도 잘했다. 멍하니 있을 때의 그 둔하고 텅 빈 느낌이 좋았기 때문이다. 게다가 '멍 때리기'는 시간이나 공간의 제약도 없다. 피곤하거나 지칠 때, 혹은 고민이 많을 때면 잠시 모든 것을 멈추고 편한 자세로 앉아 상상의 나래를 펼치기만 하면 된다. 이 얼마나 자유로운가!

남의 눈치를 볼 필요도 없이 자신의 머릿속을 마음껏 헤집고 다니며 멋대로 공상을 하다 보면 답답한 현실이 저만큼 물러난다. 때로는 과거에 가장 행복했던 순간을 되짚기도 하고 마음껏 옛 사랑을 추억하기도 한다. 다른 사람의 심사를 애써 헤아리는 수고를 할 필요도, 생활 속의 긴장과 피로를 짊어지고 있을 필요도 없다. 창밖의 풍경을 멍하니 바라보고 따뜻한 햇살을 온몸으로 받으며 공상에 빠져 있는 동안 억눌렸던 마음은 어느새 깃털처럼 가벼워지게 마련이다.

'멍하니 공상하기'는 철저하게 자신의 힘으로 기쁨을 얻는 방식이며, 오롯이 혼자 즐길 수 있는 여가 활동이다. 오늘 하루, 당신은 한순간이라도 멍해진 적이 있는가?

한편, 당신은 지금 사는 집에 자신의 집이 있는가?

이게 무슨 소리인지, 고개가 절로 갸웃거려질 것이다. 자신이 살고 있는 집이면 당연히 자신의 집이 아닌가?

부디, 오해하지 마시길! 내가 말한 '자신의 집'이란 바로 '마음의 집'을 의미한다. 자신만의 정신적 성지요, 영혼의 정원 같은 곳 말이다. 이곳에는 부모도, 남편도, 아내도, 아이들도, 회사 상사나 동료도 없으며 거짓으로 꾸민 자기 자신도 없다. 오로지 진실한 나 자신, 정신적으로 가장 편안하고 높은 곳에 자리한 자신만이 있을 뿐이다. 즉, 마음의 집은 오직 나 한 사람만을 위한 공간이다.

언젠가 유독 나의 생활방식을 부러워하던 사람이 내게 "너는 달팽이 같다"고 한 적이 있다. 예민하고 고집스러운 데다가 자기만의 집을 이고 다니기 때문이라나. 하지만 대다수 사람은 자기 집이 없다는 말도 덧붙였다. 솔직히 나는 그 평가가 상당히 마음에 들었으며, 살짝 득의양양해졌다. 나는 항상 몸은 집을 빌려 살아도 되지만 마음만큼은 '자기 집'에서 살아야 한다고 생각해왔기 때문이다.

번잡하고 골치 아픈 일들에 시달리느라 마음이 지치고 피곤할 때, 조용하고 편안하게 쉴 수 있는 마음의 집이 필요하다. 세속적인 목표를 이루기 위해 끊임없이 노력하고 죽어라 달린 후, 깨끗이 씻을 수 있는 마음의 집이 필요하다. 돈과 명예의 유혹에 끌려다니며 심신이 피로해졌을 때, 따스한 보살핌을 받을 수 있는 마음의 집이 필요하다. 온갖 욕심이 삶과 마음을 어지럽힐 때, 진실한 치유를 받을 수 있는 마음의 집이 필요하다. 공리에 눈이 멀어 방향을 잃고 몸부림치다가 삶이 무미건조하고 허무하게 느껴질 때, 새로운 힘을 얻고 의지를 북돋을 수 있는 마음의 집이 필요하다.

이 집에서는 잠시나마 고단한 일상에서 벗어날 수 있다. 이루지 못하고 얻지 못한 것들, 이를테면 권력욕, 명예욕, 물욕 등을 모두 내려놓고 한층 초연해질 수 있다.

마음의 집은 거친 세상을 항해하다가 들어와 쉴 수 있는 피난항이자 신선한 산소를 호흡하며 쉴 수 있는 휴식처다. 이 집이 있기에 우리의 마음은 부평초처럼 떠돌아다니거나 헤매지 않을 수 있다. 이 집이 있기에 우리의 마음은 햇빛이 찬란한 보금자리에서 쉴 수 있다. 이 집이 있기에 우리의 마음은 사회생활에 염증을 느낄 때도 긴장을 풀고 쉴 수 있다. 이 집이 있기에 우리는 각박한 세상 속에서도 인간다운 인간이 될 수 있다.

나는 '마음의 집'의 효과를 누구보다도 잘 알기에 내가 먼저 나서서 친구들에게 마음의 집을 설계해준다. 작년 여름에는 한 남자 친구에게 과감하게 DIY로 집 안에 바를 만들라고 조언했다. 자신이 좋아하는 그림이나 어린 시절 가지고 놀았던 장난감으로 바를 꾸미고, 한쪽 벽은 추억이 담긴 사진으로 장식하라는 세세한 팁도 잊지 않았다. 나중에 그는 정신적인 삶이 훨씬 풍성해졌다며 고맙다는 인사를 전해왔다. 직접 만든 바에 앉아 좋아하는 차를 마시며 멍하니 공상에 빠지거나 책을 읽다 보면 어느새 마음의 피로가 풀린다는 것이다. 그 덕인지, 그는 더 이상 예전처럼 공허하거나 무료하지 않다고 했다. 요즘도 그와 나는 서로 작은 장난감을 선물하며 우정을 돈독히 쌓아가고 있다.

당신에게는 마음의 집이 있는가? 만약 없다면 어서 빨리 마련하라!

3

마음이 원하는 일을
지금 바로 하라

나는 매번 여행에서 돌아오면 여행지에서 찍은 사진을 작업실에 걸어놓고 그와 관련된 글을 쓴다. 작업실에 들르는 친구들은 그 사진과 글들을 보며 부러움을 감추치 못한다. 그럴 때마다 나는 그들에게 강력히 권한다.

"마음이 동하면 몸도 움직여야지! 가고 싶은 곳이 있다면 빨리 가봐!"

하지만 친구들은 하나같이 손사래를 치고 그럴 수는 없다며 고개를 가로젓는다. 그 이유를 물어보면 하나같이 비슷한 대답을 내놓는다.

"No money, No time!"

참, 할 말이 없다.

시간은 스펀지에 흡수된 물과 같아서 마른 것처럼 보여도 꼭 쥐어짜면 한두 방울쯤은 떨어지게 마련이다. 마음만 먹으면 어떻게든 여유를 만들 수 있다. 돈은 더더욱 문제가 아니다. 당장 수중에 돈 한 푼 없어도 지금부터 2주 정도 꼬박 커피값을 아끼면 국내의 가까운 곳쯤은 여행할 경비를 마련할 수 있다.

그러니 돈 없고 시간 없다는 말은 결국 다 핑계다. 사실은 마음이 없는 것이다!

인생에는 스스로 미루더라도 시간이 기다려주지 않는 일들이 매우 많다. 때를 놓치면 영영 돌이킬 수 없는 일도 있다.

사람은 누구나 마음속에 줄곧 바라왔으나 기회가 없어서 실현하지 못한 꿈을 한가득 안고 살아간다. 고향에 가보는 꿈, 점찍어둔 곳으로 혼자 여행을 떠나는 꿈, 짝사랑하는 사람과 함께 걸어보는 꿈, 사진술이나 악기를 배우는 꿈……. 하지만 대부분은 갖가지 핑계로 꿈들을 몇 년씩 방치해둔다. 그러면서 늘 "지금은 때가 아니다"라고 말한다. 하지만 정말 그럴까? 정말 기회가 없고, 때가 아닌 것일까? 그렇지 않다! 사실은 결단력, 행동력, 실행력이 부족할 뿐이다.

무언가 하고 싶다는 마음이 들 때 즉시 행동에 옮기지 않고 차일피일 미루다 보면 결국 그 일을 할 기회는 영영 오지 않는다. 심지어 그런 바람을 표현할 기회조차 사라져버린다. 그때 가서 땅을 치며 후회한들 무슨 소용이겠는가? 그러니 무엇이든 간에 하고 싶다는 생각이 들었다면 나중으로 미루지 말고 되도록 빨리 실행에 옮겨라. 생각난 그때 바로 실천하는 것이 가장 좋다. 지금 당장 움직여라. 마음이 바라는 대로 행동하는 것이야말로 최고의 자유다.

살면서 특히 미뤄서는 안 될 것이 두 가지 있다.

첫째는 부모에게 효도하는 것이다. 옛말에 "나무는 고요히 있고자 하나 바람이 멈추지 않고, 자식은 봉양하고자 하나 부모는 기다려주지 않는다"라고 했다. 우리는 일이 바쁘다는 핑계로, 시간이 없다는 핑계로, 또는 잔소리를 듣기 싫다는 핑계로 부모님을 소홀히 대한다. 그러나 앞서 말한 바와 같이 우리가 철들 때까지 부모님이 기다려주신다는 보장은 어디에도 없다. 그러니 더 이상 미루지 말고 부모님과 더 많은 시간을 함께 보내라. 더 많은 대화를 나누고, 부모님이 원하는 것이라면 최대한 이뤄드려라.

둘째는 친구나 지인처럼 나에게 관심을 가져주고 또 내가 관심을 갖고 있는 사람들과 자주 연락하고 만나는 것이다. 늘 관용과 사랑으로 그들을 대하라. 서로 알게 되었다는 것 자체가 소중한 인연이라는 증거다. 그러니 우정을 지속하는 데 아무런 아쉬움도 남지 않게 하라.

part 4 / 치유의 네 번째 걸음

스트레스 줄이기
- 마음이 편안하게 숨 쉴 여지를 마련하라

마음이 무거운 이유는 대부분 마음속에 내려놓지 못한 무언가가 있기 때문이다. 예를 들어 누군가에게 속으면 억울한 마음과 복수심을 내려놓지 못하고, 남에게 비난 혹은 비웃음을 당하면 증오와 분노를 내려놓지 못한다. 사람들은 대부분 벌어진 일 자체에만 신경을 쓰며 그 일이 초래한 불쾌한 감정에 사로잡히기 일쑤다. 그러나 그것만 내려놓으면 마음도 변하고, 보이는 세상도 완전히 달라지며, 인생도 훨씬 편안하게 살아갈 수 있다.

chapter 1
치유

인생을 훌륭하게 만드는
평상심

성공으로 인해 지나치게 들뜨지 않고 실패로 인해
지나치게 좌절하지 않으며 무미건조함에도 파묻히지 않을 때,
그 사람은 진정으로 훌륭한 인생을 살 수 있다.

이 세상에서 가장 오만한 사람이 누구라고 생각하는가? 〈포브스〉 등의 경제 전문지에 세계 부자 리스트로 거론된 사람들? 아니다! 빌딩이나 고급주택 단지, 혹은 회사 건물의 입구를 지키고 있는 사설 경비원이야말로 이 세상에서 가장 오만한 사람이다.

예전에 원고 수정 문제 때문에 출판사 사장과 만나 회의를 한 적이 있었다. 그날 나는 약속 시간에 맞춰 출판사에 도착했지만 건물 입구에서 경비원에게 가로막히고 말았다. 엄청난 덩치의 경비원은 허리를 꼿꼿이 세운 채 위압적인 말투로 내게 다짜고짜 이렇게 물었다.

"뭐하는 사람이요?"

그 모습이 어찌나 무섭던지! 나도 모르게 다리에 힘이 풀릴 지경이었다. 법정에서 죄인을 신문하는 검사도 그보다는 친절할 것 같았다. 나는 떨리는 마음을 가라앉히며 가까스로 찾아온 이유를 설명했다. 하지만 그의 태도는 여전히 고압적이었다.

"약속은 한 거요?"

그렇다고 대답했지만 그는 나의 말을 믿지 않고 직접 출판사에 확인 전화까지 했다. 그러고 나서야 겨우 고개를 까딱이며 오만하게 말했다.

"들어가보쇼."

마치 경멸하는 듯한 눈길을 받으며 건물 안으로 들어가자니 심장이 미친 듯이 콩닥거렸다. 그리고 불현듯 걱정이 되기 시작했다. 문간을 지키는 경비원조차도 저렇게 오만한데, 이 건물의 주인인 출판사 사장은 대체 얼마나 거만할까?

하지만 편집 담당자의 안내를 받아 사장실에 들어섰을 때, 나는 살짝 안도의 한숨을 쉬었다. 아까 봤던 경비원보다는 훨씬 느긋하고 푸근한 인상의 사장이었기 때문이다. 입가에는 보일락 말락 미소가 걸려 있었고, 말본새도 훨씬 부드럽고 침착했다.

잠시 후, 한창 회의를 하고 있는데 전화벨이 울렸다. 사장은 내게 양해를 구하고 전화를 받았다. 대화 내용을 봐서는 아마 무슨 교육기관에서 걸려온 홍보 전화인 듯했다. 사장은 빙그레 웃으며 말했다.

"죄송합니다만, 저는 학교에 다니지 않는데요."

우리는 모두 웃음을 터뜨렸다. 하지만 전화기 저편의 상대는 상당히 끈질기게 계속 무언가를 권했다. 누구나 화를 낼 법한 상황이 된 것이다. 그런데 사장은 끝까지 짜증 한 번 내지 않고 계속 웃는 낯으로 대답했다.

"제가 찾아갈 수는 없고, 언제 한번 우리 회사를 방문하시지요. …… 예, 저는 매일 출근합니다. 아무 때나 오셔도 괜찮습니다."

얼마나 고상하고 예의바르던지! 지위가 높은 사람일수록 오히려 더욱 친절하게 관용적인 태도로 타인을 대한다더니, 그 말이 사실이구나 싶었다. 적어도 보통 사람들이 흔히 그러하듯 전화를 끊어버리지는 않았으니까. 평소 주변 사람을 봐도 그렇고, 길에서 마주치는 사람을 봐도 그렇듯이 대다수 사람은 이런 종류의 홍보 전화를 받으면 제대로 듣지 않고 전화를 끊거나, 혹은 얼굴을 붉히며 전화기 너머 상대편을 잡아먹을 듯 욕을 해댄다. 이렇게 끝까지 화내지 않고 공손하게 응대하는 사람을 실제로 본 것은 그 출판사 사장이 처음이었다. 그 순간 나는 입구에서 마주쳤던 경비원의 무서운 얼굴을 떠올렸다.

최근 몇 년간 다양한 계층의 사람들을 만나면서 나는 한 가지 규칙을 발견했다. 바로 지위와 학식이 높고 영향력이 큰 사람일수록 겸손하고, 이렇다 할 것이 없는 사람일수록 오히려 더 고자세를 취한다는 점이다.

사실, 오만하거나 고압적인 태도를 취한다는 것은 그만큼 기본 소양이 부족하다는 뜻이다. 남이 자기 내면의 부족함과 자신감 결여를 눈치챌까 봐 두려워서 겉으로 더욱 위엄 있는 척하는 것이다. 하지만 진짜 위엄이 있고 기품이 있는 사람이라면 이렇게 할 이유가 전혀 없다.

예전에 어느 절의 입구에서 이런 주련(柱聯)을 봤다.

높은 곳에 서고, 평평한 곳에 앉으며, 넓은 곳을 향해 가라. 상등의 마음을 품고, 중등의 인연을 맺으며, 하등의 복을 누려라.

'높은 곳에 서라'는 것은 전체 그림을 조망할 수 있을 만큼 높은 곳에 서서 문제를 보라는 뜻이다. '평평한 곳에 앉으라'는 사람을 대할 때 평안하고 공정한 마음을 잊지 말라는 것이며, '넓은 곳을 향해 가라'는 것은 무슨 일을 하든 항상 열린 마음으로 하고 융통성을 가지라는 의미다. 그렇다면 '상등의 마음'이란 무엇일까? 아마도 스스로를 절제할 줄 아는 선한 마음이 아닐까? '중등의 인연을 맺는다'는 것은 인간관계에도 중용의 도가 있어야 함을 말한다. 실제로 인간관계에는 너무 멀지도 너무 가깝지도 않은 거리를 유지하는 지혜가 필요하다. 마지막으로 '하등의 복'이란 고생도 기꺼이 감내할 수 있어야 한다는 것을 의미한다. 사실, 이는 매우 도달하기 어려운 경지이지만 충분히 노력해볼 만한 가치가 있다.

훌륭한 인생을 사는 사람은 상황이나 환경에 쉬이 휩쓸리지 않고 항상 평상심을 유지한다. 그러니 혹시 당신의 능력이나 지위, 권력을 드러내고 싶어 안달이 날지라도 부디 다른 사람에게 압박감이나 스트레스를 주지 않도록 주의하시길! '벼는 익을수록 고개를 숙인다'고 했다. 조금 더 단정한 자세와 조금 더 친절한 말투, 조금 더 부드러운 표정과 조금 더 친근한 태도를 갖춘다면 당신의 인생도 충분히 훌륭해질 수 있다.

사람은
밥만 먹고 살 수 없다

태양은 아무리 멀리 있어도 태양이다.
신앙은 곧 마음의 태양이다.

사람들은 현실에 대해 끊임없이 불평불만을 갖는다. 고등학생은 대학 입시 준비가 너무 힘들다고, 대학생은 졸업 후에 취업문이 너무 좁다고, 직장인은 연봉이 너무 낮다고, 고액 연봉자는 업무가 너무 과중하다고 볼멘소리를 늘어놓는다. 결혼해서 가정을 이루고 자식을 낳아 키우면서도 사람들은 습관적으로 힘들고 어렵다고 투덜댄다. 이렇게 부지불식간에 불평불만을 늘어놓는 동안 삶은 점차 생기를 잃고 칙칙하게 변해간다.

인생이란 정말 이렇게 비참하고 고되기만 한 것일까? 아니다! 신앙, 즉 정신적 가치를 추구한다면 얼마든지 살맛 나는 인생을 살 수 있다.

유럽인 관광객 무리가 아프리카의 한 원시부족 마을에 도착했다. 마침 마을 입구에는 흰옷을 입은 노인이 정좌를 한 채 짚으로 모자나 가방 같은 물건을 만들고 있었다. 그런데 본업이 장사꾼인 프랑스인한 명이 노인의 물건을 보고는 눈을 반짝였다. 하나같이 독특하고 아름다워서 프랑스로 가져가 팔면 분명히 히트를 칠 것 같았기 때문이다. 그는 장사꾼 특유의 머리를 굴리며 노인에게 다가가 말했다.

"이것들은 얼마입니까?"

"종류 상관없이 하나에 10달러요."

노인이 빙긋 웃으며 대답했다. 프랑스인은 깜짝 놀라며 말했다.

"세상에! 화수분이 여기 숨어 있었군! 노인장, 만약 내가 짚모자와 짚바구니를 각각 10만 개씩 산다고 하면 하나당 얼마씩 깎아주실 수 있겠습니까?"

그러자 노인은 금세 퉁명스러워진 얼굴로 말했다.

"그렇다면 하나당 20달러는 받아야겠소이다."

프랑스인은 자신의 귀를 의심했다.

"뭐라고요? 대체 어째서입니까?"

"어째서냐고?"

대로한 노인이 외쳤다.

"난 당신을 이해할 수가 없구먼. 똑같은 모자와 바구니를 10만 개씩이나 만들라니! 그랬다간 금방 지루해서 죽어버리고 말 거요!"

노인의 외침에서 알 수 있듯이 똑같은 일도 좋아서 하느냐, 돈 때문에 하느냐에 따라 완전히 달라질 수 있다. 그러니 만약 일에서 받는 스트레스를 줄이고 싶다면 지금보다는 조금 더 이상주의자가 되도록 하라. 아침부터 저녁까지 온종일 먹고사는 문제나 돈 문제에만 매달리지 말라는 것이다. 먹고살기 위해 일을 하면 갈수록 더 피곤해지고 짜증스러워질 수밖에 없다.

사실, 이상과 신앙은 그 자체로 인생의 행복에 커다란 의미를 갖고 있다.

어느 날, 무덕선사가 선원의 뜰에서 잡초를 뽑고 있는데 신도 세 명이 그를 찾아왔다. 그들은 선사에게 말했다.

"사람들은 불교를 믿으면 인생의 고통을 해결할 수 있다고 말합니다. 그러나 저희 모두 오랫동안 불교를 믿어왔지만 행복해지기는커녕 고통도 사라지지 않았습니다. 이게 대체 어찌 된 일입니까?"

무덕선사는 호미를 내려놓고 차분하게 그들을 바라보며 말했다.

"행복해지는 것은 결코 어렵지 않습니다. 먼저 자신이 왜 사는지 확실히 깨달아야 합니다."

첫 번째 사람이 말했다.

"죽지 못해 사는 것 아니겠습니까? 물론 죽는다는 것도 두렵고요. 그러니 다들 사는 겁니다."

두 번째 사람이 말했다.

"제가 지금 열심히 사는 이유는 나중에 늙어서 좀 더 편안하고 풍족하게 살고 싶기 때문입니다."

그러자 세 번째 사람이 말했다.

"저는 그 정도도 아닙니다. 만약 지금 당장 제가 죽으면 우리 가족들은 누가 먹여 살리겠습니까? 그러니 열심히 살 수밖에요."

그들의 대답을 들은 무덕선사가 웃으며 말했다.

"과연, 여러분이 불행할 수밖에 없는 이유를 알겠군요. 모두가 죽음, 늙는 것, 어쩔 수 없이 일해야 하는 까닭만 생각할 뿐 이상이나 신앙에 대한 것은 조금도 생각하지 않고 있습니다. 여러분, 이상과 신앙이 없는 삶은 당연히 피곤하고 괴로울 수밖에 없답니다."

신도들은 여전히 마뜩찮은 표정이었다.

"이상? 신앙? 말이야 듣기 좋지만 그것들이 밥 먹여준답니까?"

신도들의 질문에 무덕선사는 오히려 역으로 질문을 던졌다.

"그럼 무엇이 있어야 행복해질 수 있다고 생각하십니까?"

그러자 신도들이 차례로 대답했다.

"명예가 있어야 전부 가진 것이지요. 그래야 행복할 수 있습니다."

"사랑이 있어야 행복할 것입니다."

"저는 돈이라고 생각합니다. 돈이 없으면 행복할 수도 없어요."

무덕선사가 입을 열었다.

"그러면 왜 어떤 사람들은 명예를 가지고 있는데도 불행할까요? 어떤 이는 사랑을 가졌는데도 여전히 고통스럽고, 또 어떤 이는 돈이 있는데도 우울증에 걸리지요. 대체 그 이유는 무엇일까요?"

이번에는 아무도 대답하지 못했다. 무덕선사는 말을 이었다.

"이상과 신앙은 결코 듣기 좋은 빈말이 아닙니다. 이것들은 우리의 삶에 매 순간 관여하며, 영향을 미치고, 구체적으로 드러나는 것입니다. 삶에 대한 생각과 태도를 바꿀 때 비로소 삶 자체가 변화할 수 있습니다. 명예는 남을 위해 봉사할 때 비로소 행복으로 변합니다. 사랑은 타인에게 줄 때 비로소 의미를 가지며, 돈은 가난한 자에게 베풀 때 비로소 가치가 생깁니다. 이처럼 이상과 신앙에 이끌리는 삶이야말로 진정 행복한 삶인 것입니다."

원래 진정으로 행복한 삶은 이상, 신앙과 떼려야 뗄 수 없는 관계다. 그럼에도 현대인들은 "뜬구름 잡는 그런 소리, 듣기 싫다"라는 말을 입에 단 채 이런 가치를 무시하며 살아간다. 하지만 진짜 행복을 바란다면 이상과 신앙을 간과하지 말아야 한다. 사람은 밥만 먹고 살 순 없는 존재이니까.

삶은
전쟁이 아니다

인생을 여행으로 생각하는 사람은 언제나 풍경을 만난다.
인생을 전쟁으로 생각하는 사람은 늘 전쟁터를 만난다.
인생이란 이런 것이다. 무엇을 선택하느냐에 따라 만나는 것은 달라진다.

점이 모이면 선이 되고, 선이 모이면 면이 되며, 면이 모이면 입체가
된다. 인생도 마찬가지다. 사랑, 정, 재물, 명예, 지위와 같은 몇 개의
불규칙한 점이 모여 무수한 선을 이루고, 이 선들이 또 각기 다른 면을
이루며, 이런 면들이 모여 여러 가지 모양의 입체를 이룬 것이 바로 인
생이다. 인생은 다양한 입체의 조합이기 때문에 그 자체만으로도 갖가
지 일면을 지니고 있다. 이러한 인생의 다양함을 보지 못하고 한쪽 면
에만 집착하는 사람들은 종종 인생을 전쟁으로 생각하고 어떻게든 정
복하려 애쓴다. 이런 사람들의 최후는 과연 어떨까?

알렉산드로스 대왕은 세상에서 가장 큰 전적을 올린 사람일 것이
다. 마케도니아 왕 필리포스 2세의 아들로 태어난 그는 어려서부터 위
대한 철학자 아리스토텔레스를 스승으로 모시며 왕이 될 준비를 했다.
이후, 알렉산드로스 대왕은 놀라운 기세로 그리스 각 지역의 반(反)마

케도니아 세력을 억눌렀으며, 동방을 정복하기 위한 진격을 시작했다. BC 334년에는 소아시아를 침략했으며 BC 333년에는 이수스 전투에서 페르시아 왕 다리우스 3세를 격퇴했다. 또한 BC 332년에는 이집트와 시리아를 침공하고, 1년 뒤에는 나일 강 유역을 완전히 점령했다. 기원전 330년, 페르시아 왕국을 멸망시킨 그는 BC 327년에 인도까지 세력을 뻗쳤다. 이로써 알렉산드로스 대왕은 동서양을 아우르는, 역사상 가장 거대한 제국을 건설했다. 하지만 정작 알렉산드로스 대왕 자신은 그 업적을 충분히 누리지 못했다. BC 323년에 병에 걸려 서른두 살이라는 젊은 나이로 세상을 떴기 때문이다. 이 정복자는 인류 역사에 지대한 영향을 미친 위대한 왕국을 남겨놓은 채, 그렇게 역사의 뒤안길로 사라졌다.

알렉산드로스 대왕의 일생은 정복으로 점철된 인생이었다. 그는 정복을 최고의 영광으로 여기며 실로 거대한 왕국을 일궜지만 늘 지독한 외로움에 시달렸다. 결국 그는 젊은 나이에 불치병을 얻었고, 누워서 죽을 날만을 기다리는 신세가 되었다. 하지만 죽음 앞에서 알렉산드로스 대왕은 오히려 초연할 정도로 침착한 모습을 보였다. 가만히 침상에 누워 있는 그의 모습에서는 예전의 강인했던 정복자의 흔적을 찾기 어려웠다.

삶의 마지막 순간이 다가온 그때, 알렉산드로스 대왕은 숨을 헐떡이며 유언을 남겼다.

"내가 죽으면 관에 넣되, 관 뚜껑에 구멍을 두 개 뚫어서 나의 두 손을 관 바깥으로 꺼내놓도록 하라. 그런 뒤 그대로 관을 둘러메고 온 도시를 돌아다녀라."

왕의 유언을 들은 신하는 깜짝 놀라서 말했다.

"어째서 그런 분부를 내리시는 것입니까? 그런 일은 여태껏 아무도 하지 않았고, 들어본 적도 없습니다."

알렉산드로스 대왕은 마지막 힘을 다해 엄중하게 명했다.

"내가 말한 대로 시행하라!"

신하가 조심스레 물었다.

"대체 무슨 연유로 그러시는지 여쭤도 되겠습니까?"

"나는, 생전에 무수한 보화를 가졌던 알렉산드로스 대왕도 죽을 때 빈손으로 간다는 사실을 세상 사람들이 보길 원한다. 사람은 누구나 빈손으로 왔다가 빈손으로 갈 수밖에 없다. 자기 몸 외에는 어떤 것도 가져갈 수 없는 것이다. 살아서는 온갖 영광을 누렸던 짐 역시 죽을 때에는 빈손이라는 사실을 사람들이 알아야 한다. 나는 그들이 나를 통해 교훈을 얻고, 귀중한 생명을 너무 일찍 소모해버리지 않기를 바란다."

사람은 각자 저마다의 방식으로 세상을 살아가지만 죽을 때만큼은 누구나 똑같다. 빈손으로 왔다가, 빈손으로 간다. 그래서 인생은 전쟁보다는 여행에 가깝다. 이 여행길을 걷는 동안에는 길옆의 아름다운 풍경을 감상하는 것을 잊지 말아야 인생의 참맛과 풍성함을 누릴 수 있다. 알렉산드로스 대왕처럼 오로지 정복에만 집착하며 살다가 죽음 앞에 선 이후에야 비로소 그 모든 것이 잘못되었음을 깨닫게 된다면 얼마나 허망하겠는가? 그때는 깨달아도 이미 늦다. 지금 당신에게 인생은 여행인가, 전쟁인가?

4

욕망과 목적에
너무 얽매이지 말라

당신의 인생이 '해야 하는 것'에 끌려가도록 두지 말라.
당신 마음이 원하는 대로, 시키는 대로 행동하며 하루하루를 의미 있게 보내라.

메신저에 접속해 있으면 종종 이런 메시지가 뜬다.

'바빠?'

그럼 나는 대개 이렇게 대답한다.

'아니, 한가해.'

거의 매일 한가하다는 나를 보고 사람들은 이렇게 말한다.

'너는 심심하지도 않은가 보다. 한가한 거 참 잘 견디네. 나는 좀이
쑤셔서 못 견디겠던데. 어떨 때는 바쁜 것보다 한가한 게 더 미칠 것
같아!'

그럼 나는 모니터 화면에 대고 말한다.

"가여워라. 아무래도 휴식 불능증에 걸린 모양이구나!"

'휴식 불능증'이란 '사랑 불능증'이라는 말에서 착안한 것이다. 사
랑 불능증은 실연의 상처와 그림자가 너무 깊은 나머지 누구도 사랑하
지 않기로 한, 혹은 사랑할 수 없게 된 상태를 일컫는 말이다. 같은 맥

락에서 휴식 불능증이란 죽어라 고생할 줄만 알았지 도통 쉴 줄 모르는 사람들을 가리키는 말이다!

나는 한동안 한량들에게 푹 빠져 지냈다. 하지만 사회생활을 하면서부터 우리 사회에 진짜 한량은 가뭄에 콩 난 것보다 더 적다는 사실을 깨달았다. 대부분의 사람은 자신도 모르는 새 한가한 사람의 반대편 극단으로 달려가고 있었다. 평생 일만 알고 제대로 쉴 줄 모르는, 휴식 불능증 환자가 되어가고 있었던 것이다.

사랑 불능증은 사랑으로 인한 마음의 상처 때문에 생긴다. 그렇다면 휴식 불능증은 왜 생기는 것일까? 어쩌면 모두 너무 바쁘게 살아가느라 이 문제에 대해 생각해볼 여유조차 없는지도 모른다. 지금이라도 한번 시간을 내서 이 문제에 대해 곰곰이 생각해보라고 권하고 싶다.

나는 휴식 불능증이 이미 습관화된 '바쁨' 때문에 생겼다고 믿는다. 현대인은 각양각색의 목표로 생활을 꽉꽉 채우는 데 이미 익숙해져 있다. 게다가 빠른 시일 내에 그 목표를 이루려고 안달한다. 습관은 어느새 자연스러운 것이 되었고, 시간이 흐르면서 아예 일상적인 생활방식으로 굳어졌다. 사람의 심리와 생리 모두 이러한 생활방식에 맞춰졌으며, 이와 다른 생활방식에는 오려 거부감을 느끼게 되었다. 그래서 어쩌다 쉴 기회가 생기면 기뻐하기는커녕 안절부절못하고, 몸이 근질거리며, 꼭 병이 날 것만 같은 이상한 증상이 나타나게 된 것이다.

지혜로운 옛 선조들은 이미 오래전에 '사람이 조급하고 바쁘게 종종거리는 이유는 대부분 명예와 이익을 얻기 위한 것일 뿐'이라는 점을 지적했다. 이를 요즘 말로 옮긴다면 아마 '욕망'이라고 할 수 있을 것이다. 욕망에 사로잡힌 사람은 머리에 고기를 매달고 미친 듯이 질주하는 개와 비슷하다. 개가 아무리 열심히 뛴다고 한들, 그 고기는 영원히 개의 것이 되지 못한다. 하지만 개는 그 사실을 모른 채 죽어라 달리기만 한다.

욕망의 특징이 무엇인지 아는가? 절대로 채워지지 않는다는 것이다. 한 가지 욕망이 채워지면 다른 욕망이 또 생기기 때문이다. 그런데 사람은 먹을 수 없는 고기에 집착하며 끝없이 뛰는 개처럼 영원히 채워지지 않을 욕망을 좇아 길지도 않은 인생을 정신없이 소비한다. 이와 동시에 채워지지 않는 욕망 때문에 고통을 느낀다. 그리고 그 고통을 떨쳐버리기 위해 스스로를 더 바쁘고 정신없게 몰아간다. 악순환의 연속이다.

또 한 가지 안타까운 사실은 사람들의 목표가 점차 비슷해지고 있다는 점이다. 사람들은 종종 자신이 진심으로 원하고 좋아하는 것이 아니라 다른 사람이 추구하는 것을 얻기 위해 달려간다. 그래서 목표를 달성해도 그 성과에 금세 질려버리고, 모두가 좋다고 말하는 또 다른 것을 얻기 위해 새로운 목표를 세운다.

그 결과, 사람은 평생 '목표 추구-목표 달성-달성한 성과에 질림-새로운 목표 수립-새로운 목표 추구'로 이어지는 과정을 끝없이 반복하며 살아간다. 죽는 그날까지 말이다! 바로 이런 이유 때문에 일생을 바쁘게만 산 사람의 마음은 늘 불안하고 공허하다. 하지만 원인을 알지 못하기 때문에 마음의 불안과 공허를 채우기 위해 오히려 밤낮을 가리지 않고 더욱 바쁘게 살아간다.

자신이 진짜 원하는 것도 아니고, 명예와 이익이라는 목적에 매여 정신없이 달려가다 끝나버리는 인생이라니! 너무나 허무하다. 죽을 때 가져가지도 못하는 것을 위해 평생을 고민과 걱정 속에서 노예처럼 살아간다면 아무리 부자이고 아무리 명예가 있다 한들 그는 그저 가엾은 사람일 뿐이다.

우리는 대체 언제쯤 한 번이라도 나 자신을 위해 살 수 있을 것인가? 언제쯤 우리를 묶고 있는 욕망의 족쇄에서 벗어나 편안해질 수 있을 것인가? 자신이 원하는 대로, 마음이 이끄는 대로 사는 멋진 삶은 정말로 꿈에 불과한 것일까? 질척이는 욕망에서 벗어나 담백하고 평안한 마음의 휴식을 누리는 날은 과연 올 것인가?

옛 모습을 그대로 간직한 고원도시 리장[麗江]에 이런 말이 있다.

"해는 달리지 않아도 절로 산을 넘어가고, 세월은 지체하지 않아도 알아서 흐른다. 산다는 것은 달팽이를 이끌고 나선 산책과 같으니, 무엇을 조급해하겠는가?"

그렇다. 조급할 이유가 어디 있겠는가? 세월에는 신경 쓰지 말고 자신이 좋아하는 일을 하면 된다. 어차피 나에게 얼마만큼의 시간이 주어졌는지도 모르지 않는가! 그러니 오로지 '가장 나다운 나 자신이 되는 것'을 목표로 살아가야 한다.

chapter 2

습관

1

만족할 줄
모름

만족할 줄 모르는 사람은 늘 스트레스에 시달릴 수밖에 없다. 이는 삼척동자도 다 아는 사실이다.

동창 모임에 나갈 때마다 친구들은 나를 안됐다는 눈으로 바라본다. 다들 베이징처럼 물가가 비싸고 살기 퍽퍽한 도시에서는 한 달에 최소 2, 3만 위안, 혹은 연봉 4, 50만 위안 정도는 벌어야 그나마 살 만하다고 생각하기 때문이다. 물론 나의 수입은 그에 비하면 턱없이 부족하다. 그러니 모두 나를 '대체 어떻게 사니?'라는 눈빛으로 쳐다볼 수밖에!

하지만 나는 베이징에서 사는 것이 고향에서 사는 것과 어떻게 다르냐고 묻는 친구들에게 매번 "별로 다를 게 없다"라고 대답함으로써 그들을 놀라게 만든다. 친구 중에는 내가 자존심 때문에 괜찮은 척 꾸민다고 생각하는 이도 있다. 상류사회의 생활은 아예 꿈도 못 꾸니, 평범하게 사는 것이 더 좋다며 내가 짐짓 호기를 부리는 것이라고 생각하는 모양이다. 그렇게 단정한 그들은 그때부터 내 말은 들은 체도 하지 않고 나를 동정하는 눈길로 바라보며 이것저것 충고하기 시작한다. 원고를 좀 더 많이 쓰라는 둥, 인맥을 잘 이용해보라는 둥, 인기를 끌 만한 글을 구상해보라는 둥 하는 식으로 말이다.

하지만 나는 내가 지금 이상으로 더 노력해야 할 필요성을 느끼지 못한다. 왜냐하면 이미 충분히 행복하기 때문이다. 행복에는 기준이 없다. 기준이 있다면 오직 나의 마음뿐이다. 내가 행복하다고 느끼면, 그것으로 됐다. 나는 만족한다. 현 상태에 만족하기 때문에 나는 웬만해서 스트레스도 받지 않는다.

사람들이 스트레스를 받는 이유는 무엇일까? 현 상태에 충분히 만족하지 못하기 때문이다.

바로 얼마 전의 일이다. 친척 언니에게서 전화가 왔다. 전화를 받자마자 언니는 무턱대고 속상하다며 하소연을 늘어놓기 시작했다. 지금까지 연락하고 지내는 중학교 동창이 있는데, 학교 다닐 때만 해도 언니보다 훨씬 공부를 못하던 친구였다고 한다. 그런데 얼마 전, 네 번째 집을 사려는데 돈이 조금 부족하다며 혹시 빌려줄 수 있느냐고 언니에게 연락을 했다는 것이다. 여기까지 말한 뒤 언니는 분통을 터뜨렸다.

"네 번째 집이래. 말이 되니? 난 집이 겨우 두 채밖에 없는데!"

언니는 좀처럼 분을 삭이지 못했다.

"얘, 생각해봐. 집이 이미 세 채나 있고 곧 네 번째 집을 산다는 사람이 설마 진짜 돈이 없어서 집이 두 채밖에 없는 나한테 연락을 했겠니? 그건 순전히 나 약 올리려고 전화한 거라니까. 어휴, 화가 나서 죽겠어!"

나는 어떻게 대답해야 할지 알 수가 없었다. 사실, 뭐라 대답하고 싶은 마음도 들지 않았다. 내가 아는 것이라고는 '만족할 줄 알면 늘 행복하다'라는 사실뿐이었다. 내가 봤을 때 친척 언니 역시 이미 충분히 좋은 여건을 갖추고 있었다. 그러나 그녀는 조금도 만족할 줄을 몰랐다. 만족할 줄 모르기에, 아무리 많이 가져도 남과 비교하며 늘 불행할 수밖에 없는 것이다.

당신은 행복이 무엇이라고 생각하는가? 나는 마음이 평화로운 것이 곧 행복이라고 생각한다. 그렇다면 마음이 평화로운지, 아닌지는 어떻게 판단할까? 어떤 일이든 억지로 되게 하려고 애쓰지 않는 상태야말로 마음이 평화로운 상태일 것이다. 아무 일도 하지 않아도 불안하거나 초조하지 않고, 좋고 나쁨에 얽매이지 않는 그런 상태 말이다. 반대로 마음이 평화롭지 않으면 나도 모르게 뭐라도 해야겠다는 초조감에 사로잡힌다. 그게 옳은 것이든, 그른 것이든 상관없다. 가만히 있을 수 없게 되는 것이다.

마음이 평화로우면 몸도 편안해진다. 이렇게 편안한 상태에서는 부정적인 생각이 좀처럼 들지 않는다. 또한 부정적인 생각이 없으면 앞으로 살아갈 방향과 진심으로 바라는 것이 더욱 명확해진다. 그 순간 당신이 해야 할 일은 마음의 소리에 귀를 기울이고 그것을 담담하게 받아들이는 것이다.

무언가를 억지로 변화시키려 할 필요는 없다. 굳이 애쓰지 않아도 주변의 모든 것은 자연히 변해간다. 그냥 내버려두면 시간이 알아서 맞지 않는 것은 흘려보내고, 맞는 것은 남겨둘 것이다. 마치 강물의 흐름에 몸을 맡기듯, 시간의 흐름에 당신 자신을 맡겨라. 가만히 있어도 시간의 흐름 자체가 변화를 만들어내며 당신을 마땅히 가야 할 곳으로 인도할 것이다.

2

감사할 줄
모름

감사할 줄 모르고, 원망만 하며, 신과 세상이 자신만 못살게 군다고 생각하는 이가 과연 제대로 살아갈 수 있을까? 그렇지 않다!

대학 시절, A는 과에서 가장 예쁜 여학생이었다. 그래서 얼마 전 졸업 10주년을 맞아 열린 동창회에서 별로 예쁘지도 않은 여자 동창생에게 한 방 먹게 되리라고는 꿈에도 생각지 못했다. A에게 충격을 안긴 이 동창을 일단 '무적'이라고 부르자.

동창회는 대개 허영심으로 가득한 '비교의 장'이 되게 마련이다. A 역시 이 사실을 잘 알았기에 머리 스타일을 새로 바꾸고 멋진 옷을 사는 등 오랫동안 고심하며 만반의 준비를 했다. 무려 10년 만에 다시 만나는 동창들에게 예전과 다름없이 아름다운 모습으로 보이길 바랐기 때문이다.

하지만 무적은 달랐다. 머리끝부터 발끝까지 광을 내고 온 다른 동창들과 달리 그녀의 차림새는 궁상맞았다. 낡은 옷에 칙칙한 낯빛, 머리핀으로 대충 집어 올린 머리카락……. 심지어 그녀는 자전거를 타고 나타났다!

사실, 졸업 후 지금까지 무적은 번듯한 일자리를 가져본 적이 없었다. 그런데 얼마 전 남편이 교통사고를 당하면서 그녀는 아르바이트를 몇 개씩 뛰며 생계를 책임져야 했다. 심지어 저녁에는 고급 레스토랑 화장실에서 손님에게 수건을 건네주는 일까지 했다. 그때 하필이면 동창 몇몇이 레스토랑에 갔다가 화장실에서 그녀와 딱 마주치기도 했다. 그 동창들이 동창회에 오자마자 그 이야기를 수군대는 바람에 모두가 그녀의 처지를 알게 된 것이었다.

그런데 모두의 예상을 뒤엎고 무적이 온 것이다. 직접 기른 나무에서 땄다는 석류 몇 알까지 들고 말이다. 그녀는 방싯 웃으며 남편과 연애할 때 심은 나무가 이제야 열매를 열었다고 말했다.

동창들은 무적의 등장으로 잠시 술렁였지만 곧 저마다 삼삼오오 이야기를 나누기 시작했다. 이들의 대화는 비슷비슷했다. 요즘 살기가 너무 팍팍하다는 넋두리, 집값이 너무 올랐다는 불평, 좀처럼 오르지 않는 급여와 풀리지 않는 사업에 대한 불만 등 볼멘소리가 대부분이었다. 돈 좀 벌었다는 동창은 요즘 사업하는 사람들이 얼마나 힘든지에 대해 얘기했고, 공무원인 동창은 은근히 자기가 얼마나 많은 권력을 갖고 있는지를 뽐냈다. 그리고 이도 저도 아닌 평범한 동창은 마치 돈에는 관심이 없다는 듯 고결한 척했다. 오직 그녀만이 조용히 미소를 지으며 그 커다랗고 붉은 석류 몇 알을 소중하게 쓰다듬고 있었다.

무적의 입에서는 원망의 말이 단 한마디도 나오지 않았다. 그저 가끔씩 음식이 맛있다며 행복한 듯 웃을 뿐이었다.

A는 도통 이해가 되지 않아 무적에게 물었다.

"너, 괜찮아 보인다. 잘 사나봐?"

다소 냉소적인 말투였지만 무적은 아무렇지도 않은 듯 편안하게 대답했다.

"응, 잘 살아. 삶이 나에게 더할 나위 없이 잘해주고 있는걸."

"삶이 잘해주고 있다고?"

A는 머릿속이 더 혼란스러워졌다. 무적은 아랑곳하지 않고 말을 이었다.

"그래. 생각해봐. 비록 좋은 직장에 다니는 건 아니지만 지금까지 한 번도 일이 끊긴 적이 없어. 애들은 하나같이 말 잘 듣고 착하고, 남편도 많이 건강해졌거든. 사실 남편이 당한 교통사고, 꽤 심각했어. 그런데 죽지 않고 지금도 내 곁에 있으니 얼마나 다행이야. 게다가 사장님이 동창회에 올 수 있도록 휴가를 내주셔서 이렇게 너희도 만났잖아. 얘, 난 지금 정말 기분이 좋다."

A는 말문이 막혔다. 왜 이렇게 살기 힘든지 모르겠다는 불평과 원망을 들을 줄 알았는데, 무적의 입에서 전혀 예상치 못한 말들이 쏟아져 나왔기 때문이다. 그녀는 원망은커녕 삶이 자신에게 준 것에 대해 진심으로 감사하고 있었다. 그 순간 A는 자신의 모습을 뒤돌아봤다. 무적에 비한다면 그야말로 탄탄대로의 인생 아닌가. 그런데도 매 순간 부족함을 느꼈고, 늘 더 많은 것을 바랐다. 그러다 보니 항상 우울했을 뿐, 단 한 번도 삶에 감사하는 마음을 가져본 일이 없었다.

주변에서 몰래 그녀들의 대화에 귀 기울이던 동창들도 무적의 이야기를 들은 뒤 각자 깊은 생각에 잠겼다. 삶이 나에게 잘해주고 있다니, 해탈의 경지에 이른 고승에게서나 나올 법한 깨달음의 한마디 아닌가. 동창들은 새삼스레 무적을 다시 보았다. 잔잔한 주름이 잡힌 눈으로 부드럽게 웃는 무적은 그 자리에 있는 누구보다도 행복해 보였다. 아무리 비싼 화장품을 바른다 한들, 그녀의 얼굴처럼 밝게 빛날 수는 없을 것 같았다.

어느새 모두가 무적을 향해 미소를 짓고 있었다. 심지어 예쁜 동창생만 밝히던 녀석까지도 그랬다.

원래 동창회의 꽃이 되고 말겠다는 필승의 각오로 그 자리에 왔던 A였지만, 이내 깨끗하게 졌다는 사실을 인정할 수밖에 없었다. 그것도 아름다움과는 거리가 먼 무적에게 말이다! 하지만 A는 조금도 기분 나쁘지 않았다. 오히려 자신이 졌다는 사실을 흔쾌히 인정했다.

행복지수를 결정하는 것도 자기 자신이고, 스트레스 지수를 올리는 것도 자기 자신이다. 그렇기에 무엇보다도 자신의 마음 상태가 가장 중요하다. 마음에 감사함이 가득한 사람은 "삶이 나에게 잘해주고 있다"는 고백이 매 순간 흘러나올 수밖에 없다. 그리고 이런 고백을 하는 사람은 그 인생의 과수원에 실하고 아름다운 행복의 열매가 주렁주렁 열린다.

도를 넘은
승부욕

 살면서 모두가 어떻게든 두각을 나타내려고 애쓴다. 특히 직장에서는 다른 사람보다 튀어야 성공할 수 있기에 더더욱 자기 자신을 드러내려고 고군분투한다. 이렇다 보니 직장인 대부분이 엄청난 스트레스에 시달린다.

 올해 서른여섯 살인 한 여성이 대학원 졸업 후 대기업에 들어갔다. 그녀는 승부욕이 매우 강한 타입으로, 결혼하고 아기를 낳아야 할 중요한 시기에도 줄곧 일에만 몰두했다. 그런데 얼마 전부터 걱정스러운 일이 생겼다. 몸에 경련이 일어나고 의식이 흐릿해지는 증상이 나타나더니, 날이 갈수록 심해지는 것이었다.

 그녀는 병원에 가서 CT 촬영을 했지만 아무런 이상도 발견되지 않았다. 그래도 안심이 되지 않았기에 여러 병원을 전전하며 검사를 받았다. 하지만 여전히 명확한 원인은 밝혀지지 않았다. 나중에 그녀의 사정을 잘 알고 있는 동료가 신경외과에 가보라는 조언을 해줬다. 신경외과를 찾은 그녀는 놀랍게도 그곳에서 병의 원인을 알 수 있었다. 신경외과 의사와 상담을 하던 중, 그녀의 경련 증세가 매우 특이하다는 사실이 밝혀진 것이다. 그녀는 말할 때마다 경련을 일으켰는데, 의사는 지나친 승부욕에서 비롯된 엄청난 스트레스로 인한 히스테리성 정신질환의 일종일 것이라고 진단했다. 혹시 오진이 아닌지 확인하기 위해 그녀는 24시간에 걸쳐 전면적인 뇌전도 검사를 받았다. 결과는 역시 진단대로였다. 의사는 정신과 진료를 받으라고 권유했다. 그녀는 정신과 상담 이후 신경안정제 처방을 받았는데, 실제로 약을 복용한 뒤 병세가 상당히 호전됐다.

언제 어디서든 이기기만 하는 사람은 없다. 또한 때로는 얻고, 때로는 잃는 것이 인간사다. 어쩌면 예상치 못한 엄청난 재난이나 문제를 만나게 될지도 모른다. 사소하게 병도 걸리고 작은 재난도 겪던 사람이 천수를 누리는가 하면, 무병하고 모든 일에 승승장구하던 사람이 갑작스런 사고로 세상을 뜨기도 한다.

운명이란 이처럼 알 수 없는 것이기에 항상 여지를 남겨두어야 한다. 언제나 이기려고 애쓸 필요는 없다. 사실, 어떤 면에서 보면 남에게 져주는 것도 일종의 자신감에서 비롯된 것일 수 있다. 져줄 줄 아는 사람이 이길 줄도 아는 법이다. 걷는 놈 위에 뛰는 놈 있고, 뛰는 놈 위에 나는 놈 있다. 그렇기 때문에 만나는 사람마다 전부 이기고 산다는 것은 불가능하다. 사람은 누구나 나름의 장점과 단점이 있다. 그러니 장점은 기르고 단점은 보완하는 것이야말로 진정한 지혜다. 나의 가장 약한 것으로 다른 사람의 가장 강한 것과 대적한다면 당연히 패배할 수밖에 없다.

잠재력과 우세는 사람마다 다르다. 모든 영역에서 잠재력을 발휘할 수는 없다는 뜻이다. 나의 잠재력과 우세를 가장 잘 발휘할 수 있는 영역만 찾으면 된다. 그 외의 영역에 대해서는 남에게 좀 져도 괜찮다. 어차피 그 영역의 능력자는 내가 아니니까.

에너지도 한계가 있고, 기회도 한계가 있다. 당신이 남을 이길 수 있는 분야는 어쩌면 매우 적을지도 모른다. 아마 남보다 못한 분야가 더욱 많을 수도 있다. 하지만 실망할 필요는 없다. 나의 잠재력을 가장 잘 발휘할 수 있는 분야를 찾아서 최선을 다하면 된다. 이렇게 여유로운 마음가짐을 가진 사람일수록 진정 남을 이길 수 있다는 사실을 기억하자.

4

지나친
염려

인생은 가벼운 깃털과도 같은 것이다. 때로는 한없이 밑으로 떨어질 때도 있다.
그럼에도 위로 사뿐히 날아오를 수 있도록 새로운 경지를 추구하여
현재의 나 자신을 초월해야 한다.

만약 당신이 자동차 레이싱 선수에게 어떻게 부딪히지 않고 위험한 구간을 통과할 수 있느냐고 묻는다면, 이런 대답을 듣게 될 것이다.

"가고자 하는 곳만 보고, 가고 싶지 않은 곳은 보지 않으면 됩니다."

살면서 내가 원하지 않는 것보다 원하는 것에 주의를 집중해야 한다. 그러나 안타깝게도 사람들은 대개 원하지 않는 일을 생각하는 데 시간과 에너지를 쏟는다. 스트레스를 야기하는 이런 생각들 때문에 오히려 일을 망치는 경우가 많다.

어느 산에 좁고 험한 협곡이 있었다. 협곡 아래로는 급류가 엄청난 소리를 내며 흘렀다. 협곡을 지나려면 쇠사슬 다리를 건너야만 했는데, 이 역시 매우 위험했다.

어느 날, 쇠사슬 다리 앞에 네 사람이 나타났다. 한 사람은 시각장애인, 한 사람은 청각 장애인이었으며 다른 두 사람은 눈과 귀 모두 멀쩡

한 보통 사람이었다. 그들은 한 사람씩 차례로 공중에 놓인 것이나 다름없는 쇠사슬 다리를 건너기 시작했다.

그 결과, 시각 장애인과 청각 장애인은 무사히 다리를 건넜다. 눈과 귀 모두 멀쩡한 한 명도 무사히 다리를 건넜다. 그러나 멀쩡했던 또 다른 한 명은 그만 발을 헛디뎌 떨어지는 바람에 목숨을 잃고 말았다. 시각 장애인과 청각 장애인도 무사히 건넌 마당에 눈과 귀가 멀쩡한 사람이 떨어지다니, 대체 어찌 된 일일까?

사실, 눈이 보이고 귀가 들렸던 것이 그가 목숨을 잃은 가장 큰 이유였다.

시각 장애인은 눈이 보이질 않기 때문에 협곡이 얼마나 깊은지, 다리가 얼마나 위험한지 알지 못했다. 그래서 오히려 편안한 마음으로 다리를 건널 수 있었다. 그런가 하면 청각 장애인은 귀가 들리지 않았기에 발밑에서 무시무시한 소리를 내며 흐르는 격류에 마음을 뺏기지 않았고, 그 덕분에 두려움이 훨씬 줄어들었다.

그렇다면 눈과 귀가 멀쩡했던 한 사람은 어떻게 다리를 건넌 것일까? 그는 오로지 자기가 건너려는 다리에만 신경 썼다. 다리를 건너는 내내 가파른 협곡이나 무섭게 흐르는 급류는 자신과 아무 상관이 없다고 되뇌었다. 그렇게 끝까지 발걸음 하나하나에 온 신경을 집중한 덕에 무사히 다리를 건넌 것이다. 그러나 목숨을 잃은 나머지 사람은 한 발 한 발 옮길 때마다 염려하고 또 염려했다. 온통 떨어지는 일에 신경을 집중한 것이다. 그러니 떨어질 수밖에…….

좁고 가파른 협곡이 인생이라면, 성공은 협곡에 놓인 쇠사슬 다리다. 어쩌면 우리가 실패하는 이유는 능력이 부족해서가 아니라 환경에서 비롯된 스트레스를 이기지 못했기 때문일 수도 있다. 우리의 마음이 외부에서 오는 거대한 스트레스를 이기지 못한 것이다.

우리는 우리가 보는 곳으로 가게 마련이다. 지나친 근심, 두려움, 염려는 스트레스만 가중시킬 뿐 일을 망친다. 관심과 주의를 내가 하고 싶은 일, 내가 바라는 일, 목표에 온전히 집중하라. 그러면 물이 자기 길을 만들며 흘러가듯 모든 일이 자연스레 풀려갈 것이다.

믿음을 가지고 집중해서 생각하면, 어떤 일도 반드시 이룰 수 있다!

chapter 3
해답

스트레스 완화를 위한 운동법과 색채치료

몸은 '피로 누적'이라는 경고음을 울리고 체력은 '초과 지출'이라는 빨간불이 들어올 때, 당신은 어떻게 대처하는가?

대부분은 당장 침대에 몸을 던지고 죽은 듯 잠에 빠져든다. 한바탕 숙면을 취해서 체력을 회복시키려는 것이다. 하지만 이 역시 제대로 된 방법이라고 볼 수 없다.

그렇다면 무엇이 제대로 된 피로 해소법일까? 바로 체력 및 정신력 운동을 통해 적절히 피로를 푸는 것이다!

'피곤할수록 움직여라'는 스트레스 완화에 관한 새로운 아이디어로, 엄청난 스트레스에 시달리는 도시인에게 갈수록 많은 공감을 얻고 있다. 사실 정신적 부하가 큰 사무직 노동자의 경우, 적절한 운동은 오히려 휴식이 된다. 운동 전문가들 역시 사람은 누구나 타고난 운동선수이며, 운동은 세계를 인지하고 지혜를 쌓으며 기쁨을 맛볼 수 있는 좋은 수단이라고 강조한다. 운동은 체력뿐만 아니라 정신력 강화에도 많은 도움이 된다. 그렇기 때문에 적당량의 운동은 매우 효과적이고 능동적인 휴식 방법이라고 할 수 있다.

과학자들은 실험을 통해 매일 일정하게 운동을 하는 사람은 그렇지 않은 사람보다 심혈계 질환에 걸릴 확률이 낮으며 혈액순환 또한 원활하다는 사실을 확인했다. 혈액순환이 원활하면 대뇌에 더 많은 산소와 영양분을 공급할 수 있기 때문에 대뇌 활동도 더욱 활발해진다. 그 밖에도 운동을 하게 되면 평소 스트레스로 긴장되어 있는 근육을 풀 수 있고, 국부적인 피로도 해소할 수 있다. 그래서 동적인 동작과 정적인 동작이 잘 섞여 있고 긴장과 이완을 적절히 해줄 수 있는 운동을 지속적으로 할 경우, 대뇌피질의 종합분석 능력 향상에 큰 도움이 된다.

여기, 다수의 권위 있는 운동 전문가의 의견을 종합하여 스트레스 완화에 도움이 될 운동법을 소개한다. 일주일에 3일씩, 유산소 운동 위주로 땀이 흐를 때까지 실시하는 것이 좋다. 땀을 많이 흘리는 데 목적이 있기 때문에 경쾌하고 빠른 박자의 음악과 함께하기를 권한다.

보디컴뱃

유산소 전투라고 할 수 있는 이 운동은 자기방어 훈련법에서 따온 보법과 자세에 열정적이고 생동감 넘치는 체조 스텝을 결합한 운동법이다. 보디컴뱃에는 태극권, 권투, 태권도 등 수많은 운동 종목의 기본 훈련 방법이 다양하게 담겨 있어서 운동 효과가 클 뿐만 아니라 재미도 있다. 또한 상당히 실용적이기까지 하다.

보디컴뱃은 전신의 근육을 단련하는 데 도움이 되며 동시에 신체의 탄력성과 유연성, 반응 속도 등을 기르는 데 매우 큰 효과를 보인다. 게다가 순환계통의 능력 향상, 신체 안팎의 근육 조화, 근력 증가 등을 돕고 칼로리 소모를 통해 지방을 태우는 데도 일조한다.

이 운동법은 상당히 격한 편이다. 스트레이트, 스윙, 앞차기, 옆차기 등 매 동작을 폭발적으로 격렬히 해야 하기 때문이다. 운동 강도는 피가 더워지고 혈액순환이 원활하게 이뤄지는 수준까지 도달하는 것이 가장 좋다. 보디컴뱃을 할 때, 나의 트레이너는 늘 눈앞에 보이지 않는 적이 있다고 상상하라고 주문한다. 적을 때리듯이 주먹을 내지르고 발길질을 하고 소리를 지르면서 마음속에 쌓인 불만과 우울한 감정을 마음껏 발산하라는 것이다. 그 조언에 따라 한 시간쯤 열정적으로 운동하고 나면 실제로 마음이 한층 가벼워진다. 각종 스트레스에 시달리는 현대인에게 보디컴뱃은 즐거우면서도 효과적인 매우 좋은 운동법이다.

라틴댄스

라틴댄스는 크게 룸바, 삼바, 차차, 자이브, 파소도블레 등으로 나뉜다. 건강 증진을 목적으로 한 라틴댄스는 전통 라틴댄스를 기반으로 약간의 에어로빅댄스 동작을 가미한 경우가 많다.

똑같이 라틴댄스의 범주 안에 들어도 종류에 따라 특징이 모두 다르다. 룸바는 낭만적이고 부드럽지만 자이브는 열정적이고 경쾌하다. 그래서 자이브를 제대로 추려면 다리의 근력이 좋아야 하며, 전체적으로 유연하면서 가벼운 느낌을 낼 수 있어야 한다. 파소도블레의 경우, 장엄하고 힘찬 음악에 맞춰 추는 것이 특징이며 동작 역시 엄숙하면서도 강한 느낌이 주류를 이룬다. 그러면서도 매 동작이 빠르게 전환된다. 투우사의 기민한 투우 기교를 춤으로 표현했기 때문이다.

라틴댄스의 멋은 인체가 만들어내는 아름다운 선에 있다. 라틴댄스를 추는 것은 허리와 다리에 각기 다른 힘을 적용해서 몸으로 여러 가지 변화무쌍한 곡선을 빚어내는 과정이다. 바로 이 아름다운 곡선들이 라틴댄스의 동작을 더욱 생동감 넘치고 매혹적이게 만든다.

매력적인 라틴음악 또한 라틴댄스의 장점이다. 라틴음악은 독특한 선율과 격정적인 에너지를 선사함으로써 춤추는 사람을 더욱 열정적인 춤의 세계로 이끈다. 음악에 귀를 기울이며 다리로는 현란하게 스텝을 밟고, 유연하게 허리를 움직이며 손과 어깨를 흔들다 보면 어느새 몸은 몸대로 단련이 되고 마음은 마음대로 극도의 해방감을 느끼게 된다. 열정적인 음악과 신 나는 춤사위로 걱정과 근심을 잊고 예술의 세계로 빠져들며 몸과 마음의 평안을 찾아보는 것은 어떨까?

고정 자전거

실내 환경에 맞게 고정시켜 신체를 단련하는 운동 기구인 고정 자전거는 핸들, 안장, 페달 등을 사용자의 신체 조건에 맞춰 조절할 수 있다. 고정 자전거는 편하고 쉽게 운동할 수 있으며 사용자가 원하는 대로 운동 강도와 과정을 바꿀 수 있다는 장점이 있다. 저속으로 언덕 오르기, 고속으로 언덕 내려가기 등 여러 가지 모드 설정이 가능하며, 재활운동용으로도 사용할 수 있다. 그뿐만 아니라 자전거 타는 자세를 다양하게 변화시킴으로써 팔, 허리 및 후배 근육 등을 충분히 단련시킬 수 있다는 점도 고정 자전거 운동의 특징이다.

운동을 할 때 또 한 가지 중요한 요소는 바로 음악이다. 적절한 음악이 더해질 경우, 운동의 효과는 배가된다. 운동 시 활용할 음악은 주로 리듬감 있고 경쾌한 것이 좋다. 특히 자신이 할 운동의 스피드나 강도에 맞춰 그때그때 음악을 바꿔준다면 더 큰 효과를 볼 수 있다.

서양에서는 '색채치료'를 이미 자연요법의 일종으로 인정하며 광범위하게 사용하고 있다. 전문가들은 색채가 인간의 신체와 정신에 많은 영향을 주며 변화를 일으킬 수 있다고 보는데, 특히 색에 민감한 여성에게 그 효과가 더욱 크다고 한다. 색깔에 따라 성격, 건강, 심지어 매력도 달라질 수 있다고 하니 놀라울 따름이다.

색채를 이용해 스트레스를 완화하는 일은 어렵지 않다. 자연스럽게 일상에서부터 시작하면 된다. 먹는 것, 입는 것, 쓰는 것 등을 자신이 좋아하는 색깔과 조화를 이루게 하면 머지않아 생활 속에서 실질적인 변화를 느낄 수 있다.

식탁 위에 보라색과 붉은색을 두어라

보라색과 붉은색을 띠는 음식은 인체의 항산화 작용을 향상시키는 데 도움이 된다고 한다. 영양학 분야에 조예가 깊은 요리사들이 항상 식탁 오른편에 보라색 채소를, 왼편에는 붉은색 과일을 놓는 이유도 이와 관련이 깊다.

블루베리, 보라색 양배추, 사과, 앵두 등은 색깔도 아름답고 영양 면에서 비타민 함량도 높기 때문에 강력히 추천하는 음식이다.

식탁을 선명한 색으로 꾸며라

선명한 붉은색, 노란색, 혹은 주황색으로 식탁을 꾸며라! 색채 전문가들의 설명에 따르면 채도가 높은 따뜻한 색깔이 사람의 중추신경을 자극하여 식욕을 돋운다고 한다.

안정적이고 침착한 분위기를 좋아하며 살을 빼고 싶다면 반대로 푸른색 계열의 그릇에 음식을 담도록 하자. 푸른색에는 식욕을 억제해주는 효과가 있다.

색으로 방을 더욱 넓어 보이게 하라

만약 방이나 집이 좁게 느껴진다면 벽을 옅은 초록색이나 옅은 남색으로 새롭게 단장해보자. 온화한 성질의 이 색깔들은 시야를 좀 더 넓어지게 하고 공간감을 증가시킴으로써 좀 더 상쾌한 기분을 느낄 수 있게 해준다.

장수를 위한 녹색

모처럼 마음껏 쉴 수 있는 주말, 그저 집에서만 빈둥대지 말고 가까운 교외에라도 나가 초록빛 풍경을 가능한 한 실컷 보고 오면 어떨까? 미국 플로리다대학교 생명과학과가 발표한 보고서에 따르면 농촌에 사는 사람이 도시에 사는 사람보다 수명이 긴 이유는 초록색을 볼 기회가 더 많기 때문이라고 한다. 실제로 녹색을 많이 보면 혈압 및 혈당 조절에 도움이 되며, 심장 발작이 일어날 확률도 낮출 수 있다.

천연 진정제

가끔 스트레스가 쌓일 때 고개를 들어 푸른 하늘을 바라보면 답답했던 마음이 한결 가벼워지는 것을 느낄 수 있다. 실제로 전문가들은 하늘색은 우울증과 불면증을 치료하는 데 효과가 있다고 설명한다. 확실히 하늘색은 '천연의 진정제'로서 불안감 및 초조감을 완화시켜준다. 이 때문에 교실 벽을 하늘색으로 칠하기도 하는데, 실제로 하늘색을 칠하면 학업 집중도가 크게 향상되고 사춘기 학생들의 정서 안정에도 많은 도움이 된다.

짙은 남색의 효과

짙은 남색은 공포감을 줄여주며, 이유 없이 화가 날 때 진정시키는 효과가 있다. 그래서 여성의 갱년기 치료에 많이 쓰이는 편이다. 미국 샌프란시스코대학교의 교수진은 색채치료 효과를 규명하기 위한 실험의 일환으로, 류머티스 관절염 환자에게 짙은 남색의 광선이 나오는 상자 속에 15분간 다리를 넣고 있게 했다. 그러자 실제로 환자의 상당수가 다리의 통증이 완화됐다고 한다. 이 색의 광선은 소아과에서도 광범위하게 사용된다. 신생아는 간 대사 작용이 미숙하기 때문에 가끔 빌리루빈 수치가 높아지면서 황달이 나타나기도 한다. 이때, 매일 30분씩 짙은 남색 광선을 쏘이는 치료를 하면 빌리루빈 수치를 현저히 낮출 수 있다.

분홍색 변신술

아침에 기상한 직후 거울을 봤을 때 나의 모습을 떠올려보자. 잠이 덜 깨서 멍한 눈에 얼굴 가득한 개기름, 산발한 머리카락까지. 거울 속 모습이 유난히 엉망으로 보이는 날에는 분홍색의 마술에 희망을 걸어보자. 색채 전문가는 분홍색이야말로 가장 전통적 의미의 여성적인 색이라고 말한다. 분홍색의 옷을 입으면 자기도 모르는 사이에 훨씬 온화하고 친절하고 따뜻한 이미지로 변한다. 좀 더 여성다운 이미지를 연출하고 싶은 날에는 분홍색 옷을 입어보면 어떨까?

색채 심호흡법

도저히 참을 수 없을 만큼 스트레스가 쌓이고 화가 머리끝까지 치밀 때는 새로운 심호흡법을 시도해보라! 방법은 매우 간단하다. 좋아하는 색깔의 종이를 마련한 뒤, 그것을 뚫어져라 바라보면서 깊이 숨을 들이쉬고 내쉬면 된다. 한 가지 색깔을 집중적으로 바라보면서 입으로 크게 심호흡을 하면 심리 안정 효과를 얻을 수 있다. 실제로 영국 브리스틀대학교에서 진행한 실험에서는 피실험자의 91퍼센트가 이 같은 심호흡법을 시도한 후 마음이 편안해졌다고 한다. 이 방법은 아동 심리치료에도 효과적이다. 알려진 바로는 옅은 푸른색은 정신적 압박을 해소하는 데, 붉은색은 사고력을 자극하는 데 특히 효과적이라고 한다. 그러니 장시간 과중한 업무에 시달린 후에는 푸른색을, 여러 가지 아이디어를 내야 하거나 중요한 면접을 앞둔 상황에서는 붉은색을 바라보고 심호흡을 해보자.

매주
도피 여행을 떠나라

직장인들은 늘 엄청난 업무 및 스트레스와 직면한다. 쉬는 것조차 사치로 느껴지는 이들에게 사교 활동을 위한 여유 따위가 더더욱 있을 리 만무하다. 하지만 기계가 아닌 이상 일주일 내내 일에만 매달릴 수는 없는 법! 때로는 마음이 맞는 친구나 직장 동료와 함께 갑작스런 '도피 여행'을 계획해보면 어떨까? 주말이나 짧은 연휴를 이용해 근교로 잠시나마 여행을 다녀온다면 반복되는 일상 속에 새로운 활력을 불어넣을 수 있을 것이다.

인터넷으로 알게 된 친구 중에 매주 도피 여행을 떠나는 이가 있다. 그녀는 가히 그 방면의 전문가다. 며칠 전, 그녀가 재미있는 에피소드를 들려줬다. 그날 그녀는 평소보다 일찍 출근한 남자 동료에게 "우리, 도피 여행 갈까?"라고 말했다. 그러자 남자 동료는 사색이 되어 손사래를 치며 이렇게 말했다고 한다.

"큰일 날 소리! 난 엄연히 아내와 아이가 있는 몸이야!"

남자 동료의 반응에 그녀는 깔깔 웃으며 도피 여행이 다른 불순한 의미가 아니라 여럿이서 가볍게 충전 여행을 하자는 뜻이라고 설명했다. 남자 동료는 그제야 안도의 한숨을 쉬며 미소를 지었다. 그러고는 흔쾌히 "그럼 다 같이 도피 여행 가자!"라고 대답했다고 한다.

그녀는 거의 매주 동료들과 함께 도피 여행을 떠나는데, 이 짧은 여행을 시작한 이후로 동료들 간의 관계가 좋아지면서 회사에서 받는 스트레스도 상당 부분 줄었다고 한다. 그래서 그녀는 직장인에게는 이러한 도피 여행이 꼭 필요하다고 생각한다.

현대인에게 도피 여행이 필요한 구체적인 이유는 다음과 같다.

잦은 야근, 출장, 접대로 인한 지나친 업무 스트레스

매일 저녁 늦게까지 야근을 하고 주말에도 잔업을 하는 것은 요즘 직장인의 일반적 모습이다. 게다가 출장과 접대는 또 왜 그리 많은지! 이런 경우, 아무리 월급을 많이 받는다고 해도 회사생활에 불만이 생길 수밖에 없다. 회사생활에 묶여서 삶의 즐거움이 대폭 사라지기 때문이다. 즐거움은 사라지고 일과 접대만 남은 인생이라니, 얼마나 슬픈가?

고위급 임원이나 사장이라고 해서 이런 고민이 없는 것은 아니다. 오히려 이들은 직원과 회사에 대한 책임감 때문에 일반 사원들보다 더 극심한 스트레스와 부담감에 시달린다. 게다가 고위급으로 올라갈수록 퇴근 후에는 업무의 연장이나 다름없는 약속과 접대가 줄줄이 이어지는 경우가 태반이다. 그래서 말단 사원에서부터 고위급 임원에 이르기까지 직장인이라면 누구나 도피 여행을 통해 스스로 에너지를 충전할 필요가 있다.

가정생활 및 경제 스트레스

직장인들은 대개 결혼해서 가정을 꾸린 이후에 주택담보대출, 자동차 할부금, 자녀 양육, 부모 봉양 등 일련의 경제적 문제에 봉착하게 된다. 이를 해결하기 위해 사람들은 어쩔 수 없이 더욱 열심히 일에 매달린다. 하지만 일을 열심히 해서 돈을 번다고 해도 능사는 아니다. 대신에 가족과 함께할 시간이 줄어들기 때문이다. 주택담보대출을 상환하고, 자녀들을 좋은 학교에 보내고, 부모를 위해 훌륭한 도우미를 부른다고 해도 여전히 문제는 남아 있다. 돈이 있든 없든, 가정생활에서 스트레스를 받는 것은 피할 수 없는 숙명인 것이다.

이러한 '내우외환'의 상황에서 사람들은 잠시나마 현실을 벗어날 수 있기를 꿈꾼다. 그렇기에 여행은 효과적이고 건전한 현실 도피의 수단이라 할 수 있다.

사람은 누구나 현실의 굴레에서 벗어나 자유롭고 편안한 한때를 보내고 싶어 한다. 앞서 말했듯이 여행은 시간과 돈이 없어서가 아니라 마음의 여유가 없어서 가지 못할 때가 더 많다. 긴 시간과 많은 돈을 들여 거창하게 떠나지 않아도 된다. 주말을 이용해 잠시 교외로 나가 바람을 쐬고 돌아오는 것도 일종의 여행이다. 때로는 여행 계획을 짜는 것만으로도 '도피'의 효과를 충분히 누릴 수 있다. 지금 당장 이번 주말의 여행 계획을 구상해보면 어떨까? 아마 답답했던 마음이 한결 가벼워질 것이다.

마음의 온도 올리기
- 마음이 항상 꽃을 피우게 하라

인생이라는 길을 걷다 보면 여러 가지 감정과 마주치게 마련이다. 물론 때로 상처도 받는다. 추운 날씨보다 마음이 시린 것이 더 춥다. 그래서 이 세상에서 가장 황량한 사막은 사람의 마음속에 있다고 하는 것이다. 그러나 해바라기는 우리에게 말한다. 따뜻한 태양을 바라보고 열심히 노력한다면 언젠가 인생은 훨씬 심플하고, 훨씬 아름다워질 것이라고……. 행복한 인생을 만들고 싶다면 당신 마음에 햇볕을 가득 쐬어주는 것을 잊지 말라. 그리고 사랑하고 희망하는 법을 배워라.

chapter 1
치유

누구나
보살핌이 필요하다

세상이 아무리 차갑고 각박해도 나의 마음이 먼저 따뜻해진다면
얼마든지 이 세상에 온기를 주는 인간 양지가 될 수 있다.

『내 영혼의 닭고기 수프』라는 책에는 다음과 같은 아름다운 이야기
가 실려 있다.

외롭고 쓸쓸한 고아 소녀가 있었다. 어느 날, 그녀는 풀밭을 지나다
가 작은 나비 한 마리가 가시덤불에 걸린 것을 보았다. 나비가 빠져나
오려고 몸부림칠수록 가시는 점점 더 깊이 나비의 몸을 찌르고 있었
다. 소녀는 조심스레 다가가 나비를 구해주었다. 그런데 갑자기 놀라
운 일이 벌어졌다. 나비가 아름다운 천사로 변한 것이다! 천사는 소녀
에게 소원을 말해보라고 했다.

소녀는 한참을 생각한 뒤 소원을 말했다.

"행복해지고 싶어요. 제 소원은 그것뿐이에요."

천사는 방긋 웃으며 소녀의 귓가에 몇 마디를 속삭이고는 홀연히
사라졌다.

세월이 흐르고 소녀는 무럭무럭 자랐다. 그리고 이 세상에서 가장 행복한 사람이 되었다.

그녀가 죽음을 앞두었을 때, 그녀의 임종을 지키기 위해 많은 사람이 모였다. 그들은 그녀가 행복의 비밀을 알려주길 바랐다. 그녀는 행복하게 웃으며 작고 가냘픈 목소리로 말했다.

"그날, 천사는 내게 이렇게 말했답니다. '겉보기에 얼마나 안정적으로 보이든, 혹은 얼마나 돈이 많든 간에 사람은 누구나 다른 사람의 보살핌이 필요하단다.'"

말을 마친 후, 그녀는 평화롭게 눈을 감았다.

"사람은 누구나 다른 사람의 보살핌이 필요하다."

소녀는 그 말대로 살았고, 그래서 평생 행복할 수 있었다.

그러나 현실은 어떤가? 대부분의 사람이 남을 보살피기는커녕 오히려 남이 자신을 귀찮게 할까 봐 경계하며 살아간다. 길을 걸을 때 누군가 길을 방해할까 봐, 버스를 탈 때 노인이 자기 자리 앞에 와서 설까 봐, 운전할 때 누군가 도움을 청할까 봐, 지레 벽을 친다. 어디 그뿐인가. 회사에서는 동료가 도와달라고 할까 봐 신경 쓰고, 집에 돌아와서는 이웃이 도움을 요청할까 봐 귀를 막는다.

요즘 모두가 자신은 남의 도움이 손톱만큼도 필요 없을 만큼 강하다고 생각하는 것 같다. 다들 자기 세계를 만들고 그 속에서 자급자족이 가능하다고 믿으며 그렇게 살아간다. 나 역시 그랬다. 그 남루한 차림새의 노숙자를 만나기 전까지는 말이다.

그날, 나는 상가 앞에서 차를 닦는 중이었다. 남편이 퇴근하기를 기다리며 모처럼 하는 세차였다. 그렇게 한참 차의 물기를 닦고 있는데, 누가 봐도 노숙자인 허름한 차림의 남자가 주차장을 가로질러 내 쪽으로 걸어왔다. 깨끗한 옷도 없고, 돈도 없고, 집도 없고, 차는 더더욱 없을 것이 빤한 남자였다. 나는 순간 당황했지만 짐짓 못 본 척했다. 물론 속으로 '제발 나한테 말 걸지 마라, 제발 나한테 구걸하지 마라' 하며 주문을 외웠다. 괜히 귀찮은 일이 생길까 걱정됐던 것이다.

다행히 그는 내게 말을 걸지 않았다.

그는 나를 지나치더니 버스 정류장 앞 도로변에 앉았다. 아무리 봐도 그에게는 버스를 탈 돈도 없을 것 같았다.

잠시 후, 그가 내 쪽을 향해 기어코 입을 열었다.

"차가 참 좋습니다!"

차림새와 달리 그의 목소리는 맑고 또렷했다.

"감사합니다."

나는 걸레질하는 손을 멈추지 않은 채 간단하게 대꾸했다.

나는 계속 차를 닦고, 그는 조용히 그곳에 앉아 있었다. 겉보기엔 사뭇 평화로운 상황이었다. 하지만 나의 속마음은 그가 언제 돈을 달라고 할지 몰라 조마조마했다. 시간은 계속 흘렀고, 점차 그와 나 사이의 침묵이 불편해지기 시작했다. 갑자기 '차라리 먼저 도움이 필요하냐고 물어볼까' 하는 생각이 들었다. 물어본다면 분명히 그렇다고 대답할 것이 뻔했지만, 결국 나는 참지 못하고 묻고 말았다.

"뭐 좀 도와드릴까요?"

단번에 지저분한 손을 내밀 것이라는 나의 예상과 달리, 그는 내게 신선한 충격의 한마디를 던졌다. 위대한 사람이나 성공한 사람, 학식 있는 사람과의 대화 중에 들었다면 아마 무심코 흘렸을지 모르지만, 그 말을 그에게서 듣는 순간 나는 벼락을 맞은 듯한 기분이었다.

그는 해맑게 웃으며 말했다.

"사람은 누구나 도움을 필요로 하지 않던가요?"

그 말을 듣기 전까지만 해도 나는 내가 그보다 더 강하고 중요하며 존중받을 만한 사람이라고 생각했다. 하지만 아니었다. 나도 그와 마찬가지로 도움이 필요한 사람이었다. 버스비나 하룻밤 머물 숙소 투숙비 같은 것은 아니었지만, 역시 도움이 필요했다. 나는 아무 말 없이 지갑에서 그에게 차비는 물론, 따뜻한 밥 한 끼와 하룻밤 숙소를 구할 수 있을 만큼의 돈을 건넸다. 그 후로도 그 단순한 말 한마디는 오랫동안 내 귓가를 맴돌았다.

얼마나 많이 가졌든, 얼마나 많이 이뤘든 간에 사람은 누구나 도움이 필요하다. 또한 돈이 한 푼 없어도, 생활이 아무리 고달파도, 심지어 집조차 없어도 얼마든지 누군가를 도와줄 수 있다. 비록 듣기 좋은 말 한마디에 불과할지라도 남을 도울 수 있는 것이다.

언제 어디서 나에게 깨달음과 감동으로 도움을 주는 사람을 만나게 될지, 우리는 알 수 없다. 또한 언제 어떤 사람을 만나 그의 부족한 부분을 내가 채워주게 될지 모른다. 하지만 타인과 도움을 주고받는 과정을 통해 우리는 귀한 보상을 받는다. 바로 인생을 바라보는 새로운 시각이다. 이 세상의 모든 사람이 서로 도울 수 있는 연결된 존재라는 사실을 깨닫는 순간, 우리는 인생의 숨겨진 아름다움과 진정한 의미를 발견하게 된다.

어쩌면 그는 흔하디흔한 노숙자에 불과했을 수도 있다. 또 어쩌면 어떤 위대한 지혜의 힘이 나를 깨닫게 하기 위해 보내준 도우미였을 수도 있다. 혹은 신이 "저기 차를 닦고 있는 여자가 도움을 필요로 하니, 가서 손을 내밀라!"며 천사에게 노숙자 분장을 시켜 보낸 것일지도 모른다. 어쨌든 우리는 모두 도움이 필요하다!

잠깐 스친 인연이었지만 그는 내 인생에 중요한 가르침을 남기고 갔다. 그 덕분에 나의 인생은 한결 따뜻해졌다.

마지막으로 한 철학자가 남긴 시를 소개한다.

우리는 모두 이 세상을 단 한 번 산다.

그러니 할 수 있는 일은 지금 하고,

도움을 베풀 수 있다면 상대가 누구든 상관없이 지금 베풀어라.

미루거나 무시하지 말고, 지금 움직여라.

왜냐하면 우리는 모두 이 세상을 단 한 번 살기 때문이다.

언제 어디서 나에게 깨달음과 감동으로 도움을 주는 사람을 만나게 될지,
우리는 알 수 없다.

2

상처받더라도
사랑하라

춤추라, 아무도 바라보고 있지 않은 것처럼.

사랑하라, 한 번도 상처받지 않은 것처럼.

노래하라, 아무도 듣고 있지 않은 것처럼.

일하라, 돈이 필요하지 않은 것처럼.

살라, 오늘이 마지막 날인 것처럼.

나는 이 시를 읽을 때마다 감동을 받는다. 그러나 또 한편으로는 마음속에서 이런 소리가 들려온다.

'하지만 어떤 일이나 어떤 사람에게 진심을 다하지 않는다면 최소한 고통이나 상처는 피할 수 있지 않을까?'

이처럼 나는 늘 사랑과 고통의 경계에서 고민한다. 사랑할 것인가, 말 것인가? 그것이 문제로다!

어느 수행자가 갠지스 강가에서 좌선을 하고 있었다. 한창 깊은 명상에 빠져 있는데, 갑자기 첨벙이는 작은 소리가 들렸다. 눈을 떠보니 전갈 한 마리가 물에 빠져 허우적대고 있었다.

수행자는 손을 뻗어 전갈을 건져주었다. 하지만 곧 전갈의 독침에 쏘이고 말았다. 그러나 수행자는 아무 일도 없었다는 듯 전갈을 놓아주고 다시 좌선을 시작했다.

잠시 후, 또다시 물소리가 들려왔다. 전갈이 또 강물에 빠진 것이다. 수행자는 아까와 마찬가지로 전갈을 구해줬고, 또 독침에 쏘였다. 하지만 이번에도 별말 없이 다시 자리를 잡고 앉았다.

시간이 흐른 후, 똑같은 일이 또 벌어졌다.

곁에서 그 모습을 처음부터 지켜본 사람이 혀를 차며 말했다.

"참으로 어리석은 사람이구려. 아니, 전갈이 사람을 쏜다는 사실을 모르오?"

수행자가 미소를 지으며 대답했다.

"압니다. 벌써 세 번이나 쏘였는걸요."

"그런데 왜 자꾸 구해주는 거요?"

"독을 쏘는 것이 전갈의 본성이고, 자비를 베푸는 것은 나의 본성입니다. 전갈의 본성 때문에 나의 본성이 바뀌어서야 되겠습니까?"

나는, 사람은 누구나 본래 선하고 단순한 존재라고 믿는다. 위의 수행자처럼 말이다. 다만, 전갈에게 여러 번 쏘이고 나면 아팠던 그 경험 때문에 심성이 변하게 되는 것뿐이다. 수없는 상처와 아픔을 겪으면서 우리는 원래의 꿈과 열정을 잃어버리고, 냉담하게 마음의 문을 걸어 잠그는 사람으로 변해간다. 그러면서 스스로에게 변명한다.

"내가 처음의 순수함을 지키지 못한 게 아냐. 다만, 변하지 않으면

이 험한 세상에서 나 자신을 도저히 지킬 수 없으니까 변하는 거야. 상처받고 아픔을 겪어보니까 이 세상이 얼마나 무서운 곳인지 알겠어. 내가 먼저 웃어 보이면 상대방도 나에게 웃어줄 것이라고 장담할 수 없는 게 이 세상이야. 그러니 어쩌겠어? 적응하는 수밖에! 변할 수밖에! 더 이상 순진하게 굴지 말고 적당히 위장할 줄도 알아야 해. 원래의 '나'가 아닌 다른 '나'로 변해야 한다고!"

대다수의 사람은 오로지 자기 자신을 보호하기 위한 목적으로 스스로를 변화시킨다. 하지만 그런다고 해서 정말 자신을 보호할 수 있을까? 어쩌면 더욱 비참한 결과만 맞이하게 되는 것은 아닐까?

어느 병원 안, 환자 한 명이 더는 손을 쓸 수 없는 상태에 이르렀다. 가족들은 모두 눈물만 흘리고 있었다. 그러나 의사는 여전히 실낱같은 희망을 버리지 않았다. 그는 환자에게 질문을 던지기 시작했다.

"선생님, 뭐 드시고 싶으신 것 없습니까?"

환자는 아무 말도 없이 힘겹게 도리질을 쳤다.

"그럼 선생님, 무엇을 좋아하십니까? 취미나 흥밋거리라도 좋으니 말씀해보세요."

환자는 여전히 고개만 저을 뿐이었다. 하지만 의사는 포기하지 않고 끈질기게 물었다.

"카드놀이나 술, 심지어 여자에게도 관심이 없으십니까?"

그때, 환자의 가족이 의사를 만류하고 나섰다.

"선생님, 소용없습니다. 저분은 건강하실 때도 딱히 좋아하는 게 없었어요. 하물며 지금 저런 상태인데, 좋은 것이 있을 리 있겠습니까?"

가족의 말에 의사의 표정이 순간적으로 어두워졌다. 의사는 한숨을 푹 쉬더니 몸을 돌려 나가버렸다.

깜짝 놀란 가족들이 의사를 따라가며 물었다.

"선생님, 왜 그러십니까? 상황이 더 안 좋아졌나요?"

의사는 심각한 표정으로 말했다.

"전 지금까지 수백 명이 넘는 환자를 치료해왔고, 언제나 최선을 다했습니다. 하지만 저 환자 분은 포기할 수밖에 없군요. 희망이 안 보입니다. 왜냐하면 저분은 이미 모든 욕망을 잃어버렸기 때문입니다. 이런 사람은 삶에 대한 미련이 조금도 없기 때문에 더 이상 살고자 하는 의지가 없습니다. 본인의 의지가 없으면 의사가 아무리 열심히 치료한다고 한들, 상태가 나아질 리 없습니다. 그러니 포기하시죠."

이 이야기를 접한 후, 나는 어느 향수의 광고 문구를 떠올렸다.

'열정이 없는 삶은 용서받을 수 없다.'

삶에 대한 열정, 바람, 욕망, 애정을 가진 사람만이 인생의 기쁨을 맛볼 수 있으며 더욱 잘 살고자 하는 희망을 가질 수 있다. 반대로 그 영혼 속에 아무런 믿음도, 희망도, 의지도 없는 사람은 살아 있어도 죽은 것이나 다름없다. 죽은 것이나 다름없는 인생에 과연 행복이 있겠는가! 삶이 자신을 속일지라도 열정과 희망을 잃지 않는 사람과 실망감 속에 자신의 생명이 말라버리도록 방치해두는 사람 중 당신은 어느 쪽인가?

아무리 상처받을지라도 우리는 과감하게 사랑해야 한다. 왜냐하면 진정한 사랑에는 고통이 따르지만, 고통조차 감미롭게 만들만큼 아름다운 면도 분명히 존재하기 때문이다. 인생이 전갈처럼 당신을 계속 찌른다고 해도 믿음을 잃지 말고 지친 생활 속에 온기를 불어넣어라. 첫사랑과 같은 열정을 품고 삶을 사랑하라. 삶은 자신을 사랑하는 자에게 반드시 미소를 보여주게 마련이다.

3

변하지 않기를 원한다면
스스로 조금씩 변화하라

"모든 것이 변하지 않고 그대로 있기를 바란다면 모든 것을 조금씩 변화시켜야 한다."

이는 이탈리아 영화 〈표범〉에 나왔던 명대사다.

나는 이 대사 속에 담긴 '전략'이 단지 영화 속뿐만 아니라 우리 인생 전반에 모두 적용될 수 있다고 생각한다. 무언가가 영원히 변하지 않기를 바란다면 먼저 조금씩 변화해야 한다. 이 세상에서 가장 현명한 변화 또한 조금씩 변하는 것이다. 인간은 천성적으로 과거를 그리워하며 변화를 좋아하지 않는다. 특히 사랑과 같은 감정의 경우에는 대다수가 영원히 변하지 않기를 소망한다. 하지만 어떻게 해야 변하지 않을 수 있을까? 답은 하나뿐이다. 변해야만 변하지 않을 수 있다. 다시 말해 변화는 불변의 필수조건이다. 조금도 변화하지 않는다면 오히려 더 빨리 종말을 맞이한다.

내게는 막역한 남자 동기 두 명이 있다. 한 명은 10년째 알콩달콩 행복한 결혼생활을 하고 있지만, 다른 한 명은 얼마 전에 이혼을 했다. 나는 그 친구의 이혼 이유가 궁금했다. 그의 아내는 보기 드문 미인이었기에 궁금증이 더했다. 이유를 묻자, 친구가 말했다.

"예쁘면 뭐하냐? 같이 사는 게 심심하고 지루한데……. 처음에야 예쁘니까 좋았지. 그런데 몇 년이 지나도 전혀 변하지를 않더라고. 만날 똑같아. 어느 정도 시간이 지나니까 더 이상 예쁘다는 생각도 안 들고, 너무 단조로워 질리기만 했어. 이렇게 평생을 산다고 생각하니 끔찍하더라. 그래서 갈라섰지."

10년째 잘 살고 있는 친구의 부인은 남자 동기들의 아내 가운데 가장 평범하게 생긴 축에 속했다. 하지만 친구의 말에 따르면 자신의 부인만큼 매력적인 여자도 없다고 한다.

"십 년을 한 여자와 살았지만 한 번도 지루하거나 질린 적은 없어. 왜냐하면 내 아내는 항상 변하거든. 그래서 늘 새로워."

친구의 고백에서 알 수 있듯, 끊임없이 변화하는 것이야말로 결혼을 가장 안정적으로 유지하는 비결이다. 만약 안정적인 관계를 유지하고 싶다면 마음은 그대로 두되, 외양은 끊임없이 다양하게 변화를 줘야 한다. 인간관계, 특히 남녀관계에서 가장 경계해야 할 적은 권태감이다. 권태감에 휩쓸려 관계가 무너지지 않도록 늘 새로운 모습을 추구해야 한다. 그런데 이 변화에는 중요한 키워드가 있다. 바로 '흡입력'이다.

변화는 남을 쫓아다니는 쪽이 아니라 남을 끌어당기는 쪽으로 이뤄져야 한다. 남을 끌어당겨서 내 곁에 머무를 수밖에 없도록 만드는 것이 핵심 비법이다.

남자가 여자를 쫓든 여자가 남자를 쫓든, 적용되는 이치는 똑같다. 실컷 쫓아다니다가 손에 넣었다고 치자. 과연 영원히 내 것이 될 수 있을까? 그렇지 않다. 누군가를 내 곁에 영원히 머물게 하려면 무엇보다도 흡입력이 있어야 한다. 상호 끌어당기는 힘이 존재할 때, 비로소 서로의 곁에 머물 수 있기 때문이다. 이 힘이 사라지면 아무리 노력해도 결국 자연스레 멀어지게 돼 있다.

사람은 누구나 변한다. 그래서 서로 간의 흡입력도 강해졌다 약해지기를 반복한다. 요컨대 변화만이 영원하고, 절대적이다. 세상에서 말하는 '영원'이란 결코 변하지 않는 것이 아니라 절대적인 변화를 통해 상대적인 균형을 이루는 것이다. 그래서 영원은 결국 상대적인 영원이다.

변화는 순식간에 일어나기도 한다. 어떤 사람을 몇 년도 아니고 겨우 며칠 만에 다시 만났는데 마치 예전과 전혀 다른 사람으로 변한 것 같은 느낌에 놀란 적이 있지 않은가? 이처럼 변화란 시간에 구속을 받지 않는다. 눈 깜짝할 사이에 일어날 수도 있다. 우리가 지금 보는 그 사람은 방금 전의 그 사람이 아니다. 이 순간의 그는 아까의 그가 아닐 수도 있다.

그러니 어떤 일이 벌어질지라도 충격을 받을 필요는 없다. 변화 속에서는 모든 것이 가능하다. 당신이 할 일이라고는 꾸준히 변화를 시도하면서 상대방의 관심을 사로잡고, 당신 자신의 흡입력을 높이는 것뿐이다.

시간은
보이지 않는 보물이다

인간이란 늘 그렇다. 슬플 때는 기댈 어깨를 내어줄
단 한 사람만 바라면서, 기쁠 때는 온 세상을 끌어안으려 든다.
시간은 도망치듯 흘러가는 것. 바로 눈앞에 지나가도 영원히 보지 못하는 보물이다.

부자와 빈자가 행복이란 무엇인가를 놓고 서로 논쟁했다. 먼저 빈자가 말했다.

"행복은 현재입니다."

그러자 부자가 빈자의 초라한 옷, 낡은 집을 보며 비웃듯 말했다.

"이게 행복이란 말이요? 그럼 나의 행복은 백 칸짜리 저택에 수백 명의 하인이겠구려!"

어느 날, 부자의 백 칸짜리 저택에 큰불이 났다. 집은 기왓장 하나 남기지 않고 다 타버렸고, 하인들은 사방으로 도망쳐버렸다. 결국 부자는 하룻밤 사이에 거지로 전락했다.

지독하게 더운 여름날이었다. 거지가 된 부자는 빈자의 집 근처를 지나다가 물이라도 얻어먹을 요량으로 그를 찾아갔다. 빈자는 대접 한 가득 시원한 물을 들고 나오며 물었다.

"지금은 행복을 무엇이라고 생각하십니까?"

239

거지가 된 부자는 떨리는 목소리로 말했다.

"행복은 지금 이 순간 당신 손에 들린 바로 이 물 한 그릇이오."

행복은 언제나 현재에 있다. 현재의 행복을 하나씩 꿰어야만 일생의 행복이 만들어진다. 지금 당장 눈앞에 있는 행복을 무시한다면 인생의 마지막 날에 남는 것은 후회뿐이다.

자신이 불행하다고 불평하는 사람들을 살펴보면 지나친 욕망으로 스스로를 속이고 있음을 알 수 있다. 이들은 평상심이 없으며, 자신 외에 타인을 연민하지 않고, 곁에 있는 것을 소중히 여길 줄 모른다. 또한 눈앞에 있는 행복을 죽어도 보지 못한다.

하지만 우리가 매 순간 마주치는 표정 하나, 동작 하나, 사소한 호의나 관심이 얼마나 어렵게 이뤄지는 것인지를 안다면 아마 자신이 얼마나 많은 행복을 가지고 있는지 깨닫게 될 것이다.

한 사람이 다른 사람에게 진심 어린 미소를 지어 보이려면 30여 개에 달하는 얼굴 근육을 움직여야 한다.

한 사람이 다른 사람에게 용기를 불어넣으며 "사랑한다"고 말하려면 사과 세 개만큼의 열량을 사용해야 한다.

누군가와 백년해로하겠다는 결심한다면, 그럴 만한 사람을 만나기까지 20여 년 이상을 기다려야 하며, 또 그 결심을 이루기까지 수십 년의 세월을 살아내야 한다.

이 넓디넓은 세상에서 한 사람이 다른 누군가와 만날 확률은 1,000만 분의 1이고, 친구가 될 확률은 대략 2억 분의 1이다. 그리고 반려자가 되어 평생을 함께할 확률은 무려 50억 분의 1밖에 되지 않는다.

이처럼 얼핏 보기에는 평범하기 그지없는 일들이, 사실은 얼마나 희박한 확률을 뚫고 우리에게 일어난 것인지를 알게 된다면 우리는 자연히 모든 것을 소중히 여길 수밖에 없다.

또한 사소한 일 한두 가지를 함으로써 오늘 나의 삶을 얼마나 의미 있게 변모시킬 수 있는지를 알게 된다면 아마 깜짝 놀라리라.

몇십 분 정도 시간을 내어 가까운 공원으로 가 신선한 공기를 마셔보라. 새소리를 듣고, 꽃향기를 맡아보라. 어느새 봄이 성큼 다가와 있음을 깨닫게 될 것이다.

저녁 식사 후 멍하니 TV를 보는 대신 아이의 손을 잡고 팥빙수를 먹으러 가보라. 아이의 웃음과 팥빙수의 달콤함이 어우러지며, 행복이 다른 곳에 있지 않음을 실감할 것이다.

오랫동안 연락하지 못한 친구에게 전화를 걸어 느닷없는 기쁨을 선사해보라. 어쩌면 그에게서 지금의 고민을 떨쳐낼 수 있는 조언을 듣게 될지도 모른다.

늘 바쁘게 스치고 마는 택배원에게 작은 친절을 베풀어보라. 어쩌면 그 역시 당신에게 예상치 못한 즐거움을 선물할지도 모른다.

돈이나 시간을 많이 들일 필요도 없다. 그저 약간의 즉흥성에 약간의 창의성을 더한다면 삶의 모든 순간에 의미를 부여할 수 있다. 그리고 나 자신을 통해 가족과 친구, 주변 사람에게 삶의 아름다움을 널리 전파할 수 있다. 눈앞의 행복을 놓치지 않는 것, 이 얼마나 행복한 일인가!

chapter 2

습관

1

신뢰하지 못하고
진실하지 않음

'예전에 난 너를 절대적으로 믿었어. 눈 감고, 귀 막고 너만 믿었어. 세상 사람들이 다 네가 잘못했다고 해도 너만 아니라고 하면, 난 믿었어.'

어느 블로그에서 이 글을 보는 순간, 나도 모르게 눈물을 흘렸다. 요즘 같은 시대에 과연 남을 이처럼 절대적으로 신뢰할 수 있겠는가? 그럴 만한 사람이 있는가? 적어도 나의 주변에는 없다.

우리는 강해지는 법도 배웠고, 독립적인 사람이 되는 법도 배웠다. 또한 여전히 사랑하고, 서로 돌볼 줄도 안다. 그러나 평생 변함없이 믿을 수 있는 사람만큼은 찾지 못했다. 그래서 우리는 끊임없이 상처받았다. 그 결과, 이제는 아무도 믿지 못하게 되어버렸다. 툭하면 반은 비웃음으로, 반은 핑계처럼 "인생은 원래 뜬구름 같은 거야"라고 중얼거리지만 마음은 여전히 쓰리다. 아무도 믿지 못하는 이 상황이 정말 괜찮다면 어째서 마음이 쓰리고 착잡하겠는가?

믿을 수 있다면, 온 힘을 다해 믿어라. 왜냐하면 마음속에 믿음이 없는 사람은 늘 공허하고 불안할 수밖에 없기 때문이다.

세상에서 가장 행복한 나라는 바로 덴마크다. 이 작은 북유럽 국가의 국민이 그토록 행복한 이유는 무엇일까?

한 기자가 행복의 비밀을 풀기 위해 덴마크로 향했다. 덴마크에서 돌아온 뒤, 기자는 '콘크리트 숲'이라는 단어를 꺼냈다. 덴마크 사람들은 대도시를 콘크리트 숲이라고 부른다는 것이다. 이 숲에 사는 사람들은 대부분 냉담하고, 고독하다. 그런데 덴마크의 수도 코펜하겐은 대도시이면서도 겉모습은 시골 마을의 순박함을 그대로 지니고 있단다. 그래서 덴마크에서는 곳곳마다 행복과 신뢰의 자취가 느껴진다고 한다.

덴마크 사람은 특히 타인에 대한 신뢰감이 매우 강했다. 기자가 가장 놀란 것은 코펜하겐의 대형마트에 있는 무인계산대였다. 계산원이 없어도 사람들은 알아서 줄을 섰고, 계산대에 다다르면 각자가 알아서 돈을 지불했다. 그들에겐 익숙한 것이었지만, 타국 사람이 보기에는 둘도 없는 신기한 광경이었다.

"한 노부인은 바구니에서 물건을 꺼내더니 익숙한 손놀림으로 바코드 기계에 물건을 통과시킨 후, 스스로 신용카드로 계산을 하더군요. 백여 평이 넘는 매장 안에는 일고여덟 대의 계산대가 동시에 가동되고 있었지만, 근무하는 직원은 입구에서 고객에게 거스름돈을 주는 사람 한 명뿐이었지요. 그 대형마트의 입구에는 도난방지문조차 없었습니다. 고객에 대한 대형마트의 신뢰가 어느 정도인지 단적으로 보여주는 것이었습니다."

덴마크에서 20여 일간 체류하면서 이 기자는 '믿음'이야말로 덴마크인의 행복 비결이라는 결론을 내렸다.

덴마크 사람이 행복한 이유를 부유한 경제력이나 정부의 복지정책에서 찾는 사람도 있을 것이다. 그러나 유럽에 덴마크 못지않은 복지수준을 자랑하는 나라는 많지만 덴마크처럼 국민이 행복한 나라는 별로 없다. 경제력이나 복지정책이 답이라면 어째서 이런 차이가 생겼겠는가?

세월은 눈 깜짝할 사이에 흘러간다. "인생은 뜬구름 같은 것"이라고 중얼거리며 불신과 의심에 휩싸여 살기에는 세월이 너무 아깝다. 우리는 마치 열여섯 살 때 그랬던 것처럼 사랑, 진리, 선, 아름다움을 믿어야 한다. 나쁜 사람보다는 좋은 사람이 많음을, 세상은 생각보다 아름답고 살 만한 곳임을 믿어야 한다. 그 믿음이 우리의 인생을 행복하게 만들어줄 것이다.

진실함은 사람과 사람 사이에 마음을 나눌 수 있는 다리이자 영혼의 가장 아름다운 곳에서 피어난 한 떨기 꽃이다. 또한 사람이라면 누구나 진정 도달하기를 바라는 인생의 경지다.

미국의 한 심리학자는 사람의 성품에 대해 묘사한 형용사 550개를 나열한 표를 만들었다. 그런 뒤 대학생들에게 그들이 가장 좋아하는 성품에 점수를 매기도록 했다. 그 결과, 가장 훌륭한 성품으로 '진실함'이 선택되었다. 가장 높은 평가를 받은 여덟 개의 형용사 중 무려여섯 개, 즉 진실함, 성실함, 충실함, 진정성 있음, 믿을 수 있음, 기댈수 있음이 진실함과 관련되어 있었던 것이다. 반대로 가장 낮은 평가를 받은 성품은 거짓말함, 위선적임, 진실하지 못함 등이었다.

사람은 누구나 남에게 진실한 대우를 받길 원한다. 그러나 자신이먼저 나서서 진실하게 남을 대하는 이는 별로 없다. 대부분 '나에게먼저 진실하게 대하면 나도 진실하게 대하리라'는 원칙을 고집스레 고

수할 뿐이다.

하지만 이 원칙은 우습기 짝이 없는 것이다. 생각해보라. 자신도 진실하지 않으면서 어떻게 다른 사람이 진실하게 대해주기를 바란단 말인가?

황소가 숲을 지나다가 나무 밑에서 큰 소리로 울고 있는 여우를 보았다. 무슨 일이냐고 묻자 여우는 눈물을 훔치며 서럽게 말했다.

"다들 친구가 있는데 나만 혼자야. 정말 외로워서 죽겠어."

황소가 의아하다는 듯 물었다.

"얼룩 고양이랑 친구 사이 아니었니?"

그러자 여우가 한숨을 푹 내쉬었다.

"친구는 무슨……. 일 년이 넘도록 밥 한 번 안 사는 게 무슨 친구냐? 걔랑은 일찌감치 절교했어."

"산양은? 둘이서 잘 지냈잖아."

여우는 고개를 도리도리 저으며 말했다.

"한때는 의형제도 맺었지. 그런데 나한테 돈을 한 푼도 안 쓰더라고. 친구라면서 말이야! 지금은 연락도 안 해."

황소가 장탄식을 하며 다시 물었다.

"듣자하니 예전에는 멧돼지랑 자주 어울렸다면서?"

그러자 여우가 대뜸 화를 내며 말했다.

"멧돼지 얘기는 꺼내지도 마! 어휴, 그 둔한 녀석! 쓸 만한 구석이 없더라고. 그런 녀석하고는 처음부터 사귀지도 말았어야 했어."

황소는 어이없다는 표정으로 여우를 바라보다가 놀리듯 말했다.

"아이고, 똑똑하신 여우 선생! 너를 위해 내가 해주고 싶은 말이 있는데 말이야."

여우는 순간 눈을 반짝였다. 이번에야말로 뭔가를 얻을 수 있으리라 기대한 여우는 당장 눈물을 멈추고 물었다.

"뭔데?"

그러자 황소가 소리쳤다.

"야, 이, 욕! 심! 쟁! 이! 야!"

그런 뒤 황소는 뒤도 돌아보지 않고 가버렸다.

우정은 진심을 다해 베푸는 것이지 무조건 받기만 하는 것이 아니다. 우화 속 여우처럼 자신은 진실하지 않으면서 다른 사람에게 무언가를 바라고 이익을 취하려는 사람은 결국 진정한 우정을 얻지 못한 채 외톨이가 될 수밖에 없다.

거짓과 위선이 판치는 현대 사회에서 서로 진실하게 마음을 나누고 흉금을 털어놓을 수 있는 사람을 만나기란 쉽지 않다. 모두 진실한 모양으로 겉모습을 꾸미지만 실제로는 가식과 거짓에 물든 지 오래다. 진실함이 점점 희귀한 미덕이 되어갈수록 사람들은 더 많은 두려움을 안은 채 살아간다. 사람과 사람 사이에 표면적인 친근함과 선의만 남아 있는 세상이라니, 오뉴월에도 추위가 느껴질 만큼 서늘하지 않은가!

삶을 우롱하는 사람은 결국 삶에 농락당한다. 우리 모두가 책임감을 가지고 자기 자신부터 솔선해서 진실한 사람이 되어야 할 것이다.

포용하지
못함

가장 선한 것은 물과 같다. 물은 만물을 이롭게 하며 더불어 다투지 않는다. 물의 힘은 위대하며, 그 포용력 또한 위대하다. 포용할 줄 아는 사람은 그 선량함으로 일체의 더러움과 악함을 깨끗하게 만들기 때문에 마음속에 늘 맑은 샘이 솟아난다. 그러나 포용하지 못하고 속이 좁은 사람은 가시처럼 날카로운 이기심으로 모든 아름다운 것에 상처를 낸다. 그러기에 이들의 마음에는 늘 피가 흐른다.

나의 한 친구는 최근 몇 년 동안 분노와 좌절과 원한의 고통 속에서 헤어 나오지 못하고 있다. 그런데 그가 겪는 고통에 비하면 그 계기라는 것이 허무할 만큼 사소했다.

그에게는 같은 대학을 졸업하고 같은 회사에 함께 들어간 동기가 있었다. 그들은 절친한 친구 사이로, 그 일이 있기 전까지만 해도 친형제나 다름없었다.

어느 날, 두 사람은 매우 중요한 고객을 방문해서 계약을 거의 성사

시켰다. 대략적인 합의는 이루어졌고, 다음 날 계약 사인만을 남겨놓은 상황이었다. 두 사람은 기쁨에 취해 숙소에서 같이 술을 마시며 자축했다. 그리고 내 친구는 만취해서 다음 날 아침까지 기절한 듯 잠을 잤다. 그런데 그가 잠에서 깼을 때, 곁에 자고 있어야 할 동기가 보이지 않았다. 잠시 후, 출근한 그는 충격적인 소식을 들었다. 그가 술에 취해 잠든 틈을 타서 동기가 혼자 고객을 찾아가 계약을 맺고 온 것이다. 물론, 계약 성사의 공로는 모두 그 동기의 것이 되어 있었다.

그는 화가 나서 동기를 찾아가 따졌다. 그러자 동기가 변명을 하기 시작했다. 술을 다 마신 후, 왠지 마음이 불안해서 그날 안으로 계약을 확정지어야겠다는 생각이 들었고, 결국 가서 계약을 맺었다는 것이다. 그와 같이 가려고 한참을 깨웠지만 끝까지 일어나지 않아서 어쩔 수 없이 혼자 갔다는 말도 덧붙였다. 물론 내 친구는 그 말을 믿지 않았다. 사실이든 아니든 어쨌든 이미 벌어진 일을 어쩌겠는가. 그 계약 덕분에 내 친구의 동기는 고속승진을 했고, 얼마 안 가 팀장 자리까지 올랐다. 하지만 내 친구는 계속 말단 직원으로 남아 있어야 했다.

친구는 곧 현실을 직시하고 일에 매달렸다. 그 결과, 다행히 1년 만에 승진할 수 있었다. 그러나 승진한 후에도 친구는 그 동기를 용서하지 않았다.

결국 두 사람은 생면부지의 남보다도 못한 사이가 됐다. 웬만하면 얼굴조차 마주치지 않고 서로 피할 정도였다. 친구는 내게 그 동기를 보자면 주체할 수 없이 화가 끓어올라 견딜 수 없다고 했다. 그는 다른 것은 다 참을 수 있어도 비열한 것만은 못 참겠다고, 또 누구든 다 용서할 수 있어도 그 동기만큼은 절대 용서할 수 없다고 했다.

나중에 그 동기가 그를 찾아와 용서를 빌기도 했다고 한다. 하지만 내 친구는 끝까지 사과를 받아들이지 않고 무시해버렸다. 물론 그런 그의 마음도 편하지는 않았다.

그런데 그도 팀장으로 승진하면서 아무리 조심해도 동기와 마주치는 일이 점점 많아졌다. 그때마다 친구는 뭐 씹은 얼굴이 되어 고개를 휙 돌렸다. 좀 전까지 박장대소를 하다가도 동기만 보면 표정이 싹 굳을 정도였다.

친구는 자신도 괴롭다고 솔직히 고백했다. 잘못한 쪽은 그의 동기인데, 벌은 오히려 그가 받고 있었다. 억울함, 원망, 불편함, 어색함 속에 고통스러워하는 사람은 항상 그였다. 그것도 몇 년씩이나 말이다!

나는 괴로움을 호소하는 그에게 모든 고통은 마음속의 원한에서 비롯된다고 말했다. 누군가에게 증오를 품고 있는 한, 절대 행복해질 수 없다고도 말해줬다.

"그럼 나 보고 어쩌라고? 그 인간을 용서하라고?"

친구가 물었다. 나는 용서하지 못할 것이 뭐 있냐고 말했다. 최근 몇 년 동안 그는 자신의 마음속에 증오를 키워왔다. 그리고 그 증오가 커지다 못해 아예 뿌리를 내려버렸다. 하지만 증오로 가득 찬 마음에는 행복이 들어설 공간이 없지 않은가! 그러니 친구가 불행한 것도 당연한 일이었다.

나는 친구를 설득했다. 결국 친구는 다음 날 회사에 가서 동기에게 시험 삼아 말을 걸어보았다. 그런데 놀라운 일이 벌어졌다. 마음을 조금 열고 잠시 대화를 나눴을 뿐인데, 몇 년 동안 쌓인 원망이 눈 녹듯 사라지고 예전처럼 함께 즐겁게 걷고 있더라는 것이다! 그날 이후 두 사람의 관계는 완전히 회복됐다. 또한 회사에서 동료를 억지로 피하지 않게 되니, 친구의 영업 실적도 일취월장했다.

친구는 나에게 적절한 충고를 해줘서 고맙다고 했다. 이야기를 나눠보니 그 동기가 자신이 생각한 것만큼 비열하지 않았다는 말도 덧붙였다. 그리고 어쩌면 그 일이 일어났던 그날, 자신이 정말 너무 취해서 일어나지 못한 것일 수도 있고, 아니면 동기가 당시 너무 어리고 무지해서 잘못 판단한 것일 수도 있다고 했다. 어쨌든 그는 동기를 용서하기로 결심했다. 용서하려는 이유도 거창하지 않았다. 그저 동기를 용서하고 받아들임으로써 스스로 만든 고통에서 벗어나고 싶다는 것이었다.

바다가 강보다 위대한 이유는 더 많이 품고 수용하기 때문이다. 다른 사람을 용서하는 것은 곧 나 자신을 행복하게 만드는 길임을 기억하자.

3

실망할 것을
두려워함

영화 〈동사서독〉에 이런 대사가 나온다.

"남에게 거절당하지 않을 수 있는 가장 좋은 방법은 내가 먼저 거절하는 것이다."

당신도 혹시 이런 경험이 있는가? 거절당하는 것이 두려워 먼저 거절하고, 상처받는 것이 두려워 먼저 상처를 준 일이 있는가? 속내까지 간파당하는 것이 두려워 먼저 감추고, 실망하는 것이 두려워 아예 바라지도 않고 있는가?

이 모든 행동은 자신을 보호하려는 심리에서 비롯된 것이다. 누구에게나 이런 심리가 있다. 하지만 바로 이 때문에 세상은 죽음의 바다 같이 쓸쓸하고 고독하며 차가운 곳이 되어버렸다. 과연 이것이 당신이 진심으로 바랐던 결과인가?

나는 이 죽음의 바다에서 슬픈 신음을 듣는다.

어린 시절, 나는 고독을 두려워하는 아이였다. 나는 원래 작은 것에 쉽게 만족하고 쉽게 기뻐하며 쉽게 행복을 느끼는 아이였기 때문에 그저 누군가 내 곁에 있어주기를 바랐다. 하지만 그 단순한 소원은 늘 좌절되기 일쑤였다. 과연 그것이 그렇게 어려운 일이었단 말인가?

나는 지금의 이런 느낌이 싫다!

나는 휴대전화가 24시간 내내 켜져 있는데도 내가 받고 싶은 전화 한 통, 다정한 안부가 담긴 문자 한 통 오지 않고 심지어 벨소리조차 울리지 않을 때의 느낌이 싫다. 나는 좋아하는 음악을 듣거나 재밌는 영화를 보거나 맛있는 음식을 주문했을 때, 하지만 그 기쁨을 함께 나눌 사람이 없다는 사실을 깨달았을 때의 느낌이 싫다. 나는 미친 듯이 외출하고 싶지만 외출할 이유를 도무지 찾을 수 없을 때의 느낌이 싫다. 나는 혼자 길거리에 서서 삼삼오오 즐겁게 길을 가는 사람들을 바라보며, 정작 나 자신은 어디로 가야 할지 알 수 없을 때의 느낌이 싫다. 또 길에서 재밌는 일을 봤을 때, 하지만 그 재밌는 일을 누구에게 말해야 할지 당장 떠오르지 않을 때의 느낌이 싫다. 많은 사람이 모인 자리, 주위는 온통 웃음소리가 넘쳐나고 즐거운 대화가 오가지만 정작 나 자신은 그 분위기에 어울리지 못하고 있다는 생각이 들 때, 그래서 먼 곳으로 떠나고 싶어질 때의 느낌이 싫다. 나는 친구의 갑작스러운 안부인사가 반가우면서도 한편으로는 당황하고 자꾸 비꼬려 하는 나 자신을 발견할 때가 싫다. 나는 조용한 밤, 자려고 불을 끄고 누웠으나 어둠 속에서 눈을 말똥말똥 뜬 채 머릿속이 복잡해지는 느낌이 싫다.

이러한 상실감과 불안감을 당신도 느껴본 일이 있는가? 솔직히 말해 과거의 나는 그랬다. 하지만 다행히 지금은 아니다. 어느 순간부터 감정적 문제에서 이해타산이나 선후를 따지는 것이 의미 없게 느껴졌기 때문이다. 그리고 나 자신이 마음 편하게 사는 것이야말로 가장 중요하다는 결론을 내렸기 때문이다. 그래서 사랑에서든 우정에서든, 현재 나의 신조는 '내가 먼저 베풀자'이다. 상대에게 먼저 잘해주고, 먼저 연락하고, 먼저 관심을 보이자는 것이다. 물론 무언가 보답을 바라고 그러는 것은 아니다. 그것이 나를 진심으로 기쁘고 행복하게 만들기 때문이다. 나의 마음이 시키는 대로 능동적으로 표현하고 적극적으로 베풀다 보니 어느새 내가 먼저 행복해졌다.

신기하게도 다른 사람에게 아무런 대가도 바라지 않고 진심으로 잘해주면 오히려 생각지도 못한 보답이 뒤따른다. 그러나 실망할 것이 두려워 일부러 자신의 열정을 억누르는 사람은 좋은 기회를 상당수 잃고 만다. 승진의 기회, 돈 벌 기회, 심지어 사랑할 기회까지도 말이다.

여러 가지 사랑 이야기를 모아놓은 영화 〈러브 액츄얼리〉에 이런 에피소드가 있다. 남자는 자신의 절친한 친구와 결혼할 여자를 깊이 사랑하게 됐다. 하지만 결국 아무 말도 하지 못한 채 결혼식 날이 다가온다. 촬영을 맡은 그는 저도 모르게 여자의 얼굴만을 화면 가득 담는다. 결혼 후, 남자가 찍은 영상을 우연히 본 여자는 그제야 자신을 향한 남자의 마음을 알아차리고 깜짝 놀란다. 왜냐하면 그 전까지만 해도 자신을 냉정하게 대하는 남자를 보면서 그가 자신을 싫어한다고 오해하고 있었기 때문이다.

크리스마스 날 저녁, 남자는 드디어 자신의 사랑을 여자에게 고백한다. 고백과 동시에 사랑을 끝내기로 마음먹은 것이다. 하지만 그는 마지막으로 여자에게서 따뜻한 키스를 받는다. 돌아서는 길, 남자는 스스로에게 조용히 말한다.

"됐어. 이거면 충분해."

비록 그 이상은 얻지 못했더라도 그의 사랑은 충분한 보답을 받았다. 이 장면이 많은 사람의 심금을 울린 까닭은 그 속에 대가를 바라지 않고 베푸는 사랑의 가치와 아름다움이 있었기 때문이리라.

이해하지
못함

인도의 시인 타고르는 '사랑은 이해의 다른 이름'이라고 했다.

그렇다. 사랑은 이해다. 그런데 많은 사람이 이 사실을 알지 못해 서로 상처주고, 상처받는다. 어른은 아이의 마음을 이해하지 못하고 자신의 방식대로 사랑함으로써 아이에게 상처를 준다. 여자는 남자의 필요를 이해하지 못한 채 자기 나름대로 사랑을 베푼다. 이 역시 남는 것은 상처뿐이다. 자녀는 부모의 마음을 이해하지 못하고 자기 방식대로 효도를 하지만 아무리 열심히 노력해도 결국 부모를 진정 기쁘게 하지 못한다.

어느 모자가 있었다. 어머니는 하나뿐인 아들을 끔찍이 아꼈다. 그녀는 아들을 음악가로 만들겠다는 꿈을 품고 그에게 바이올린을 가르쳤다. 하지만 정작 아들이 하고 싶어 하는 것은 따로 있었다. 바로 쿵푸였다. 어머니는 온갖 방법을 써서 아들의 마음을 돌리려 했지만 상황은 계속 나빠지기만 했고, 결국 아들은 집을 나가버렸다. 어머니의 희망은 산산이 부서졌지만, 때는 이미 늦은 뒤였다.

　어느 연인이 있었다. 여자는 남자를 아주 많이 사랑했다. 너무나 사랑한 나머지, 남자가 일 관계로 다른 여자를 만나는 것조차 견디지 못했다. 그녀는 오로지 남자가 자신과 함께 있기만을 바랐다. 회식도, 야근도, 접대도 하지 않기를 바랐다. 여자는 남자에게 정시에 퇴근한 뒤 바로 자신의 집에서 저녁 식사를 할 것을, 주말에도 종일 자신과 함께 있기를 요구했다. 여자는 남자가 사업에 얼마나 큰 야망을 가지고 있는지를 간과했다. 결국 두 사람은 헤어지고 말았다.

　어느 부부가 있었다. 떠들썩하게 노는 것을 좋아하는 아내는 종종 집에서 파티를 열었다. 반대로 남편은 혼자 있기를 좋아했다. 혼자 있는 시간이 남편에게는 스트레스를 푸는 시간이었다. 하지만 아내는 그런 남편이 이상하다고 생각했고, 자신에게 관심이 없어서 그런 것이라고 오해했다. 반대로 남편은 아내가 지나치게 시끄럽고 잔소리가 많다고 생각했다. 게다가 두 사람은 입맛도 달랐다. 남편은 담백한 요리를, 아내는 매운 요리를 좋아했던 것이다. 사사건건 갈등을 겪던 부부는 결국 갈라서고 말았다.

　어느 부녀가 있었다. 외진 시골 마을에서 가난하고 어렵게 자라난 아버지의 가장 큰 소원은 고향에 큰 길을 내고 학교를 세우는 것이었다. 이 꿈을 실현하기 위해 아버지는 도시로 나가 일을 하기 시작했고, 마침내 자리를 잡았다. 그리고 가정을 꾸려 예쁜 딸도 얻었다. 딸은 순조롭게 자라나 대학을 졸업하고 자기 힘으로 사업을 시작했다. 효심이 지극했던 딸은 종종 아버지를 모시고 해외 여행을 다녔다. 하지만 아버지가 진심으로 원하는 것은 해외 여행이 아니라 자신의 꿈을 이루는 것이었다. 그러나 아버지가 이야기할 때마다 딸은 바쁘다는 핑계로, 혹은 고향이 너무 멀다는 핑계로 차일피일 미루기만 했다. 세월은 무심히 흘러갔다. 어느 날, 아버지가 심장병으로 세상을 떴다. 임종 직전까지도 그는 자신의 이루지 못한 꿈에 대해 이야기했지만, 딸은 끝까지 아버지가 진짜 원했던 것을 알지 못했다.

사람을 사랑하는 것은 어렵지 않다. 그러나 상대가 나의 사랑을 느끼는 것은 별개의 문제다. 사랑하기에서 가장 큰 어려움은 사랑하지 않는 것이 아니라 이해하지 못하는 것이다. 그를 사랑한다고 해서 그를 반드시 이해한 것은 아니다. 또한 그녀를 애절할 정도로 아낀다고 해서 그녀의 마음을 100퍼센트 이해한다고 장담할 수 있겠는가? 이해하지 못하면 사랑은 또 다른 고통이 될 뿐이다. 상대가 받아들일 수 있고 기뻐할 수 있는 사랑만이 진정한 사랑이다.

chapter 3
해답

주변의 이웃과 교류하며
삶의 기반을 다져라

만약 어린 시절로 돌아가 당신이 살고 자랄 곳을 고를 수 있다면 어디를 선택하겠는가?

농촌보다는 도시에서, 이왕이면 선진국에서 살기를 바라는 사람이 많은 요즘 시대이지만, 나의 선택은 여전히 같다. 바로 시골에서 자라겠다는 것! 왜냐하면 시골에는 시골 특유의 따뜻한 정이 있기 때문이다.

다행히 나는 시골에서 자랐다. 그때만 해도 집 안에는 재미있는 장난감이 거의 없었기 때문에 매일 학교에서 돌아와 숙제를 마치고 나면 무조건 밖으로 뛰어나가 친구들과 온 동네를 돌아다니며 신 나게 놀았다. 그러다 저녁 밥때가 되어 집집마다 구수한 밥 냄새가 피어오르고, 엄마들이 하나둘씩 나타나 들어오라고 부르면 그제야 못내 아쉬워하며 헤어졌다. 때로는 아예 친구 집으로 가서 저녁을 먹는 경우도 있었다. 그럴 때마다 친구의 부모님은 다정한 미소로 나를 맞아주셨다. 물론 친구가 우리 집에서 밥을 먹으면 우리 부모님도 똑같이 잘해주셨다. 비록 늘 진수성찬이었던 것은 아니지만, 친구와 함께 먹는 밥맛은 언제나 꿀맛이었다. 또 이웃끼리 직접 만든 만두나 두부 같은 음식을 서로 나눠먹는 모습도 정겹기 그지없었다.

저녁밥을 먹고 나면 대개 이웃이 다 같이 모여 앉아 도란도란 이야기를 나눴다. 이 광경 하나만으로 모든 것이 설명되지 않는가? 그 시절에는 이웃이 곧 친구요, 친척이었다. 때로는 피를 나눈 친척보다 옆집에 사는 이웃이 더 가족처럼 느껴지기도 했다. 누구 집에 무슨 일이 생기면 이웃 전부가 알았고, 굳이 부탁하지 않아도 먼저 도움의 손길을 내밀었다. 수도가 고장 나거나 전기 퓨즈가 나가거나 문이 고장 났을 때, 멀리까지 가서 돈을 주고 고쳐줄 사람을 데려올 필요도 없었다. 이웃에 부탁하기만 하면 기꺼이 서로 도와주었기 때문이다. 이처럼 이웃 간에 친척보다도 더 끈끈한 정을 나누었으므로 그 시절에는 '가까운 이웃이 먼 친척보다 낫다'는 말을 언제나 실감할 수 있었다.

아이들끼리 어울려 놀다 보면 종종 싸움도 벌어지게 마련이다. 앞집 큰아들이 뒷집 둘째를 때려서 울렸다느니, 앞집 애가 뒷집 애를 밀어 넘어뜨렸다느니 하는 일이 일상다반사로 벌어졌다. 하지만 아이들 싸움 때문에 이웃 어른들끼리 싸움을 하는 일은 절대 없었다. 다들 마치 약속이라도 한 듯 자기 집 아이를 꾸짖었기 때문이다. 이를 통해 어른들은 아이들에게 서로 양보하는 미덕을 가르쳤다. 그래서 오히려 다툼이 있고 난 뒤에 이웃 간의 정이 더욱 돈독해지고는 했다.

하지만 시대가 변하면서 이웃 간의 모습도 변하기 시작했다. 물론 도시가 발달하고 기술이 빠르게 발전하면서 사람과 사람, 도시와 도시 사이의 거리가 대폭 줄어든 것은 사실이다. 교통수단의 발달로 먼 도시에 사는 친척을 방문하기도 훨씬 편해졌다. 작은 마당이 있는 낮은 집들이 사라지고 하늘을 찌를 듯 높이 솟은 건물들이 빽빽이 들어서면서 도시는 갈수록 화려해졌지만 이웃 간의 정은 갈수록 희미해졌다. 심지어 이웃은 그저 '옆집에 사는 사람', 그 이상도 그 이하도 아닌 존재가 되어버렸다. 혈족보다도 더 가까웠던 옛 이웃의 모습은 이미 과거의 유적이 되어버린 것이다.

사람들은 집에 문제가 생기면 당연하다는 듯 돈을 들여 사람을 부른다. 나사 하나, 전등 하나까지도 전문가를 부르지, 옆집 문을 두드리는 일은 절대 없다. 심지어 수년간 문을 맞대고 살아온 이웃인데도 정전이 됐을 때 성냥 하나 빌리러 갈 엄두조차 내지 못한다. 친척은 차로 불과 5분 거리에 살고 있어도 명절 때나 선물을 사들고 찾아가는 정도이고, 이웃은 몇 년 동안 옆집에 살면서도 말 한마디 하지 않는 사이가 됐다. 친척 간의 정도, 이웃 간의 정도 엷어질 대로 엷어진 요즘 시대에 사람들은 모두 '외로운 삶'에 점점 익숙해지고 있다. 각자 콘크리트 공간 속에 고립되어버린 것이다.

이렇게 삭막한 도시에서 외롭고 쓸쓸한 생활을 계속하고 싶은가?

어젯밤, 나는 같은 아파트에 사는 이웃의 두꺼운 대문을 두드렸다. 그리고 이웃에게 달콤한 석류 두 알을 건네고, 따뜻한 차 한 잔을 대접받았다. 내가 먼저 베푼 온정을 이웃도 흔쾌히 받아준 것이다. 오늘 밤에는 또 누구의 대문을 두드릴까? 누가 됐든, 나는 내 주변에 사는 이웃을 만나기 위한 노력을 그치지 않을 것이다.

2

싸워서 이기려고
하지 말라

오랫동안 보지 못한 친구가 베이징에 출장 온 김에 얼굴이나 보자고 연락해왔다. 오랜만에 만난 자리, 서로 그동안 살아온 이야기도 하고 결혼생활에 대한 수다도 늘어놓는데 친구가 불만스런 어조로 말했다.

"난 집사람의 태도가 좀 마음에 걸려. 평소에 싸움을 굉장히 피하는 편이거든. 어쩌다 말다툼을 하게 돼도 입을 꽉 다물어버린다니까. 에너지가 부족하달까, 뭐 그런 느낌이야."

하지만 나는 외려 친구의 부인을 현명하다고 칭찬했다. 그녀는 진정한 행복이 무엇인지 잘 알고 있으며, 화목한 가정을 만드는 데 일등 공신인 현명한 주부다.

"가정은 잘잘못을 따지는 곳이 아니라 사랑하는 곳이다."

이는 단순히 그럴 듯한 말이 아니라 절대불변의 진리다. 수많은 부부, 수많은 가정이 엄청난 세월 동안 무수한 갈등, 사랑과 애증, 수없는 시행착오를 거치며 불분명하고 이해할 수 없는 혼란 속에 가까스로 정리해낸 결론인 것이다.

이 세상에 갈등이 전혀 없는 가정은 없다. 아무리 화목한 가정이어도 때로는 분쟁이 생기게 마련이다. 그런데 대부분 별것 아닌 사소한 일로 분쟁이 벌어지는 경우가 많다.

예를 들어 남편은 아내가 충분히 온화하지 않음을, 아내는 남편이 충분히 친절하지 않음을 원망한다. 남편은 아내가 잔소리를 많이 한다고 싫어하고, 아내는 남편의 능력이 부족하다고 한탄한다. 또한 부부는 서로 자신이 더 피곤하고 힘들다고 목소리를 높인다. 남편은 바깥일이 얼마나 힘든지, 가족을 먹여 살리며 더 좋은 환경을 만들어주기 위해 자신이 얼마나 고생하는지, 또 집에서는 가장 노릇을 하기 위해 얼마나 뼈 빠지게 애쓰고 있는지에 대해 푸념한다. 그러면 아내는 자신도 직장일과 살림을 병행하느라 죽을 지경이며, 시부모님 봉양에 자식들 양육까지 혼자 감당하다 못해 남편까지 돌봐야 하는 심정을 아느냐며 맞받아친다.

과연 남편과 아내 중 누가 더 힘들고 피곤할까? 남편의 희생이 큰가, 아니면 아내의 희생이 큰가? 아내는 남편에게 좀 더 다정해질 것을, 좀 더 가정적으로 변할 것을, 집안일도 도와주고 딴 여자에게는 절대 눈길도 주지 말 것을 요구한다. 남편은 아내에게 좀 더 사근사근하고 현명해질 것을, 자신을 이해해주고 부모에게 효를 다하며 자녀 교육을 잘 시킬 것을 요구한다. 이러한 문제들을 두고 끊임없이 다투는 동안 남편은 남편 나름의 주장을, 아내는 아내 나름의 주장을 펴며 끝없는 평행선을 달린다. 그래서 옛말에 "아무리 현명하고 청렴한 재판관도 집안일만큼은 시비를 가릴 수 없다"라고 한 것이다. 이처럼 애당초 옳고 그름을 가릴 수가 없는데 어떻게 잘잘못을 따지겠는가?

만약 당신이 무조건 '나의 옳음'만을 고집한다면 당신의 가정에는 늘 다툼의 불길이 피어오를 수밖에 없다. 서로를 이해하고 감싸지 않는 한, 이 불길은 세월이 흐르면 흐를수록 더욱 거세게 타오를 것이다.

그렇다면 가정에서 가장 중요한 것은 무엇일까?

한 남자가 고명한 스님을 찾아가 아내의 험담을 한바탕 늘어놨다. 아내가 성격이 얼마나 고약한지, 얼마나 사치스럽고 잔소리가 많은지, 또 얼마나 막무가내인지에 대해 한참 늘어놓고 있는데 스님이 문득 이렇게 물었다.

"그래서 자네는 아내와 이혼하고 싶은가?"

당황한 남자가 얼른 고개를 저었다.

"아뇨, 아닙니다. 그럴 생각은 없습니다."

그러자 스님이 빙긋 웃으며 말했다.

"그렇다면 마음을 넓게 먹고 모두 받아들이게. 가족은 서로 잘잘못을 따지는 게 아니라 서로 사랑하고 이해해야 하는 사이일세. 집안에서 시시비비를 가리려다 보면 결국 감정만 상하게 되네. 하지만 서로 아끼고 사랑하려는 마음을 먼저 갖는다면 고마움과 애정이 넘쳐나게 되지. 갈등을 해결하는 첫 번째 열쇠는 바로 포용하는 것이네. 먼저 포용하고, 시비를 가리는 일은 적당한 때를 봐서 다시 이야기하도록 하게. 생각해보게나. 자네 아니면 자네 아내가 누구에게 그렇게 투정을 부리고, 성질을 내고, 애교를 부릴 수 있겠는가? 자네는 아내가 다른 사람에게 그랬으면 좋겠는가?"

남자는 스님의 말을 가만히 곱씹어보았다. 그러자 아내가 점점 더 사랑스럽게 느껴졌다. 그는 더 이상은 아내와 싸우지 않기로 결심했다. 이후로 아내가 문제를 일으킬 때마다 남자는 이렇게 말했다.

"나는 당신과 싸우고 싶지 않아. 왜냐하면 나는 당신을 사랑해주려고 결혼한 것이지, 싸우려고 결혼한 게 아니거든."

남편의 말을 들은 아내 역시 더 이상 잔소리를 하지 않았다. 심지어 자신이 잘못했다며 먼저 사과를 할 정도로 조금씩 변하기 시작했다.

행복한 가정에는 옳고 그름도, 시시비비의 기준도 없다. 그저 이해와 관용, 사랑과 화목만이 넘칠 뿐이다. 만약 사랑하는 사람과 다툼이 생긴다면 상대가 이기도록 두어라. 어차피 서로 사랑하는 사이인데 이긴들 어떻고 진들 어떠하랴! 사랑하는 사람 사이에서 이기고 지는 것은 그저 말에 불과하다. 그런 말뿐인 승리를 위해 서로의 감정에 상처를 준다면 그것만큼 큰 손해도 없다.

말뿐인 승리를 얻겠는가, 사랑을 지키겠는가? 선택은 당신의 몫이다.

3

삶의 소소한 아름다움을 발견하라

걷다가 지친 할아버지가 조심스레 가게 안으로 들어가 자리에 앉았습니다. 그리고 점원에게 물 한 잔을 청했지요. 점원이 물을 가져오자, 할아버지는 떨리는 손으로 윗도리 안쪽 주머니 속에 꼭꼭 싸매두었던 쌈짓돈을 꺼내 내밀었습니다. 그러자 점원이 말했습니다.

"돈은 주지 않으셔도 됩니다. 목마르실 테니 어서 물을 드시고, 충분히 쉬었다 가세요."

눈발이 성성하게 날리던 어느 겨울 아침, 이 짧은 이야기에 가슴 한 가득 따뜻함이 차올라 나도 모르게 한껏 미소 지었다. 아마 이 이야기는 읽는 사람 모두의 마음을 따뜻하게 해주었을 것이다.

도시의 출퇴근길 풍경은 대개 비슷하다. 사람들은 저마다 귀에 이어폰을 꽂고 음악을 듣거나 스마트폰에 시선을 고정한 채 게임을 하며 무료한 출퇴근 시간을 흘려보낸다. 혹은 멍하니 차창 밖을 바라보며 회사일, 집안일 등 여러 가지 일에 대해 곰곰이 생각하기도 하고 복잡한 세상과 생기 없는 삶에 대한 원망을 한숨으로 토해내기도 한다.

그러나 조금만 관심을 기울인다면 우리 주변이 얼마나 아름다운지 금세 깨달을 수 있다. 아무리 더럽고 탁한 강물에도 연꽃은 피고, 아무리 추운 겨울에도 매화꽃은 향기를 발한다. 다만, 마음을 쓸 줄 아는 사람만이 그 아름다움을 발견할 수 있을 뿐이다.

먼저 자연에 관심을 갖는 법을 배워보자. 그러면 잃었던 순수함을 회복할 수 있다. 산과 들을 천천히 거닐며 들풀 사이에 수줍게 피어 있는 이름 모를 꽃에 관심을 기울여보자. 작지만 푸르고, 깨끗하며, 향기로운 그 꽃의 존재를 깨닫는 순간 당신의 마음도 답답한 세상을 떠나 상쾌하고 푸른 기운을 얻을 것이다. 강가 오솔길을 천천히 거닐며 나뭇잎 사이로 바람이 부는 소리에 귀를 기울여보자. 자연이 만들어내는 아름다운 교향곡을 듣는 순간 당신의 영혼도 한층 높고 깨끗한 경지에 이를 것이다.

자연에 시선을 돌리고, 신선한 공기를 마시며, 맑은 새소리에 귀를 기울여보자. 대자연 속에 매 순간 생동하는 생명을 바라보며 살아 있다는 것의 진정한 의미를 느껴보자. 그러면 이제까지와는 다른 삶을 살게 될 것이다.

또한 나의 생활 속에 존재하는 사랑에 관심을 갖는 법을 배워보자. 그러면 인생이 얼마나 즐겁고 행복한 것인지 깨달을 것이다. 사랑은 하늘에 떠 있는 구름 같아서 마음을 기울여 감상해야만 보인다. 또한 사랑은 자연의 소리 같아서 주의 깊게 들어야 들린다. 자식을 향한 부모의 사랑을 잔소리로 듣지 말고, 친구를 향한 따뜻한 안부 인사를 대수롭지 않은 것으로 여기지 말자. 사랑하면서 사랑을 모르는 것만큼 어리석은 일도 없다. 마음을 기울여 사랑을 감상하자. 사랑을 감상할 줄 아는 사람은 낯선 이가 보내온 친절한 미소에서도 세상의 아름다움을 발견한다.

내 주변을 둘러싸고 있는 사랑에 관심을 가지면 모든 장벽이 눈 녹듯 사라지고 냉정도 온정으로 변한다. 사랑에 관심을 갖고, 사랑으로 주변의 모든 사람을 따뜻하게 만든다면 인생은 더욱 아름답게 빛날 것이다.

삶의 소소한 모든 부분에 관심을 갖는 법을 배우자. 아름다움은 모든 곳에 있으며, 따뜻한 정은 어디에나 흐른다. 하지만 대개 눈에 보이지 않는 옷을 입고 있기 때문에 자세히 살펴보고 마음을 쏟아야만 비로소 이들을 발견할 수 있다. 삶의 풍성함과 아름다움을 느끼고 싶다면 거듭 말하지만 주변의 모든 것에 관심을 쏟아야 한다.

4

경험이
재산이다

"모든 경험은 재산이다!"

삶이 늘 기쁨만 주지는 않는다. 때로는 나 자신을 단련시킬 만한 시련과 시험도 함께 준다. 그러나 그때가 지나면 그마저도 모두 귀중한 기념품이자 재산이 된다.

실연의 아픔이 없는 사람은 사랑의 참맛을 알지 못한다. 실망해본 적이 없는 사람은 인생의 가치를 이해하지 못한다. 그래서 경험이 중요한 것이다.

똑똑하고 잘생긴 소년이 그만 불의의 비행기 사고로 양다리를 잃었다. 그와 동시에 그는 살아갈 용기도 잃어버렸다. 아들이 걱정된 부모는 요양차 소년을 고모 집으로 보냈다. 그곳에서 소년은 그에게 삶의 의미를 되찾아준 나무 두 그루를 만났다.

고모가 사는 곳은 도시에서 멀리 떨어진 한적한 시골 마을이었다.

한적하다 못해 낙후된 느낌마저 드는 그야말로 완벽한 '깡촌'이었다. 이곳에서 소년은 매일 먹고 자는 것 외에는 아무 일도 하지 않았다. 하루하루가 의미 없는 나날이었다. 소년은 갈수록 어둡고 의기소침해졌다. 그렇게 반년이 훌쩍 흘러갔다.

인생의 환희와 고통은 모두
경험이라는 소중한 보물이 되어 마음의 장부에 남는다.

어느 날 오후, 소년 혼자 고모 집에 남아 있었다. 너무도 무료했던 소년은 휠체어를 타고 집 앞뜰로 나갔다. 그리고 미처 생각지도 못한 곳에서 운명처럼 나무 두 그루와 만났다.

문제의 나무는 본채에서 5, 60미터 정도 떨어진 곳에 서 있는 느릅나무였다. 그런데 느릅나무라고 하기에는 모습이 너무 이상했다. 몸통이 담쟁이덩굴처럼 온통 뒤틀려 있었던 것이다. 게다가 두 그루의 나무는 길이가 7, 8미터는 족히 되어 보이는 철사로 서로 연결되어 있었다. 나무 몸통에도 철사가 흉측스럽게 칭칭 감겨 있었다. 그 탓에 나무는 긴 옷을 입고 허리를 잔뜩 동여맨 사람처럼 희한한 모양이 되어 있었다.

소년이 나무를 신기하게 바라보고 있는데, 그 모습을 본 이웃이 먼저 다가와 나무에 대해 말해주었다. 8년 전쯤, 어떤 사람이 빨랫줄로 쓰기 위해 아직 어린 두 그루의 나무를 철사로 묶었다고 했다. 그 후로 세월이 흐르고 나무들은 점점 더 크고 굵어졌지만 철사에 감긴 부분만은 좀처럼 자라지 못했다. 그 결과 철사가 묶인 자리가 깊은 상처처럼 변한 것이다. 어느새 나무들은 시들시들해졌고, 모두 나무가 곧 죽을 것이라 생각했다. 그런데 그 다음 해 이상한 일이 벌어졌다. 겨울비가 한 바탕 쏟아지고 난 뒤 나무들이 갑자기 새순을 터뜨리더니 죽기는커녕 더 굵고 더 높이 자라

271

기 시작하는 것이 아닌가! 그렇게 또 한 해가 지난 후, 나무들은 자신의 몸을 감고 있는 철사를 아예 먹어버리다시피 했다.

그 이야기를 듣는 동안, 소년은 깊은 감동을 받았다. 외부의 힘과 냉혹한 운명에도 굴하지 않고 끝까지 싸운 작은 나무의 용기가 소년의 마음을 때린 것이다.

소년은 생각했다.

'나무들도 저렇게 끝까지 포기하지 않는데, 인간인 내가 살아가려는 노력을 포기해서야 되겠는가!'

두 그루의 나무 앞에서 소년은 여태까지의 자기 모습을 깊이 반성했다. 그리고 반년 넘게 앉아 있기만 했던 휠체어에서 두 팔만을 의지해 가까스로 몸을 일으킨 후, 지극히 평범해 보이지만 사실은 세상에서 가장 강인한 두 그루의 나무를 향해 머리를 숙여 진심어린 감사의 인사를 보냈다.

그 후 얼마 되지 않아 소년은 도시로 되돌아와서 오랫동안 보지 않았던 교과서를 폈다. 그리고 믿음과 의지를 가지고 새로운 생활을 시작했다.

인생의 환희와 고통은 모두 경험이라는 소중한 보물이 되어 마음의 장부에 남는다. 그렇다. 고통과 불행마저도 소중한 '수입'이다. 사람은 두 가지의 자아를 가지고 있다. 첫 번째 자아는 세상에 나가 목표한 바를 이루기 위해 고군분투하며, 때로는 승리하고 때로는 패배한다. 두 번째 자아는 피땀에 젖어 돌아온 첫 번째 자아를 조용한 미소로 맞이하고, 그가 미처 깨닫지 못했던 전리품을 보여주며 패배마저도 자산으로 만든다.

사실, 당신에게 일어난 모든 일은 신께서 미래의 영광스러운 때를 위해 남겨둔 족적이다. 그렇기에 하나하나 소중히 여겨야 하며, 섣불리 실망하거나 포기해서는 안 된다. 이 모든 것을 담담히 받아들이고 능력이 닿는 범위 내에서 최선을 다하며 좋은 날이 오기를 차분히 기다려야 한다.

　모든 경험은 재산이다. 이 말을 기억한다면 실망할 일이 적어지고 마음의 평안을 얻게 될 것이다.

마음의 상처 치유하기
- 정신적 피난처를 찾아라

때로는 휴대전화를 깜박 잊고 나올 수도 있고, 지갑을 두고 나올 수도 있다. 하지만 남녀노소를 불문하고 누구나 꼭 가지고 다녀야 할 것이 있으니, 바로 '마음의 반창고'다. 왜냐하면 인생이란 크고 작은 돌부리가 가득한 길이라 언제 어디서 어떻게 넘어져 상처를 입게 될지 모르기 때문이다. 게다가 성장은 그 자체로 상처투성이가 되는 과정이다. 삶은 비련의 여주인공이 아니다. 상처가 많다고 해서 가녀린 여주인공 같은 아름다움이 더해지지는 않는다.

chapter 1

치유

아름다운 무지개는
폭풍우 뒤에 온다

인생은 만두와 같다. 동그랗게 만들어지든 반월으로 만들어지든 간에
일단 펄펄 끓는 물속에 한 번 빠져야 비로소 익는다.

농부가 신에게 기도를 올렸다.

"전능하신 신이여! 부디 올해는 태풍도 가뭄도 병충해도 없게 해주십시오!"

그러자 신이 대답했다.

"좋다. 다른 사람이 어찌되든 네가 원하는 대로 해주마."

농부는 신이 나서 펄쩍 뛰었다. 그는 태풍, 가뭄, 병충해가 없으면 틀림없이 풍년이 들 것이라고 철석같이 믿었다. 하지만 수확철이 되어 곡식을 거두러 나간 농부는 망연자실하고 말았다. 낟알이 하나도 영글지 않고 텅텅 비어 있었기 때문이다.

농부는 당황해서 신에게 물었다.

"자애로운 신이시여, 이게 대체 어찌된 일입니까? 뭔가 잘못하신 것이 아닙니까?"

그러자 신이 냉엄한 목소리로 말했다.

"나는 아무런 잘못도 하지 않았다. 너의 곡식이 영글지 않은 이유는 태풍도 가뭄도 병충해도 아무런 시험도 거치지 않았기 때문이다."

시골에서 밭을 갈던 백마가 친구들에게 백락(佰樂, 주나라 시절의 유명한 말 감정가. 천리마를 보는 눈이 있다고 한다)의 시대에 태어나지 못한 자기 신세를 한탄했다. 그러자 전쟁터에 나가는 말이 말했다.

"그럼 나와 함께 모래사장을 달리며 힘을 기른 후, 전쟁터에 나가면 어떤가?"

백마가 고개를 저으며 대답했다.

"전쟁터라니, 자칫 잘못하면 목숨을 잃을 수도 있지 않은가? 싫네."

이번에는 역참에 있는 역마가 말했다.

"나와 함께 편지 배달을 하며 서로 다른 지역을 연결해주는 소식통 노릇을 하는 것은 어떤가?"

백마는 또 고개를 저었다.

"그 일은 너무 피곤해. 차라리 계속 밭이나 갈겠네!"

그러자 경주마가 말했다.

"나와 같이 경마장으로 가세. 열심히 땀만 흘린다면 명예와 영광이 자네를 늘 따라다닐 거야!"

하지만 백마는 여전히 탐탁지 않은 듯 말했다.

"경주는 스트레스를 너무 많이 받지 않는가. 난 못 견딜 것 같네."

결국 모든 말이 이구동성으로 외쳤다.

"백락이 다시 나타난대도 자네는 절대 천리마가 되지 못할 걸세!"

모든 만물이 성장 과정 중에 아픔과 상처를 겪는다. 식물, 동물, 사람도 예외가 아니다. 살아 있는 것이라면 당연히 거치는 성장 수순인 것이다. 따스한 햇볕뿐만 아니라 차가운 밤과 서늘한 비가 있어야 온전하게 자랄 수 있다. 폭풍우를 거치지 않고 어찌 아름다운 무지개를 보겠는가? 일이 무조건 순조롭기만 하면 결국 아무것도 얻지 못하고 아무것도 이루지 못한다. 상처를 피하는 것은 성장하기를 거부하는 것이다.

아픔은
인생에서 가장 빛나는 열매다

신은 공평하다. 모든 고난에는 그만한 가치가 있다.
그래서 아픔이 많은 인생일수록 더욱 아름답다.

'아픔이 많을수록 인생이 아름다워진다'는 말을 믿는가? 10여 년 전 타이후[太湖]로 여행을 갔을 때 진주가 만들어지는 과정을 직접 보고 난 후부터 나는 이 말을 믿는다.

당시 나는 난생처음 실연을 겪고, 혼자 도망치듯 타이후로 여행을 떠났다. 타이후는 정말로 아름다웠다. 마치 널따란 대지 위에 놓인 커다란 거울 같았다. 그곳에 머물던 며칠 동안, 해가 질 때면 나는 호숫가에 앉아 석양을 바라봤다. 그렇게 앉아 있노라면 잔잔한 수면 위로 가끔씩 물고기들이 첨벙이는 소리가 들려 왔고 머리 위로는 시원한 바람이 불어 왔다.

그날도 여지없이 석양이 지는 호수를 바라보며 홀로 앉아 있는데, 그림자 하나가 내 곁으로 다가왔다.

"이보시오, 괜찮소?"

조용한 목소리였지만 나는 깜짝 놀라고 말았다. 황급히 위를 올려다보니 노인이 나를 보고 인자하게 웃고 있었다. 나는 이내 긴장을 풀고 대답했다.

"그냥 호수를 감상하는 중이었어요. 마음 좀 가라앉히고 싶어서요."

노인은 미소를 머금은 채 말했다.

"기분 전환하러 왔나 보구려."

"네, 도시에서 산다는 게 워낙 스트레스 받는 일이잖아요."

사실, 나를 힘들게 하는 것은 도시의 삶이 아닌 도시에서 만난 사람과의 이별이었다. 거기까지 생각이 미치자 나도 모르게 눈시울이 붉어졌다.

노인이 담담한 어투로 말했다.

"나는 여기서 진주 양식을 하고 있소. 괜찮으면 와서 봐요. 원한다면 내 배를 같이 타고 호수를 한 바퀴 도는 것도 좋고……."

타이후가 진주 양식으로 유명하다는 사실은 전부터 알고 있었다. 워낙 진주를 좋아했던 나는 직접 진주를 키우는 모습을 볼 수 있다는 말에 홀린 듯 노인을 따라나섰다. 노인의 양식장은 호수 한가운데에 있었다. 수면 위로 나란히 묶여 있는 기다란 밧줄들마다 빈 병이 줄지어 대롱대롱 매달려 있었다.

배를 멈춘 노인이 내게 물었다.

"진주를 어떻게 기르는지 아시오?"

나는 당황해서 고개를 저었다. 노인은 손전등을 꺼내서 내게 주더니 잘 비추라고 했다. 그러고는 가장 가까이에 매달린 빈 병을 끌어올렸다. 곧 그물주머니 같은 것이 딸려 올라왔다. 그물주머니 안에는 큼직한 민물조개 몇 개가 들어 있었다. 노인은 주머니를 열고 민물조개 두 개를 꺼내어 바닥에 내려놓았다.

"잠시만 기다리시오. 진주가 어떻게 만들어지는지 곧 보여주리다."

배를 돌려 호숫가로 나온 뒤, 우리는 근처의 작은 정자로 갔다. 노인은 손가방에서 기다랗고 날카로운 칼로 민물조개를 열었다. 손전등 불빛에 의지해 들여다본 조개의 안쪽에서 나는 찬란하게 빛나는 세계를 보았다. 조개의 하얀 속살 속에서 반짝이는 진주 몇 개가 그 모습을 드러낸 것이다!

나는 조심스레 손을 뻗어 그중에서도 큰 진주 몇 개를 집어 들고 자세히 살펴봤다. 나는 다시 조개의 속살 가장 깊은 곳에 파묻힌 진주를 꺼내려고 했다. 그런데 다른 진주와 달리 그 진주는 조개껍데기에 단단히 붙어 있어서 좀처럼 떨어지지 않았다.

"이 진주들은 어떻게 생긴 것인가요?"

"진주가 생기려면 먼저 진주핵이 필요하오. 조개껍데기로 만든 핵을 다른 조개에서 잘라낸 외투막의 작은 조각과 함께 조개 안에 심으면, 조개가 알아서 진주질을 분비해서 그 핵을 감싼다오. 그렇게 만들어지는 것이 바로 진주라오."

노인의 설명을 듣고 난 후에도 나는 좀처럼 믿을 수가 없었다. 그토록 찬란하고 아름답게 빛나는 진주가 사실은 다른 조개의 일부분이 들어와서 생긴 것이라니! 진주를 만들어내기까지 민물조개는 대체 얼마나 많은 아픔과 고통을 겪어야 한단 말인가?

그 순간, 나는 마침내 깨달았다. 한 번도 아파보지 않은 조개는 아름답게 빛나는 진주를 품을 수 없다는 사실을! 마찬가지로 한 번도 아파보지 않은 사람은 인생에서 가장 찬란하게 빛나는 열매를 얻을 수 없다는 사실을! 그 며칠 동안 석양이 지는 호숫가에 앉아 내가 끊임없이 물었던 질문에 대한 답이 바로 그것이었다.

깨달음의 짧은 순간이 지나고, 나는 눈물을 쏟았다. 그토록 오랫동안 찾아왔던 인생의 방향을 고통과 고난 속에서 발견했기 때문이다.

나는 과거에 겪었던 모든 고통으로 인해 무한한 기쁨을 느꼈다. 그리고 내가 겪었던 그 고통 덕분에 멀지 않은 미래에 아름답고 커다란 진주를 빚어낼 수 있으리라고 확신했다. 고통 덕에 나는 진정으로 성장했다. 또한 나를 아프고 힘들게 하는 모든 사람이 사실은 더 나은 인생을 살도록 도와주고 있다는 사실을 절감했다.

그래서 나는 모든 사람에게 감사한다. 나에게 상처를 줌으로써 인생의 교훈을 남기고 떠난 매정한 옛 연인에게도 진정으로 감사한다.

한 번도 아파보지 않은 조개는 아름답게 빛나는 진주를 품을 수 없다.
한 번도 아파보지 않은 사람은
인생에서 가장 찬란하게 빛나는 열매를 얻을 수 없다.

미움보다
관용을 베풀어야 하는 이유

지혜로운 사람은 끝까지 참고 주변 사람을 용서함으로써
자기 자신을 더욱 강인하게 만들 줄 안다.

한 젊은 화가가 있었다. 그는 수없이 좌절을 겪은 끝에 겨우 일자리를 구했다. 그러나 작업 환경이 극도로 열악했다. 버려진 차고에서 그림을 그려야 했던 것이다. 깊은 밤이 되면 여기저기서 작은 쥐들이 찍찍거리며 나타날 정도였다. 하지만 그는 쥐들을 싫어하지 않았다. 오히려 쥐가 책상 위로 올라와서 돌아다니는 모습을 통해 혼자가 아니라는 긍정적인 생각을 했다.

얼마 후, 화가는 할리우드에서 동물을 주제로 한 만화영화를 만들 기회를 잡았다. 일생일대의 기회였지만, 처음에는 좀처럼 작업 속도가 나지 않았다. 무엇을 그려야 할지 도통 아이디어가 떠오르지 않았기 때문이다. 그러던 어느 날, 그는 마침내 예전에 자신의 책상 위에서 춤을 추던 작은 쥐를 떠올렸다. 그 순간 엄청난 영감이 그를 강타했고, 그는 마치 홀린 듯 빠른 속도로 작업을 완성했다.

이 젊은 화가가 바로 월트 디즈니다. 그가 쥐에서 영감을 받아 만든

캐릭터가 다름 아닌 '미키마우스'다.

월트 디즈니는 쥐를 보고 기발한 영감을 떠올렸다. 그러나 모든 사람이 그와 같은 상황에서 영감을 떠올릴 수 있는 것은 아니다. 아마 대다수는 그런 환경에 처한 자신을 책망하면서 쥐를 때려잡거나 불평불만을 퍼붓는 데 열중할 것이다.

3개월 전, 남편을 따라 멀리 타 지역으로 이사를 간 친구와 온라인상에서 우연히 대화를 나누게 됐다. 그런데 친구의 어투가 심상치 않았다. 인생에 대한 불신, 원망, 슬픔, 괴로움이 말 마디마다 뿜어져 나왔던 것이다. 무슨 일이 있느냐고 묻자 친구는 그제야 남편이 회사 여직원과 바람이 났고, 결국 이혼하게 됐다고 털어놨다. 가정도 깨지고 마음도 깨진 그녀는 정신적 고통과 불안에 시달린 나머지 가끔 칼로 사람을 찌르고 싶은 충동마저 느낀다고 했다.

나는 그녀와 함께 아파하면서 한밤중까지 이야기를 나눴다. 그리고 작별 인사를 하기 전, 친구로서 그녀에게 진심어린 조언을 했다. 부디 과거의 아픔은 잊고, 이제 오로지 자신을 돌보며 살라고 말이다. 말라비틀어진 꽃은 바람결에 날려버려야 하는 것이며, 이 아픔을 발판 삼아 인생을 다시금 새롭게 만들어가라는 말도 덧붙였다.

아주 먼 옛날부터 지금까지 수많은 생명이 먼지 가득한 이 세상에 살다 갔지만, 그중 단 한 번도 상처받지 않거나 넘어지지 않은 것은 없다. 노자는 때를 잘못 만나 자신의 능력을 인정받지 못하는 아픔을 겪었고, 공자는 나라도 없이 황무지를 떠돌며 목숨의 위협을 받는 일이 있었으며, 손빈은 무릎 아래를 잘라내는 형벌을 받았고, 사마천은 궁형이라는 치욕을 입었다. 경극 〈진설매(秦雪梅)〉의 주인공 진설매는 하나뿐인 낭군을 잃고 스스로 목숨을 끊기 직전, 눈물 흘리며 이렇게 노래한다.

옛 선인과 현인 중 유리방황하지 않은 자가 어디 있으며, 큰 영웅 중 고난과 역경을 겪지 않은 자가 어디 있는가? 이들은 모두 당신처럼 목숨을 잃었으니, 이제 누가 풍성한 공과 위대한 업적을 이루겠는가?

그렇다. 선인도, 현인도, 영웅도 다 상처투성이의 인생을 살다 갔는데 과연 누가 상처와 고통을 피할 수 있겠는가?

인생은 수많은 욕망 속에서 이리저리 부딪히는 과정이다. 그 충돌의 결과에는 많든 적든 항상 상처가 있을 수밖에 없다. 그래서 이 세상에 태어난 이상, 사람은 누구나 상처를 입게 마련이다. 그러나 상처라는 이름의 무정한 화살이 우리를 향해 날아올 때, 그 화살을 맞고 원망 중에 쓰러질지, 아니면 관용으로 화살을 품고 더욱 강해질지는 우리 자신의 선택에 달려 있다.

마음은 한없이 약해 보이지만 어떻게 쓰느냐에 따라 한없이 강해지기도 한다. 긍정의 마음을 끝까지 유지하면 어느새 습관이 되고, 습관은 곧 생활방식이 된다. '행동이 습관을 만들고, 습관이 성격을 만들며, 성격이 운명을 만든다'는 말도 있지 않은가. 시간은 반드시 무한한 힘을 발휘하게 마련이다.

지금 나의 마음가짐이 어떠하냐에 따라 행동이 달라지고, 행동에 따라 생활이 변하며, 생활에 따라 운명이 변한다는 사실을 잊지 말자.

4

보이지 않는다고
존재하지 않는 것은 아니다

매일 시끄러운 자명종 소리에 눈을 뜬다는 것은 내가 아직 살아 있다는 뜻이고,
옷이 갈수록 끼는 것은 내가 아주 잘 먹고 산다는 뜻이며,
내가 하는 일에 그림자가 낀다는 것은 평소 밝은 햇빛 아래 있다는 뜻이다.

벌써 며칠째, 혜능은 홀로 경내에 앉아 있었다. 그의 속내를 잘 아는 스승은 그런 그에게 아무 말도 하지 않았다. 대신 그를 이끌고 절 문을 나섰다.

바깥세상에는 봄이 한창이었다. 눈길 닿는 곳마다 신선한 봄기운이 완연했고, 연초록빛의 새싹이 힘차게 움트고 있었다. 맑고 깨끗한 공기 속에 새들의 아름다운 노랫소리가 울려 퍼지고, 시냇물이 졸졸거리며 흐르는 소리 또한 귀를 즐겁게 했다.

하지만 아름다운 풍경에도 혜능은 저도 모르게 한숨만 나왔다. 그는 몰래 스승의 모습을 훔쳐봤다. 스승은 마침 산마루에서 참선을 하고 있었다. 혜능은 조금 우울해졌다. 대체 스승님이 무슨 생각을 하고 있는지 알 수 없었기 때문이다.

오전이 다 지나고, 스승이 비로소 몸을 일으켰다. 그리고 여전히 아무 말 없이 손짓만으로 혜능을 불러서 함께 절로 돌아갔다.

막 문턱을 넘어서려는데, 스승이 갑자기 한 걸음 먼저 들어가더니 혜능을 밖에 남겨둔 채 문을 닫아버렸다. 스승의 뜻을 이해할 수 없었던 혜능은 순간 당황했지만, 이내 잠자코 문 앞에 앉아 있기로 했다. 새소리와 물소리도 들리지 않았다.

그때, 스승이 문 안쪽에서 큰 소리로 혜능의 이름을 부르며 들어오라고 했다.

혜능이 들어가자 스승이 그에게 물었다.

"바깥은 어떠하더냐?"

"깜깜합니다."

"또 무엇이 있더냐?"

"아무것도 없었습니다."

그러자 스승이 고개를 저었다.

"아니지. 바깥에는 맑은 바람, 푸른 들, 꽃과 나무, 풀, 작은 계곡 등 모든 것이 있다."

그 순간, 혜능은 큰 깨달음을 얻었다. 그리고 자신을 위한 스승의 마음도 깨달았다.

일반적으로 사람들은 큰 좌절을 겪었을 때 마치 세상이 끝나고 온통 어두워진 듯한 느낌에 휩싸인다. 빛 한 줄기 보이지 않는 완전한 어둠에 빠진 것처럼 말이다. 하지만 눈앞이 캄캄해서 아무것도 보이지 않을 때도 세상은 여전히 아름다운 것들로 가득하다. 다만, 슬픔과 절망에 빠져 그것을 보지 못할 뿐이다. 내가 사랑에 빠져 있든 미움에 사로잡혀 있든, 바다는 여전히 파랗고 들은 여전히 푸르며 꽃은 여전히 아름답고 별과 달도 여전히 아무 일 없이 뜨고 진다. 내가 슬프다고 해서 그것들이 빛을 잃거나, 내가 기쁘다고 해서 그것들이 더욱 빛을 발하는 일은 없다. 그럼에도 그것들이 어두워 보이는 이유는 순전히 내 생각 때문이다. 실의에 빠진 마음이 나의 작은 세계를 마치 온 우주인 것처럼 착각하게 만드는 것이다.

울타리 밖에 서서 닭 두 마리가 먹이를 놓고 피 터지도록 싸우는 모습을 본다면 당신은 무슨 생각을 하겠는가? 수탉 한 마리가 닭장에서 몇 차례 크게 울고는 마치 자신이 세상에서 가장 잘난 것처럼 우쭐대는 모습을 본다면 당신은 무슨 생각을 하겠는가? 나지막한 담장을 푸드덕 날아 뛰어넘고는 자신을 독수리로 착각하는 닭을 본다면 또 무슨 생각을 하겠는가? 아마 그것의 좁디좁은 시야에 조소를 날릴 것이다. 그런데 생각해보았는가? 우리가 스스로 만든 세상에 갇혀서 죽네 사네 할 때, 우리보다 더 높은 존재가 닭처럼 우리의 어리석음을 비웃고 있을지도 모른다는 사실을!

chapter 2
습관

1

유혹에
약함

사람은 귀로, 혹은 눈으로 연애를 한다.
상처는 사랑 그 자체가 아닌, 욕심 때문에 생긴다.

한 여자가 있었다. 가정 형편도 넉넉했고 남편 역시 그녀를 끔찍하게 아꼈다. 그야말로 그녀는 무엇 하나 부족한 것이 없었다.

그러던 어느 날, 그녀는 한 젊은 남자를 알게 됐다. 남자는 온갖 감언이설로 그녀의 마음을 설레게 했고, 결국 두 사람은 잘못된 관계를 맺고 말았다.

떳떳지 못한 사랑이 한창 불탈 무렵, 남자가 여자에게 말했다.

"이렇게 몰래 사랑하는 것은 너무 고통스러워. 차라리 우리 여기를 떠나 새로운 곳에서 우리만의 가정을 꾸리자!"

여자는 두말없이 남자의 제안에 따랐다. 그리고 남편이 집을 비운 틈을 타 온갖 값진 물건을 챙겨서 남자가 기다리고 있는 나루터로 향했다.

드디어 만난 두 사람은 뜨거운 포옹을 나눴다. 남자가 여자에게 말했다.

"먼저 물건들을 나에게 줘. 일단 그것들을 안전한 곳에 숨겨놓고 나서 당신을 데리러 올게. 혹시 당신 남편과 마주치기라도 하면 곤란하잖아?"

남자의 말이 옳다고 생각한 여자는 물건들을 남자에게 건넸다. 이윽고 남자는 배를 타고 떠났고, 여자는 그 자리에서 그를 기다리기 시작했다.

하루, 이틀, 사흘이 지났지만 남자는 돌아오지 않았다. 여자는 나루터에서 흐르는 강물만 하염없이 바라봤다. 춥고 배가 고팠지만 집에 돌아갈 생각은 감히 하지 못했다. 그야말로 사면초가의 상황이었다.

그때, 저 멀리 숲에서 늑대가 새를 쫓아 뛰어나왔다. 날개가 불편한 듯 제대로 날지 못하는 새가 늑대에게서 멀어지기 위해 필사적으로 날갯짓을 치고 있었다.

새를 쫓아 강가까지 온 늑대가 막 새를 잡으려는 찰나, 강에서 커다란 물고기 한 마리가 튀어 올랐다. 순간 늑대는 새를 포기하고 물고기를 물려고 했다. 하지만 물고기는 강 속으로 도망쳐버렸고, 새 역시 멀리 날아가버렸다.

여자는 그 모습을 보고 피식 웃으며 말했다.

"정말 바보 같은 늑대로구나. 거의 다 잡은 것이나 다름없는 먹잇감을 눈앞에 뒀으면서 그것을 포기하고 엉뚱하게 물고기를 물려고 하다니! 결국 새도, 물고기도 놓치고 말았잖아? 정말 어리석어!"

그러자 늑대가 그녀를 쩨려보며 말했다.

"내가 어리석다고? 이봐, 나는 겨우 한 끼 식사를 망쳤을 뿐이야. 하지만 당신을 봐. 당신은 인생 전체를 망쳤잖아!"

그제야 여자는 잠에서 깨어난 듯 황망하게 중얼거렸다.

"세상에! 그딴 남자를 위해 나를 사랑해주는 남편과 안정적인 가정을 버리다니! 쓸데없는 욕심을 부리다가 나 스스로 내 인생을 망쳐버렸구나!"

살면서 단 한 번도 유혹의 손길을 느껴보지 못한 여자가 과연 얼마나 되겠는가? 아마 크든 작든, 누구나 한번쯤은 달콤한 감언이설의 유혹을 받아봤을 것이다.

여자는 귀로 사랑을 한다. 만약 어떤 남자가 진심이야 어쨌든 매일 나에게 "사랑한다"고 말해준다면, 나는 한 달 만에 마음이 약해질지도 모른다. 그리고 어쩌면 두 달 정도 지난 후에는 철저하게 그 남자에게 넘어갈지도 모른다. 물론 냉철하고 이성적인 물병자리로서, 그리고 어느 정도 인생의 맛을 아는 성숙한 여자로서 나는 그런 일이 벌어지도록 허락하지 않는다. 다만, 인간의 본성이 그만큼 약할 수도 있다는 점을 말하고 싶은 것이다.

사람의 마음은 욕심에 따라 흔들리기 쉽다. 그러나 잠깐의 쾌락이 영원히 나 자신을 망칠 수 있다는 사실을 절대 잊어서는 안 된다.

살다 보면 때로는 거부하기 힘든 유혹이 찾아오기도 한다. 그러나 그럴 때마다 내 마음을 좀먹는 욕심의 실체를 파악하고, 바른 생각으로 그것을 이겨내야 한다. 그래야 한순간의 실수로 평생의 후회를 남기는 일을 피할 수 있다.

2

부정적 생각에
얽매임

중국계 미국인이자 저명한 심리학자인 리슈신[李恕信]은 자신의 저서 『멋진 엄마』에서 짤막하지만 감동적인 이야기 두 편을 소개했다.

한 소녀가 창턱에 엎드려서 창밖을 바라보고 있었다. 마침 밖에는 소녀가 아끼던 강아지의 장례식이 치러지고 있었다. 소녀는 주체할 수 없는 슬픔에 휩싸여 한없이 눈물만 흘렸다. 그런데 그 모습을 본 할아버지가 황급히 소녀를 다른 창문으로 이끌었다. 그 창문 밖에는 할아버지가 평소 심혈을 기울여 가꾼 장미 정원이 있었다. 아름다운 장미를 보고 향기로운 꽃향기를 맡는 동안 소녀는 조금씩 슬픔을 잊고 다시금 원래의 명랑한 모습을 회복했다.
할아버지는 손녀의 머리를 쓰다듬으며 다정하게 말했다.
"얘야, 너는 잘못된 창문을 열었던 거란다."

쾌활하고 활동적이던 소녀가 빙판에서 넘어지는 바람에 다리가 부러졌다. 병원에 입원한 소녀는 다리에 깁스를 한 채 꼼짝없이 침대에 누워서 지내게 됐다. 어찌나 지루하고 우울한지, 가만히 있어도 저절로 눈물이 흐를 정도였다. 소녀는 어느 노부인과 같은 병실을 썼는데, 노부인의 침대는 창문 바로 곁에 있었다. 노부인은 건강을 거의 다 회복한 상태였기 때문에 하루의 대부분을 침대에 앉아 창밖의 경치를 바라보며 보냈다.

소녀 역시 노부인처럼 창밖의 세상을 보고 싶어 안달이 났다. 하지만 부러진 다리를 천장에 고정해놓은 탓에 앉을 수가 없었다. 게다가 소녀의 침대와 창문과의 거리도 멀었다. 노부인이 창밖을 보며 미소 지을 때마다 소녀는 부러움에 어쩔 줄을 몰라 했다. 그러던 어느 날, 결국 소녀는 참지 못하고 노부인에게 말을 걸었다.

"지금 무엇을 보고 계세요? 괜찮으시다면 제게 말씀해주실 수 있나요?"

노부인은 흔쾌히 대답했다.

"그럼, 물론이지!"

그날 이후, 노부인은 매일 소녀에게 창밖의 풍경과 그곳에서 벌어지는 일들을 생생하게 들려줬다. 소녀는 노부인의 이야기를 들으며 상상의 나래를 펼쳤다. 그러자 어느새 소녀의 마음을 어둡게 덮고 있던 먹구름은 흔적도 없이 사라졌다.

한 달 후, 노부인이 퇴원했다. 소녀는 의사에게 부탁해 창가의 침대로 자리를 옮겼다. 소녀는 힘겹게 몸을 일으키고 고개를 길게 빼어 창밖을 바라봤다. 기대감에 가득 차 있던 소녀는 깜짝 놀랐다. 창밖에는 칙칙한 벽뿐이었다! 그제야 소녀는 노부인이 자신을 위해 거짓말을 했다는 사실을 깨달았다.

그러나 소녀는 조금도 실망하지 않고, 오히려 밝게 웃었다. 비록 창밖에는 아무것도 없었지만 노부인 덕에 마음의 창이 열렸기 때문이다. 그날 이후, 소녀는 슬프거나 좌절할 때마다 그때 그 친절했던 노부인을 떠올리고, 노부인이 말해준 창밖의 아름다운 풍경을 떠올리며 새로운 힘을 얻었다.

우리는 살면서 얼마나 많은 순간을 '잘못된 창문'을 열어 슬퍼하고 괴로워했던가.

괴롭고 질식할 것 같은 위기의 순간에는 희망과 기쁨으로 가득한 창문을 열어주는 누군가의 도움이 필요하다. 사실, 그 도우미는 다름 아닌 바로 나 자신의 마음이다. 무엇을 볼지, 어디를 향할지는 모두 나의 손에 달려 있기 때문이다. 그러니 부정적인 생각에 얽매여서 스스로를 궁지로 몰아넣지 말라. 아픔과 상처에서 눈을 돌리고 긍정과 희망의 창문을 열 때, 비로소 인생의 아름다운 풍경을 보게 될 것이다.

사람의 마음은 욕심에 따라 흔들리기 쉽다.

그러나 잠깐의 쾌락이 영원히 나 자신을 망칠 수 있다는 사실을

절대 잊어서는 안 된다.

3

오랫동안
마음에 담아둠

"사랑이란 그런 거지. 네가 날 찌르고, 나도 널 찌르고, 네가 날 또 찌르고, 나도 널 또 찌르고……. 서로의 몸에 상처가 얼마나 생기든, 결국 비슷하기만 하면 되는 거야."

얼핏 들으면 말도 안 되는 소리 같지만 곰곰이 생각해보면 상당히 일리가 있는 말이다. 사람들이 옛 연인을 잊지 못하는 대부분의 이유는 아직도 사랑해서가 아니라 상대방에게 수없이 찔리고 상처 입은 만큼 마음에 미움과 원망이 쌓여 있기 때문이다. 사실, 이러한 감정은 쉽게 해결되지 않는다. 그래서 다 잊은 듯, 괜찮은 듯 살다가도 갑자기 옛 기억이 떠오르면 다시금 마음의 평안을 잃고 분노에 떨며 괴로워한다.

남미에는 동물의 피를 빨아먹고 사는 흡혈박쥐가 산다. 이들은 몸집이 아주 작지만 여러 동물, 특히 야생마의 천적이다. 흡혈박쥐는 주로 야생마의 넓적다리에 들러붙어서 날카로운 이빨을 박아 넣고 피를 빨아먹는다. 야생마가 아무리 날뛰고 미친 듯 달려도 흡혈박쥐는 절대 떨어지지 않는다. 오히려 뻔뻔하게 배부를 때까지 한참 피를 빨아먹고 난 뒤에야 비로소 유유히 날아간다. 그리고 뒤에 남겨진 야생마는 분노에 몸을 떨며 미친 듯이 달리다가 결국 고통 속에 피를 흘리며 죽어가기 일쑤다.

사실, 흡혈박쥐가 빨아먹는 피의 양은 아주 미미해서 야생마의 생명을 위협할 정도는 아니라고 한다. 그런데 왜 야생마는 목숨을 잃는 것일까? 이에 대해 전문가들은 그 이유를 쉽게 화를 내고 미친 듯 질주하는 야생마 본연의 성격에서 찾는다.

그런데 가만히 생각해보면 야생마의 모습과 우리의 모습이 가엾을 정도로 닮아 있다. 실제로 사람들을 보라. 도저히 극복할 수 없을 만큼 엄청난 상처나 끔찍한 재앙 때문이 아니라 자기 마음속에 일어나는 분노를 삭이지 못해 인생을 망치는 경우가 훨씬 많지 않은가!

내 인생의 방향을 결정하는 것은 언제나 나 자신이다. 타인은 나의 생사와 화복을 결정할 수 없다. 누군가 당신에게 상처를 준다 해도 그것을 지나치게 확대 해석하거나 모든 신경을 상처에 쏟지 말라. 이는 결국 나 자신을 스스로 망치는 일이다.

chapter 3
해답

한 걸음씩 걷고
조금씩 버려라

화는 입에서 나가고 상처는 귀로 들어온다. 그런가 하면 어떤 일들은 차라리 모르는 것이 약이 될 때가 있다. 나 자신을 보호하기 위해 때때로 우리는 입과 귀를 단속해야 한다. 말하지 말아야 할 것은 말하지 않고, 듣지 말아야 할 것은 듣지 말라는 뜻이다. 현명하고 고매한 철학자 역시 이런 방법으로 자기 자신을 지켰다.

어느 날, 한 남자가 철학자를 찾아와 다급한 어조로 말했다.
"꼭 알려드려야 할 소식이 있어서 왔습니다만……."
"잠깐만요."
철학자는 그의 말을 끊으며 물었다.
"지금 말하려는 소식은 세 가지 체에 거른 것입니까?"
"세 가지 체라니요? 그게 무엇입니까?"
당황한 남자가 되물었다.

"첫 번째 체는 바로 진실입니다. 지금 나에게 말하려는 소식은 진실이 맞습니까?"

"모르겠습니다. 저도 길에서 우연히 들었습니다."

"그럼 두 번째 체로 걸러야겠군요. 지금 나에게 말하려는 소식이 진실이 아니라면, 적어도 선의에서 우러난 것이어야 합니다. 그렇습니까?"

남자는 주저하며 대답했다.

"아니요. 사실은 정반대입니다만……."

철학자는 다시 한 번 그의 말을 끊었다.

"그렇다면 세 번째 체를 써보죠. 묻겠습니다. 지금 당신을 흥분하게 만든 그 소식이 정말로 그토록 중요한 것입니까?"

남자는 부끄러운 기색으로 말했다.

"아니요. 그다지 중요하지 않습니다."

철학자가 말했다.

"그 소식이 진실도 아니고, 선의에서 우러난 것도 아니며, 더구나 중요하지도 않다면 부탁건대 나에게 말씀하지 말아주십시오! 그러면 당신과 나 사이에 아무런 문제도 생기지 않을 것입니다."

우리 역시 이야기 속의 남자처럼 자신에게도, 남에게도 좋을 것이 전혀 없는 소식을 말하고 싶어서 입이 근질거릴 때가 많다. 이런 경우, 먼저 '진실, 선의, 중요함'의 세 가지 체로 자신이 하려던 말을 거른다면 그중 많은 수가 근본적으로 쓸데없고 굳이 말할 이유도 없는 것임을 깨닫게 될 것이다.

말은 양날의 검이다. 신이 나서 누군가에게 비밀을 말하거나 혹은 듣고 있을 때, 사실 우리는 자신도 모르게 상처를 주고 또 받는다. 다만, 그것을 자각하지 못할 뿐이다. 그래서 무엇보다 나 자신의 입과 귀를 단속할 줄 알아야 한다. 자기 입과 귀를 단속할 줄 알아야만 자기 삶도 제대로 관리할 수 있다.

덕망이 높고 훌륭한 노선사에게 가르침을 받기 위해 그를 찾는 사람만도 매년 수천 명에 이를 정도다.

그날도 사원 안에는 수십 명이 몰려 있었다. 그들은 모두 마음속에 고통과 상처가 가득한 사람들이었는데, 하나같이 노선사에게 마음속의 원한을 없앨 방법을 구하기 위해 온 것이었다.

노선사는 그들의 이야기를 하나하나 들은 후, 빙긋이 미소를 지으며 말했다.

"제 방에 가면 철로 만든 원반 한 무더기가 있습니다. 지금부터 각자 미워하는 사람의 이름을 하나씩 종이에 써서 원반에 붙인 후, 그것을 짊어지도록 하십시오."

사람들은 어리둥절해하면서도 노선사가 시키는 대로 했다. 원한이 적은 사람은 원반 몇 개만 짊어지면 됐지만, 원한이 많은 사람은 열 몇 개가 넘는 원반을 짊어져야 했다. 심지어 수십 개를 짊어진 사람도 있었다. 원반 하나의 무게가 1킬로그램이었기 때문에 수십 개를 등에 짊어진 사람은 그야말로 원반에 짓눌려 쓰러질 지경이었다.

그중 한 사람이 원반의 무게를 견디다 못해 외쳤다.

"선사님! 잠깐 이 원반을 내려놓고 쉬어도 됩니까?"

노선사가 온화하게 웃으며 말했다.

"다들 힘들지요? 지금 등에 짊어진 원반이 바로 각자의 마음속에 쌓아놓은 원한입니다. 여러분은 자신의 원한을 내려놓은 적이 있습니까?"

사람들은 저도 모르게 노선사를 원망하며 투덜대기 시작했다.

"고통을 덜어달라고 왔는데 오히려 벌을 주다니! 덕망이 높은 선사라고 하더니만, 이게 덕망이 높은 사람이 할 짓인가?"

노선사는 사람들이 투덜대는 소리를 듣고도 전혀 화를 내지 않고 웃으며 말했다.

"여러분은 원반을 지게 한 나를 점점 더 미워하고 있군요. 여러분의 원한이 얼마나 큰지 알겠습니다. 하지만 나를 미워할수록 나는 여러분에게 더 오랫동안 원반을 지고 있게 할 것입니다."

한 사람이 참지 못하고 고함을 질렀다.

"우리를 애먹일 방법으로 이런 것을 선택했나 본데, 나는 더 이상 못하겠소이다!"

그런 뒤 그는 가차 없이 등에 진 원반을 내려놓았다. 몇몇 사람도 그를 따라 원반을 내려놓았다. 하지만 노선사는 아무 말도 하지 않고, 오히려 웃음을 지었다. 마침내 대부분의 사람이 무게를 참지 못하고 눈치를 보며 짊어지고 있던 것 중 일부를 슬쩍 내려놓기 시작했다. 그러자 노선사가 그들을 향해 말했다.

"모두 많이 피곤할 텐데 이제 그만 다 내려놓으시지요!"

계속 버티었던 사람들은 그 말만을 기다렸다는 듯 단숨에 원반을 내려놓고 땅에 주저앉아 숨을 몰아쉬었다.

노선사가 말을 이었다.

"아마 지금 기분이 굉장히 편하고 가뿐하실 겁니다. 그렇죠? 여러분이 마음에 품고 있는 원한은 바로 그 원반과 같습니다. 그렇기에 그것을 짊어지고 있는 한 영원히 고통에서 벗어날 수 없습니다. 그러나 만약 지금 원반을 내려놓은 것처럼 자신의 원한도 내려놓는다면 인생의 무거운 짐과 고통에서 완전히 해방될 것입니다!"

사람들은 그제야 서로를 바라보며 웃었다. 그리고 각자 깊은 한숨을 토해냈다. 노선사의 말이 이어졌다.

"잠깐 원반을 지고 있는 것도 이렇게 힘든데, 그 무거운 원한을 평생 짊어지고 가야겠습니까? 혹시 지금도 마음속에 원한이 남아 있습니까?"

그러자 모두 웃으며 대답했다.

"아니요! 이젠 남아 있지 않습니다. 선사님의 방법은 정말 대단합니다. 이제 더 이상 원한을 품고 싶지도, 품을 엄두도 나지 않습니다!"

노선사가 웃으며 말했다.

"원한은 무거운 짐입니다. 만약 내 마음속의 원한을 버리지 않는다면 남을 용서할 수 없습니다. 게다가 원한은 품고 있는 것 자체만으로도 나 자신을 고통스럽게 만듭니다! 그래서 미워하는 사람이 많을수록 삶이 더욱 괴롭고 힘들어지는 것입니다. 그러나 마음에 한 점 원한도 없는 사람은 언제나 행복하게 살 수 있습니다."

귀한 깨달음을 얻은 사람들의 얼굴이 환하게 빛났다.

인생은 때때로 우리를 힘들게 한다. 그래서 살다 보면 어쩔 수 없이 경제적으로 손해를 입기도 하고, 기회를 놓치기도 하며, 사랑을 잃기도 한다. 그것이 원한으로 쌓인다. 살면서 원한다고 무조건 얻을 수는 없기에 우리는 포기하는 법도 배워야 한다.

인생은 한 걸음씩 걸어가며 길을 만들고, 짊어진 원한 등의 짐을 조금씩 버려가며 깊이를 더해가는 과정이다. 만약 이런 인생을 살아간다면 길은 갈수록 길어질 것이며 마음은 갈수록 맑아질 것이다.

2

모든 문제를 해결하는
만능공식

펑샤오강[馮小剛] 감독의 영화 〈쉬즈 더 원〉을 보면 모든 다툼을 해결해준다는 장난감에 대한 이야기가 나온다. 전쟁이든 평화든 돌로 만든 가위로 단번에 결정지을 수 있다는 것이다. 물론 이는 말도 안 되는 장난에 불과하다. 그러나 이 영화에 담긴 뜻이 얼마나 좋은가! 내면의 평화를 갈구하는 수많은 사람과 마찬가지로 나 역시 '모든 문제를 단번에 해결할 수 있는 정해진 공식이 있으면 얼마나 좋을까' 하는 생각을 늘 해왔다. 어떤 문제도 대입하기만 하면 간단히 해결되고, 고민도 사라지는 그런 공식 말이다.

노력은 배신하지 않는다고 했던가. 어쩌면 다음의 이야기가 우리에게 그 공식을 찾을 단초를 제공할지도 모르겠다.

젊은 시절에 이미 가정과 사업 모두 든든하게 기반을 잡아놓은 한 중년 남성이 있었다. 그야말로 무엇 하나 부러울 것이 없었지만 이상하게도 그는 인생이 공허하다는 생각을 떨칠 수가 없었다. 공허감이 깊어질수록 그는 점점 더 무력감에 빠졌고, 결국 정신과 의사를 찾아가기에 이르렀다.

의사는 그의 하소연을 들은 후 말했다.

"제가 약을 몇 가지 처방해드리겠습니다."

의사는 그에게 약 네 봉지를 건네며 당부했다.

"내일 아침 아홉 시까지 혼자 바닷가로 가십시오. 신문이나 잡지도 가져가지 마시고, 라디오를 들어도 안 됩니다. 바닷가에 도착하면 오전 아홉 시, 열두 시, 오후 세 시, 다섯 시에 맞춰서 약을 한 봉지씩 열어보십시오. 그러면 마음의 병이 나을 것입니다."

남자는 반신반의했지만 다음 날 의사가 시킨 대로 바닷가에 갔다. 정해진 시간보다 조금 일찍 도착한 그는 광활하고 상쾌한 아침 바다를 바라보며 잠시 산책을 했다. 그러자 마음이 조금 즐거워졌다.

아홉 시 정각, 남자는 첫 번째 약봉지를 열었다. 그런데 그 안에는 약 대신 다음과 같은 글이 적힌 종이가 들어 있었다.

'귀 기울여 들어보세요.'

남자는 모래사장에 앉아 귀를 기울이기 시작했다. 그러자 바람 소리, 파도 소리, 심지어 자신의 심장이 뛰는 소리도 들려왔다. 이처럼 느긋하게 혼자 앉아서 자연의 소리에 귀를 기울여본 것이 대체 몇 년 만인지……. 그는 마치 세례를 받는 듯한 느낌이 들었다.

열두 시가 되자 남자는 두 번째 약봉지를 열었다. 이번에는 '회상해보세요'라고 쓰인 종이가 나왔다. 남자는 아무 근심도 없었던 어린 시절을 떠올렸다. 그리고 청년이 되어 사업을 시작하며 고생했을 때와 부모가 된 기쁨을 처음 느꼈던 때를 회상했다. 그동안 스쳤던 사람들과 그들에게 받았던 도움, 호의, 우정도 생각했다. 그러자 따스한 기운이 그의 마음속에 천천히 번져갔다.

오후 세 시, 남자는 세 번째 약봉지를 열었다. 세 번째 종이에는 '당신의 동기를 점검해보세요'라고 쓰여 있었다. 남자는 자신이 처음 사업을 시작했을 때를 생각했다. 당시만 해도 그는 남에게 도움이 되고 싶다는 마음을 가지고 열심히 일했었다. 하지만 사업이 어느 정도 성공한 뒤에는 오로지 돈을 버는 것만이 목적이 되었고, 어느 순간 일하는 즐거움도 잊어버렸다. 그저 이익만을 생각하며 남의 사정은 안중에 두지 않았던 일들이 떠오르자 그는 그동안 자신이 얼마나 어리석었는지 뼈저리게 느꼈다.

서쪽 하늘에 노을이 지는 오후 다섯 시, 남자는 마지막 약봉지를 열었다. 그러자 '고민을 모래사장 위에 써보세요'라고 적힌 종이가 나왔다. 그는 바다와 가장 가까운 모래사장 위에 그를 괴롭히던 고민들을 써내려갔다. 잠시 후, 파도가 밀려오더니 그 고민들을 한순간에 지워버렸다. 파도가 지나간 자리는 마치 처음부터 그랬던 것처럼 평평했다. 그 모습을 보며 남자는 깊은 생각에 빠졌다.

다음 날 아침, 남자는 의사를 찾아가 고맙다고 말했다. 그러자 의사가 웃으며 대답했다.

"전에 뵈었을 때와 전혀 다른 사람이 되셨군요. 새로운 삶을 얻게 된 것을 축하합니다."

이야기 속 중년 남자의 모습이 낯익지 않은가? 우리 주변에서 흔히 볼 수 있는, 혹은 우리 자신의 모습이 아니던가?

의사가 제시한 네 가지 처방은 '귀 기울이기', '돌아보기', '나의 동기 점검하기', '고민을 모래사장 위에 쓰기'였다. 과연 이 처방은 남자에게 어떤 의미로 다가갔을까? 당신은 이 처방을 어떻게 이해하는가?

'나 자신'에게 귀 기울였던 때가 언제인가? 혹시 기억도 나지 않을 만큼 예전은 아닌가? 당신은 언제쯤 당신 자신의 삶을 돌아볼 것인가? 또 언제쯤 당신의 동기를 점검할 것인가? 지금 하고 있는 일을 처음 시작할 때 과연 어떤 마음을 가지고 있었는가? 당신의 고민은 무엇인가? 그 고민을 어떻게 해결하는가? 만약 해결하지 못했다면 대체 좋을 것 하나 없는 그 고민들을 왜 아직까지 끌어안고 있는가?

때로는 나 자신의 반대편에 서서 세상을 오래 산 현명한 노인처럼 스스로에게 위의 질문들을 던져보라. 아마 마음속 깊은 곳에 있던 상처가 조금씩 엷어지고 다시금 삶을 살아갈 기운이 생길 것이다. 그런 의미에서 보면 '귀 기울이기-돌아보기-나의 동기 점검하기-고민을 모래사장 위에 쓰기'는 그 자체로 모든 문제를 해결하는 공식이 될 수 있지 않을까?

3
마음을 감싸주는
음악으로 치유하라

음악에는 신비한 치유 효과와 진통 작용이 있다.

실제로 고혈압 환자에게는 모차르트의 '피아노 소나타'가, 신경쇠약증 환자에게는 브람스의 '헝가리 무곡 제5번'이 상당한 치료 효과를 발휘한다고 한다.

미국 하버드대학교 출신의 한 외과의사는 음악과 질병 간의 연관관계에 대해 다음과 같은 간단한 실험을 진행했다. 그는 먼저 수술 후 회복 중인 환자 열 명에게 이어폰을 줬다. 그리고 그중 다섯 명에게는 모차르트의 음악을 들려주고, 나머지 다섯 명에게는 아무런 음악도 들려주지 않았다. 실험 결과, 음악을 들은 다섯 명은 그렇지 않은 다섯 명에 비해 혈압이 안정적이었으며, 필요로 하는 진통제의 양도 훨씬 적었을 뿐만 아니라 스트레스 호르몬의 분비도 현저히 줄어들었다. 또한 진통 작용을 하는 뇌하수체 생장호르몬의 분비도 어느 정도 증가했다.

어느 해 겨울, 나는 아버지의 병환으로 인해 한 심장외과 전문의를 알게 되는 행운을 얻었다. 그는 의술이 뛰어났다. 하지만 그보다 나를 더 감동시킨 것은 다름 아닌 그의 치료방식이었다.

　내가 그를 처음 만난 것은 섣달 28일, 겨울답지 않게 영상 10도의 따뜻한 날씨와 은은한 햇살이 인상적인 오후였다. 깨끗하게 정리된 실내에는 따스한 황금빛이 가득했고 책상 위에는 예쁜 주황빛 커피 머신이 놓여 있었다. 여기에 푸른색의 관상용 아스파라거스가 편안한 분위기를 더했다. 또한 컴퓨터에서 흘러나오는 시크릿 가든의 '문 게이트'의 선율이 온 방을 은은하게 채우고 있었다. 그곳에서 쉰세 살의 그 전문의는 입가에 부드러운 미소를 띤 채 음악 속에 푹 빠져 있었다.

　그때까지 나는 그처럼 잘 정리되고 생동감 넘치며 고상한 분위기의 의사 집무실은 본 적이 없었다. 내가 아는 의사 집무실은 칙칙한 회색빛에 어수선한 경우가 더 많았기 때문이다. 게다가 온몸에서 마치 예술가 같은 느낌을 뿜어내는 심장외과 전문의는 더더욱 본 일이 없었다. 의사라면 대개 떨칠 수 없는 피로감으로 딱딱하게 굳은 얼굴을 하고 있지 않은가! 그러나 그는 휴가에서 방금 돌아온 사람처럼 편안하고 느긋한 얼굴이었다.

　대체 그를 이토록 편안하게 만든 것은 무엇일까? 그는 이것이 바로 음악의 힘이라고 말했다. 그 역시 다른 의사들과 마찬가지로 하루 24시간 일에 묶여 있는 처지이며, 바쁘기로 따지면 누구에게도 뒤지지 않았다. 하지만 같은 상황에서 어떤 사람은 부담을 이기지 못하고 무너지는 반면에 어떤 사람은 평정심을 유지하고 자신을 지키는 방법을 찾아낸다. 그는 음악에서 그 방법을 찾았다.

　그는 누구에게나 인생은 힘든 것이라고 생각한다. 하지만 생활 속에서 스스로 기쁨을 느낄 수 있는 일을 찾고 이를 통해 스트레스를 방

모래사장 위에 당신을 괴롭히던 고민들을 써내려가라.
잠시 후 ○○○가 그 고민들을 한순간에 지워버릴 것이다.

출한다면 얼마든지 행복할 수 있다고 믿는다. 또한 그는 정서적으로
대청소를 하는 것이 적당한 운동이나 식이 조절 못지않게 심장 건강에
긍정적 영향을 준다고 확신한다. 그가 '정서적 대청소'에 사용하는 도
구가 바로 음악이다.

  실제로 그는 스트레스에 오랫동안 시달린 나머지 심장에 문제가 생
긴 환자들을 자주 접한다. 심장은 신경계통의 통제를 받기 때문에 내
가 행복해야 심장도 행복하다. 그런데 사람을 행복하게 만드는 데 음
악만큼 좋은 것이 없다고 한다.

  그는 나에게 자신이 심장 건강을 위해 직접 만든 메뉴를 보여주었
다. 모차르트, 베토벤, 드보르자크의 음악부터 시크릿 가든 같은 뉴에
이지까지 다양한 음악이 그 메뉴에 있었다. 또한 그는 자신이 몸담고
있는 병원에서 개최한 음악대회에서 시원시원한 목소리로 직접 노래

를 불러 많은 사람을 놀라게 했던 일화를 들려줬다. 평상시에도 그는 휴대전화에 백여 곡이 넘는 음악을 담고 다니며 항상 그것들을 듣는다. 차 안에도 고전음악 CD를 몇십 장씩 마련해놓는다. 집에서는 훌륭한 음향장치를 갖추고 주말마다 아들과 함께 음악을 들으며 평화로운 시간을 보낸다고 한다. 그가 이 모든 것에 투자를 하는 이유는 단 하나, 바로 행복을 위해서다.

그는 말한다.

"사람마다 좋아하는 음식이 있듯, 좋아하는 음악도 있어야 합니다. 그래야 평생 음악을 즐길 수 있습니다."

한 연구자가 음악이 정서에 미치는 영향에 대해 실험을 했다. 그는 290곡을 골라서 약 2만 명을 대상으로 실험을 진행했는데, 그 결과 대부분의 청자가 음악으로 인한 정서 변화를 체험했다고 한다. 또한 정서 변화의 폭은 청자의 음악 감상 능력과 정비례를 이뤘다. 이처럼 음악은 인간의 생리 활동, 특히 정서 활동에 상당한 영향을 미친다. 그러므로 음악을 잘 이용한다면 신체 건강뿐만 아니라 정신 건강까지도 개선해 질병을 치료하고 건강을 증진하는 목적을 충분히 달성할 수 있다.

혹자의 말처럼 음악은 마음의 발코니다. 지금 마음이 우울한가? 그렇다면 음악을 켜고 발코니에서 따스한 햇살을 쬐며 한시름 놓아보면 어떨까?

자기최면하기
- 자연스럽게 생명력을 키우는 법을 배우라

남자에게 가장 큰 고민은 좋은 차와 집을 마련하는 것이 아니라 깊이 잠드는 것이다. 여자에게 가장 큰 사치는 사랑이 아니라 자연스레 눈을 뜰 때까지 편안히 잠자는 것이다. 결국 현대인이 갖고 있는 최대의 난제는 잘 사는 것이 아니라 잘 자는 것일지도 모른다. 그래서 우리 모두에게는 최면이 필요하다.

chapter 1
치유

1

수면을
관리하라

사람의 신체기관은 나름의 수면 규칙이 있다.
그것을 어길 경우, 자연히 문제가 뒤따른다.

"해가 뜨는 시간은 마음대로 정할 수 없지만 잠자리에서 일어나는
시간은 얼마든지 정할 수 있다."

위의 말은 우리에게 수면관리의 중요성을 일깨워준다.

사람은 전체 인생의 3분의 1을 잠으로 보낸다. 그런 만큼 양질의 수
면은 건강에 지대한 영향을 끼친다.

러시아의 생리학자 이반 파블로프는 똑같은 종의 원숭이 세 마리를
이용해 다음과 같은 실험을 했다. 그는 먼저 원숭이들을 각각 철로 만
든 우리에 넣었다. 그러고는 첫 번째 원숭이에게는 물 없이 먹이만 주
었고, 두 번째 원숭이에게는 물만 줬다. 세 번째 원숭이에게는 정해진
시간마다 먹이와 물을 모두 줬지만, 우리 안에 설치한 전자 벨을 끊임
없이 울리게 함으로써 잠을 못 자게 했다. 이 실험의 결과는 어땠을
까? 첫 번째 원숭이는 5일, 두 번째 원숭이는 7일을 버티고 죽었지만
잠을 자지 못한 원숭이는 겨우 3일 만에 죽고 말았다. 이 실험은 수면

의 중요성을 잘 보여준다. 물론 음식, 물, 수면 모두 인간과 동물에게 없어서는 안 될 요소지만 최소한 세 가지가 생명에 미치는 영향력이 다름을 입증했다. 그러니 양질의 삶을 원한다면 먹는 것과 마시는 것 못지않게 잘 자는 것에도 신경을 써야 한다.

수면은 피로를 없애고 신체의 건강한 생리적 기능을 유지하는 중요한 일이다. 그래서 새벽 다섯 시부터 저녁 아홉 시에는 활동을 해서 에너지를 생산하고, 저녁 아홉 시부터 새벽 다섯 시에는 세포분열에 에너지를 사용함으로써 새로운 세포를 만들어낸다. 저녁 아홉 시부터 새벽 다섯 시는 죽은 세포가 새로운 세포로 바뀌는 아주 중요한 시간인 것이다. 그러므로 이 시간에는 반드시 양질의 휴식과 수면을 취해야 한다. 그래야 신체와 정신의 리듬을 온전하게 유지할 수 있다. 밤에 잠을 잘 자는 아이가 그렇지 않은 아이보다 훨씬 건강하게 자라는 것도 모두 이 같은 이유 때문이다.

거듭 말하지만 잠을 자는 동안 낡은 세포가 새로운 세포로 교체된다. 잠을 제대로 자지 못하면 이러한 교체 작업이 제대로 이뤄지지 않는다. 낮 동안에 100만 개의 세포가 소실되고 밤에 겨우 50만 개의 세포만 생성된다면 어떻겠는가? 자연히 몸이 부실해지지 않겠는가? 만약 이런 상태가 오랫동안 지속된다면 건강에 적신호가 켜지는 것이 당연하다.

식물은 태양의 에너지를 흡수해서 밤에 성장한다. 사람도 식물처럼 밤에 세포가 분열한다. 온전히 숙면을 취하지 못하면 세포 생성 속도가 죽는 속도를 따라잡지 못해서 노화가 빨리 진행될뿐더러 질병에도 취약한 상태가 된다.

사람도 식물처럼 자연의 흐름에 맞춰 살아가야 한다. 해가 뜨면 일어나고, 해가 지면 잠자리에 들어야 한다. 대자연 앞에서 사람은 아무

것도 아니다. 자연의 법칙을 거스르는 것만큼 어리석은 짓이 어디 있겠는가! 한시라도 빨리 자연의 흐름에 순종하라. 그것이 건강한 삶을 만드는 비결이다.

　교통법규를 준수하지 않으면 사고가 날 확률이 커진다. 인체의 각 기관에도 나름의 법규가 있다. 그런데 우리가 이를 지키지 않으면 어떻게 되겠는가? 자연히 몸에 문제가 생길 수밖에 없다!

　구체적인 예를 들어보자. 밤 열한 시부터 새벽 세 시까지는 자축(子丑)시로, 간과 쓸개의 활동이 가장 활발해진다. 이때에는 반드시 누워서 잠을 자야 한다. 그래야 간과 쓸개에 피가 돌면서 자정 작용이 원활이 일어난다. 우리가 잠들어 있는 동안, 간은 독이 있는 나쁜 피를 걸러내고 새로운 피를 만든다. 이 과정이 잘 이뤄지면 결석이나 간염, 혹은 낭종 같은 병이 쉽게 생기지 않는다. 그러나 이 시간대에 깨어 있으면 위의 과정이 원활히 이루어지지 않을뿐더러 쓸개즙도 새로이 교환되지 않는다. 이런 상태가 계속되면 각종 질병에 취약해질 수밖에 없다. 그러니 되도록 저녁 열 시에는 잠자리에 들도록 하자. 그래야 열한 시쯤부터 숙면에 들어갈 수 있다.

　다음은 자축시에 우리 신체에서 일어나는 변화를 구체적으로 서술한 것이다.

자시(子時, 23시~1시)와 축시(丑時, 1시~3시)에 수면하라

　사실, 새로운 하루의 시작은 0시가 아닌 23시다. 십이경맥의 하나인 담경(膽經)이 23시에 열리기 때문이다. 그런데 이 시간에 잠을 자지 않는다면 담기(膽氣)를 크게 해치게 된다. 담, 즉 쓸개는 오장육부의 건강과 직접적 관련이 있기 때문에 담기가 상하면 온 장기의 기능은 물론 대사력과 면역력도 크게 떨어진다. 게다가 담기는 중추신경을 떠받치는 역할도 하기에 담기가 약해지면 각종 정신적 질병에도 취약한 상태가 된다. 우울증, 정신분열증, 강박증, 과잉행동장애 등이 발생할 공산이 커지는 것이다.

앞서 말했듯이 이 시간대에 누워서 충분히 쉬지 않는다면 담즙의 교환이 잘 이뤄지지 않고 농도가 지나치게 탁해지면서 쓸개에 담석이 생길 위험성이 높아진다. 담석증이 심해지면 수술을 받아 쓸개를 아예 제거하기도 하는데, 그 후유증 또한 만만치 않다. 쓸개를 제거하면 온 몸의 면역력이 50퍼센트 이상 감소하기 때문이다. 따라서 되도록 쓸개를 제거하지 않고, 자연의 섭리를 따르는 생활 습관을 통해 인체 본연의 치유력을 높이도록 노력해야 한다.

간경(肝經)이 가장 왕성해지는 축시에 잠을 자지 않으면 간의 해독 작용이 제대로 이뤄지지 않는다. 동시에 새로운 혈액도 만들어지지 않으면서 저장된 혈액량이 부족해진다. 그 결과는 어떠할까? 낯빛도 나빠지고, 각종 간질환에 걸릴 위험도 높아진다.

요즘 간이 안 좋은 사람이 많다. A형 간염은 비교적 치료가 쉽지만 B형 간염은 그렇지 않다. 만약 B형 간염바이러스 보균자가 자주 밤을 새운다면 신체가 약해지면서 바이러스가 자연히 세포를 파고들게 된다. 물론 보균자라고 해서 반드시 간염이 발병하는 것은 아니다. 하지만 면역 기능이 약해지면 세포로 파고든 바이러스가 활발하게 활동하면서 간염을 일으킬 위험성이 높아진다. B형 간염의 경우, 40퍼센트에서 60퍼센트가량이 간경화로 진행되므로 더더욱 조심해야 한다.

간의 건강은 곧 전신의 건강과 직결된다. 그런데 간의 활동이 가장 활발한 자시와 축시에 잠을 자지 않는다? 결과는 뻔하다. 다음은 잘못된 수면 습관이 간과 각 기관에 미치는 영향을 정리한 것이다.

간은 피로와 스트레스를 해결하는 주요 기관

자시를 넘겨서까지 잠을 자지 않으면 간 기능이 떨어지고 간의 기가 엉킨다. 간의 기가 엉킨 사람은 쉽게 화를 내며, 어지럼증이나 두통을 자주 호소하고, 눈이 아프거나 빨개지며 이명을 느낀다. 또한 만성 피로, 불면증, 불안함 등을 호소하게 되며 여성의 경우에는 생리불순이 나타날 수도 있다.

수면 부족으로 간 기능이 저하되면 간의 혈액이 부족해지고 각혈, 잦은 코피, 피하출혈, 잇몸출혈, 안저출혈, 귀출혈과 같은 증상이 나타날 수 있다.

한의학에서는 눈을 간과 통하는 구멍으로 본다. 그만큼 간 건강과 눈 건강은 밀접한 관련이 있다. 잘못된 수면 습관으로 간 건강이 나빠지면 시력 저하, 야맹증, 눈 시림 등의 증상이 나타나며 노안도 일찍 온다. 또한 녹내장, 백내장, 망막병변 등의 안질환이 생길 가능성도 높다.

한의학에서는 간이 근육을 주관한다고 본다. 수면 부족으로 간 기능이 나빠지면 간의 혈액이 부족해지면서 근육통, 마비, 허리통증, 근육 경련, 손발톱 무좀, 칼슘 부족, 슬개골연화증, 골다공증 등이 생길 수 있다.

심장은 온몸에 혈액 공급을 책임지는 기관이다. 그렇기 때문에 혈액을 만들고 조절하는 간이 제대로 기능하지 못하면 심장에 공급되는 혈액이 부족해지면서 심장 떨림이나 두근거림 같은 증상이 나타날 수 있다. 심각할 경우 심장병이나 고혈압 같은 심혈관질환이 생길 수도 있다.

간은 비장과 위장의 소화 활동을 돕는다. 그런데 간의 기운이 너무 쇠약해져서 비위를 돕지 못하면 자연히 소화력이 떨어질 수밖에 없다. 소화력 저하는 혀에 백태가 끼는 것으로 나타나며, 장기화되면 소화기관에 큰 문제가 생긴다.

자시를 넘길 때까지 잠을 자지 않으면 음의 기운을 보완하고 양의 기운을 억누를 수가 없어서 간에 필요한 음의 기운이 부족해진다. 그런데 간에 양의 기운이 지나치게 넘치면 폐에 나쁜 영향을 미치는 목화형금(木火刑金) 증상이 나타나 마른기침, 폐출혈 등의 증상이 나타날 수 있다. 또한 마른버짐 등 각종 피부병이 생기기도 한다.

간이 허해지면 신장에도 문제가 생긴다. 간과 신장은 근원이 같기 때문이다. 그래서 생식기 계통의 질병, 불임, 뼈 질환, 탈모, 당뇨병, 신부전증 등이 발생할 수 있다.

이처럼 간의 건강, 더 나아가 신체의 조화로운 순기능 증진을 원한다면 잠자리에 드는 시간을 의식적으로 조절해야 한다.

2

수면의 질을
관리하라

1년 내내 같은 방식으로 살 수 없듯이
사계절 내내 같은 방법으로 잘 수 없다.

품격 있는 사람인지 아닌지를 알아보려면 소비 습관을 보면 되고, 품격 있는 삶인지 아닌지를 알아보려면 수면의 질을 보면 된다.

현대인에게 편안하고 깊은 숙면이란 그야말로 그림의 떡이 된 지 오래다. 수면 부족은 이미 현대 도시인이라면 누구나 겪는 일이 되어 버렸다. 그래서일까? 최근 들어 수면관리의 필요성이 점차 부각되고 있다.

수면관리는 다음의 몇 가지 사항을 이해하는 것에서 시작된다.

수면 원리

사람은 대뇌에서 수면 유도 호르몬인 멜라토닌이 분비되면 잠이 든다. 멜라토닌은 대뇌의 솔방울샘에서 분비되는데, 이것은 내분비계의 총사령관이라고 할 수 있다. 체내의 각종 내분비선의 활동을 통제하고

수면과 각성을 제어하기 때문이다.

밤이 되고 빛의 자극이 줄어들면 솔방울샘이 멜라토닌 분비를 시작한다. 체내의 멜라토닌 양은 보통 새벽 두 시나 세 시쯤에 최고조에 달한다. 밤중에 분비되는 멜라토닌의 양은 수면의 질과 직접적인 연관이 있다. 문제는 나이가 들수록 솔방울샘이 점차 위축되고 끝내 굳어버린다는 점이다. 특히 35세 이후부터는 체내에서 자체적으로 분비하는 멜라토닌의 양이 10년마다 10~15퍼센트 정도씩 꾸준하게 줄어든다. 그래서 나이가 들수록 잠을 깊게 이루지 못하는 등 수면에 문제가 생기는 것이다. 결국 수면의 감소는 인간의 대뇌가 늙는다는 사실을 알려주는 중요한 지표라고 할 수 있다.

불면증이란 무엇인가

잠이 쉽게 들지 않거나 잠에서 자주 깨는가? 지나치게 일찍 일어나거나 한 번 깨면 다시 잠들기 힘든가? 만일 이런 패턴이 일주일에 3일이상 반복되고 한 달 이상 지속된다면 이는 불면증에 시달리고 있는 것이다. 의학계에서는 실험을 통해 불면증이 피부 건강과 신진대사, 면역력 등에 악영향을 미치며 노화를 부추길 뿐만 아니라 여러 가지 건강 문제를 야기한다는 사실을 이미 입증했다. 단순히 잠이 오지 않는 것뿐만 아니라 밤새 잘 잤는데도 여전히 피로가 가시지 않는 느낌이 있는 경우도 불면증에 속하는 증상이다.

수면장애 자가진단

과연 나의 수면 건강 상태는 어떠할까? 다음의 질문에 항상 그렇다는 A, 가끔 그렇다는 B, 거의 그렇지 않다는 C, 전혀 그렇지 않다는 D로 답해보자. A는 5점, B는 2점, C는 1점, D는 0점으로 계산한다.

❶ 수면 시간이 매우 불규칙하다. 잠자리에 드는 시간이 일정하지 않다.
❷ 밤늦게까지 일하거나 놀 때가 많다.
❸ 낮에 있었던 일이나 만났던 사람들이 자꾸 생각나서 쉽게 잠을 이루지 못한다.
❹ 작은 기척에도 잘 깬다.
❺ 잠에서 깬 후에도 피곤할 때가 많다.
❻ 기상 시간보다 훨씬 일찍 잠에서 깨고, 한 번 깨면 다시 잠들기가 어렵다.
❼ 사소한 고민이나 걱정거리만 생겨도 밤새 잠을 이루지 못한다.
❽ 잠자리를 바꾸면 잠이 오지 않는다.
❾ 야근을 하거나 늦게까지 일한 날은 잠을 잘 자지 못한다.
❿ 수면제를 먹어야만 비로소 깊이 잠든다.

- 총점 20점 이상 : 이미 심각한 수면장애를 앓고 있는 상태다. 이를 해결하려면 수면관리가 필요하며, 숙면을 도와줄 수 있는 여러 가지 방법을 시도해야 한다.
- 총점 5~20점 : 수면의 질이 비교적 떨어진다고 볼 수 있다. 불면증이라고 단언할 수는 없지만 역시 건강에 문제가 있으므로 숙면을 위한 여러 가지 방법을 통해 수면의 질을 높여야 한다.
- 총점 5점 이하 : 아주 질 높은 수면을 취하고 있다. 현재의 수면 습관을 유지하고 마음의 평안과 정서적 안정을 지속하길 바란다. 물론 가장 중요한 것은 언제나 긍정적인 마인드를 잃지 않는 것이다.

3

자기최면술을
이용하라

자기최면술을 잘 활용하는 것은
여성이 화장술을 잘 익히는 것과 맞먹을 정도로 중요하다.

엄격한 의미의 최면술은 피최면자가 자발적으로 원하는 상태에서 최면 전문가가 시각, 청각, 촉각 등을 자극하여 최면상태를 이끌어내는 것을 말한다. 최면상태는 보통의 수면상태와 현저히 다른데, 특정한 대상에 고도로 집중한 상태에 가깝다. 최면상태에서 피최면자의 생각과 에너지는 특정한 지점에 집중되기 때문에 그 외의 다른 생각을 하거나 감각을 느끼기 어려우며, 암시를 받아들이기 쉬운 상태가 된다. 그래서 최면상태에서는 긍정적인 암시를 줌으로써 피최면자의 행동과 감정의 변화를 끌어낼 수 있다. 또한 이를 통해 신체의 기능을 조정하고 기분을 전환하며 병증을 제거하는 등의 목적을 이룰 수 있다.

여기서 다룰 '자기최면술'이란 엄격한 의미의 최면술이 아니라 간단하고 편리한 자기 수면유도의 한 방식이다. 자기최면술의 목적은 스스로 좀 더 편안하고 쉽게 숙면을 이룰 수 있도록 돕는 데 있다. 또한 마음과 생각을 집중함으로써 수면에 대한 불안감과 초조감을 자연스레 경감시키고 불면증을 극복하는 것이 주요한 목적이다.

전문가의 설명에 따르면 대다수 사람은 자기최면을 할 수 있는 재능을 갖고 있다고 한다. 그 재능이란 다름 아닌 풍부한 상상력과 꿈을 꾸는 능력이다. 한 병리학자는 "정상적인 사고력과 지성을 가지고 있으며 명확한 태도 및 동기가 있는 사람이라면 누구나 자기최면술을 배울 수 있다"라고 말했다.

자기최면 방법은 일반적인 최면술의 교육 과정을 들으며 단계적으로 차근차근 배울 수도 있고, 아래의 몇 가지 방법에 따라 독학할 수도 있다. 중요한 것은 잠자리에서 실제로 잠이 올 때까지 계속 반복해야 한다는 점이다.

명상법

방법 1 : 10분간 자유롭게 명상하면서(바다, 사막, 하늘, 초원 등을 떠올린다) 온몸의 근육을 이완시킨다. 그런 다음 얇은 실 끝에 둥근 장식품을 달고 그것을 눈앞에서 시계추처럼 흔든다. 장식품이 흔들리는 모습을 눈으로 쫓다 보면 어느새 눈이 피로해지고 눈꺼풀이 감기면서 잠이 온다.

방법 2 : 먼저 평소대로 자리에 누운 뒤, 똑바로 누웠을 때 시선이 닿는 곳에서 45도가량 아래에 있는 천장에 압정을 꽂는다. 그런 다음 10분간 자유롭게 명상하면서 온몸의 근육을 이완시키고, 눈으로는 천장에 꽂아둔 압정을 바라보며 아주 깊은 동굴을 보고 있다고 상상한다. 그렇게 차분히 압정을 바라보다 보면 어느새 눈이 피로해지고 눈꺼풀이 감기며 잠이 온다. 방법 1과 방법 2는 교대로 사용할 수 있다.

자연 모방법

침실을 대자연의 일부처럼 꾸밈으로써 심신을 편안하게 하는 방법이다. 핵심은 침실에 문명의 이기나 도시문화의 흔적이 남아 있지 않도록 하는 것이다. 다시 말해 침실에 TV, 전화기, 오디오 등을 절대 비치하지 말고 책이나 잡지도 두지 않는 것이다. 침실은 언제나 깊은 산속의 사찰처럼 고즈넉한 분위기로 만들고, 조명도 점진적으로 어두워지는 것을 사용한다. 또한 쾌적한 온도와 습도를 유지하고 침대 머리맡에는 향이 은은한 꽃 등을 두도록 하자. 자리에 누워서 신선한 꽃향기를 맡으면 자신이 대자연 속에 있다는 상상을 하기가 훨씬 쉬워진다. 이렇듯 언제나 대자연의 품에 안기는 듯한 기분으로 잠자리에 들면 잠자는 것이 고통스러운 일이 아닌 즐겁고 행복한 일이 된다. 그러면 자연히 불면증도 사라진다.

잠에서 깰 때는 자연광 속에서 눈을 뜨는 것이 가장 좋다. 상쾌한 아침 햇살 아래에서 깨어나면 비록 자명종이 울린다고 해도 훨씬 기분 좋게 일어날 수 있기 때문이다.

따라서 여건이 허락하는 한 자연 속에서 잠들고 일어나는 것과 최대한 흡사한 환경을 조성하도록 하자.

chapter 2
습관

지나치게 예민하고
걱정이 많음

어느 날, 나는 불면증에 시달리는 어머니 때문에 걱정이라는 친구에게 이렇게 말했다.

"어머니가 많이 예민하신 편인가 보네?"

그러자 친구는 내가 마치 자기 어머니에 대해 나쁜 말이라도 한 것처럼 불쾌해했다. 나는 오해하지 말라며 차근차근 설명했다. 예민하다고 한 것은 히스테리를 부리거나 성격에 문제가 있다는 뜻이 아니라 단지 마음이 여리고 생각이 많으며 세심한 곳까지 신경을 쓴다는 의미라고 말이다. 친구는 그제야 고개를 끄덕이며 내 말에 수긍했다.

병리적인 원인이 없는 이상, 대다수의 불면증은 예민한 사람에게 주로 나타난다.

예민한 사람은 사소한 일에도 지나치게 민감하다. 그래서 다른 사람이 자신을 한번 흘끗 흘겨보기만 해도 상대가 자신에게 적대감을 갖고 있다고 판단한다. 반대로 자신에게 시선을 주지 않으면 상대가 고

의로 자신을 무시하고 있다고 단정한다. 이처럼 타인의 사소한 행동 하나하나까지 신경을 쓰다 보니, 자연히 사는 것이 피곤하고 힘들 수밖에 없다. 감정 또한 늘 남에 의해 좌지우지된다. 이 생각 저 생각, 이 걱정 저 걱정을 하다 보면 자연히 머릿속이 복잡해지면서 잠을 이루지 못하기 일쑤다.

예민한 사람은 호기심도 지나친 경우가 많다. 무슨 일이든 확실하게 알고 싶어 하는 것이다. 그래서 확실하지 않은 일일수록 더욱 알고자 집착한다. 그러다 보니 대뇌는 항상 흥분 상태로, 편안하게 잠을 잘 리 만무하다.

혹시 지금 불면증을 겪고 있는가? 그렇다면 먼저 당신의 마음을 들여다보고, 당신의 정서를 통제하며, 당신의 성격을 점검하고 바꾸라. 조금만 신경을 덜 쓰고 조금만 당신 자신을 편하게 놓아준다면 아마 오늘 밤 편안하게 잠들 수 있을 것이다.

수면 전문가들은 양질의 수면을 취하려면 무엇보다도 '수면 위생'이 중요하다고 말한다. 수면 위생이란 단순히 깨끗한 잠자리만을 가리키지 않는다. 그보다는 좋은 수면 습관을 기르라는 뜻이다. 그중에서도 특히 중요한 것은 잠자리에 들기 전, 생각을 멈추는 습관이다.

"잠을 자려면 먼저 마음을 눕힌 후에 몸을 눕혀라."

당나라 때의 의학자 손사막(孫思邈)의 말이다. 그의 말대로 편안하게 잠을 자고 싶다면 무엇보다 먼저 의식 활동, 즉 생각하기를 멈춰야 한다. 그래야 비로소 몸도 잠이 들 수 있다. 잠자기 전에는 낮에 있었던 일을 떠올리거나 이것저것 걱정하지 말고, 최대한 마음을 편안하게 만들어야 한다. 생각하기를 멈춰야 뇌도 조금씩 수면상태에 접어들기 때문이다. 반대로 자기 전에 어떤 문제를 골똘히 생각하면 뇌가 수면

상태에 들어가기는커녕 오히려 활성화되면서 더욱 잠들기 어려워진다. 이런 일이 자주 반복되면 결국 불면증을 비롯한 여러 가지 수면장애가 나타날 수밖에 없다.

나 역시 과거에는 잠자리에서 생각이 너무 많은 탓에 잠을 잘 이루지 못했다.

자유기고가라는 직업의 특성상, 내 머릿속은 늘 온갖 생각과 상상으로 가득하다. 매일 하는 일 또한 컴퓨터 앞에 앉아 머릿속 생각을 글로 옮기는 것이다. 글 쓰는 일은 하다 보면 어느새 나도 모르게 푹 빠져서 그만두고 싶어도 그만둘 수 없게 된다는 점에서 매력적이다. 하지만 글쓰기만큼 건강도 중요하게 생각하는 나는 아무리 늦어도 자정 안에는 잠자리에 눕는다. 문제는 몸만 누웠을 뿐, 머릿속은 여전히 정신없이 돌아갈 때다. 다음 줄거리는 어떻게 풀어나갈 것인지, 다음 챕터는 어떻게 시작할 것인지, 또 제목은 어떻게 정할 것인지를 나도 모르게 계속 생각하고 있는 것이다. 게다가 사람의 머리라는 것이 얼마나 간사한지, 낮에는 생각도 나지 않던 아이디어가 잠자리에서는 끊임없이 샘솟는다. 일단 이런 상태에 접어들면 그때부터 내 머리는 브레이크가 고장 난 자동차처럼 되어버린다. 두 시간 넘게 뒤척이다가 결국 자리에서 일어나버릴 때도 많다. 이럴 경우, 나는 해결책으로 주로 법학 관련 도서같이 아주 어려운 책을 본다. 왜냐하면 나의 머리는 법률에 아주 강력한 반감을 보이기 때문이다. 그래서 대개는 한두 페이지도 읽지 못하고 잠이 든다.

잠자기 전에 머리를 쓰는 것이 수면을 방해할 수 있다는 사실을 알면서도 도시에 사는 대부분의 사람은 침대에 누우면 습관적으로 그날 있었던 일을 정리하거나 다음 날 할 일을 계획한다. 잠자기 전에 생각을 정리하지 않으면 하루를 정리하고 내일을 준비할 시간이 도무지 나지 않기 때문이다. 이런 경우는 대체 어떻게 하면 좋을까?

만약 잠자리에서 생각하는 습관이 있다면 잠자리에 들기 15분 전까지 책상 앞에 앉아 그날 하루를 정리하고 내일의 계획을 세우는 식으로 습관을 바꾼다.

여기서 중요한 포인트는 잠자리에 누운 뒤에는 생각을 하지 않도록 환경과 상황을 만들라는 것이다. 잠자리에서는 잠만 잘 것, 이것이 핵심이다.

2

불면공포증

자녀를 키워본 부모라면 밥 먹는 문제 때문에 아이와 실랑이를 벌인 경험이 누구나 한 번쯤은 있을 것이다. 밥 먹기 싫거나 이미 배가 부를 때 부모가 억지로 밥을 먹이려고 하면 아이들은 십중팔구 싫다며 몸부림을 친다. 심하면 소리를 지르며 울기도 하고, 입에 넣었던 음식을 뱉어버리기도 한다.

잠자는 문제도 마찬가지다. 아이가 한창 신 나게 놀고 있을 때 억지로 잠을 재우려고 하면 아이는 반항하고 울음을 터뜨린다. 싫어하는 일을 억지로 시키니, 아이 입장에서는 당연한 반응이다.

그런데 이 상황을 우리 자신에게까지 확대해보자. 혹시 지금 당신이 하고 싶지 않은 일을 스스로에게 강요하고 있지는 않은가?

보통 건강을 중시하는 사람들은 밤 열한 시쯤 되면 알아서 잘 준비를 한다. 그렇지 않으면 생체리듬이 무너진다는 사실을 잘 알기 때문이다. 하지만 수면장애를 겪고 있는 사람들은 잠잘 시간이 다가오면

덜컥 겁부터 낸다. 오늘 밤도 잠과 사투를 벌여야 한다는 사실이 두려운 것이다. 이러한 두려움을 가리켜 '불면공포증'이라고 한다.

불면공포증이 주는 고통은 상상 이상이다. 실제로 나 역시 불면공포증에 시달려봤기 때문에 잘 안다. 한창 불면증이 심각했던 어느 날, 나는 수면제를 복용했다. 그런데 자리에 누운 뒤에도 불안감에 가슴이 두근거렸다. 수면제가 듣지 않을까 봐 겁이 났던 것이다. 약마저 효과가 없으면 대체 어찌해야 한단 말인가? 나는 그때 일주일째 잠을 자지 못하고 있었다!

불행하게도 나의 두려움은 적중했다. 한 시간이 넘게 잠이 오지 않았던 것이다. 나는 자리에 누운 채 비 오듯 땀을 흘리다가 결국 일어나 또 한 알을 먹었다.

수면제를 먹고 자리에 누운 뒤 나는 다시 걱정하기 시작했다.

'세상에, 수면제를 두 알이나 먹다니! 혹시 몸에 이상이 생기면 어쩌지? 두 알을 먹었으니까 잠이 올까? 이번에도 잠이 안 오면 안 되는데……. 설마 이대로 영영 잠을 자지 못하는 것은 아니겠지?'

나는 끝없이 두려움에 떨었다. 한 시간이 흘렀고, 여전히 잠은 오지 않았다. 그날 밤, 나는 수면제를 세 알이나 먹었지만 결국 한숨도 자지 못했다.

이것이 바로 불면공포증의 심각한 실체다. 얼마나 지독하고, 얼마나 잔인한지! 불면공포증에서 벗어나는 첫 번째 방법은 바로 잠이 오든 오지 않든, 잠을 자야 한다는 강박을 갖지 않는 것이다. 잠을 자야 한다는 강박 속에서 잠을 청했는데 잠이 오지 않으면 어느 순간 가장 편안해야 할 침실은 고통의 장소로 변해버린다. 그러니 잠을 자는 것도 억지가 아닌, 자연스럽게 이뤄질 수 있도록 해야 한다.

내가 불면증에 시달렸던 그해에 친오빠가 새언니와 이혼을 했다.

당시 일곱 살이었던 조카는 졸지에 엄마와 생이별을 하게 된 후, 내게 말했다.

"고모! 저 말이에요, 엄마가 가버리고 나서 며칠 동안 한숨도 못 잤어요. 너무 무서워요."

조카의 예쁜 눈은 퉁퉁 부어 있었다. 상황의 심각성을 깨달은 나는 아이를 꼭 안고 귓가에 속삭였다.

"무서워하지 마. 지금 잠이 안 오는 것은 정상이란다. 고모도 그래. 아마도 넌 잠을 자지 않아도 되는 작은 천사인가 봐."

그날 밤, 나는 동화작가로 변신해서 조카에게 이야기를 지어 들려줬다.

"아름다운 숲 속에 작은 천사가 살았는데, 그 천사는 잠을 자지 않아도 아주 예쁘고 착했단다. 결국 그 숲을 구했어."

아이는 이야기를 들으며 행복한 얼굴로 잠들었다. 그리고 그날 이후로 다시는 불면증을 겪지 않았다.

만약 그때 내가 다른 어른들처럼 깜짝 놀라며 큰일이라도 난 듯 소란을 피웠다면 어땠을까? 아이를 억지로 어떻게든 재우려고 애를 썼다면? 아마 나의 사랑스러운 조카는 지금까지도 불면증의 그림자에서 벗어나지 못했을 것이다.

3

수면에 대한
오해

미국 캘리포니아 주에 사는 게일 그린은 오랜 세월 동안 불면증에 시달렸다. 그러던 2008년, 그녀는 자기 자신의 경험과 여러 불면증 환자들의 이야기를 담아 『불면증에 시달리는 사람들』이라는 책을 냈다.

젊은 시절, 게일은 불면증 때문에 제대로 출근을 하지 못해 직장까지 잃었다. 그 뒤로 그녀는 불면증을 치료하기 위해 수면제부터 아로마 요법에 이르기까지 다양한 방법을 시도했다.

수많은 방법을 시도하고 또 실패한 끝에 게일은 마침내 자신에게 꼭 맞는 불면증 치료법을 찾아냈다. 그녀는 매일 저녁 몇 시간 정도 잠을 자다 깨면 그때부터 불면증에 시달리는데, 일단 수면제를 반 알 정도 먹는다. 그래도 금방 잠이 오지 않으면 어두운 방에 가만히 누워 오디오북을 듣는다. 그러면 얼마 안 가 금세 잠이 든다고 한다.

물론 그녀의 방법이 의학계에서 공인된 것은 아니다. 그러나 전 세계의 수면 전문가들은 그녀처럼 불면증 환자 자신이 스스로의 상황에 맞는 치료 방법을 적극적으로 찾아야 한다고 말한다. 무조건 약물이나 의사에게 의존하지 말고 스스로 자신의 상태를 진단하고 자신에게 맞는 수면 습관과 수면 환경을 만들어야 한다는 것이다.

그렇다. 내 몸은 내가 가장 잘 안다. 그래서 불면증이 생기면 병리적 원인으로 인한 불면증이 아닌 이상 의사보다는 심리 상담가를 찾는 편이 낫고, 심리 상담가보다는 나 자신과 깊은 대화를 나누는 편이 낫다.

내가 종종 불면증을 겪으면서도 오래 시달리지 않고 금세 달콤하게 잠들 수 있었던 비결도 바로 나 스스로 해답을 찾을 줄을 알았기 때문이다. 때때로 나는 스트레스와 불안감 때문에 불면증을 겪는다. 그럴 때 나는 자기암시를 통해 최대한 마음을 편하게 하고 긴장을 푼다. 천성적으로 위가 약한 탓에 가끔 위통으로 잠을 못 자기도 한다. 이 경우 나의 해결책은 식이요법 등을 통해 위를 다스리는 것이다.

집에 너무 오랫동안 박혀 있을 때도 불면증이 찾아온다. 그러면 나는 일부러 시간을 내서 지인들과 외출을 하거나 가벼운 여행을 떠난다. 여행에서 돌아오면 언제 그랬느냐는 듯 불면증도 말끔히 사라지기 때문이다.

한번은 전혀 알 수 없는 이유로 일주일 넘게 불면증에 시달린 적이 있다. 한동안 괴로움을 겪던 나는 아예 고향집으로 내려갔다. 그리고 길게 자란 풀과 낡은 신문지가 가득한 옛 집에 누워 저녁 여덟 시부터 다음 날 아침까지 한 번도 깨지 않고 내리 잤다. 그 일이 있은 후 나는 불면증에 관한 글을 쓰면서 그 감회를 이렇게 토로했다.

'어쩌면 불면증은 환경과 배경에서 비롯된 것일지도 모른다. 모두가 저녁 여덟 시면 잠자리에 드는 곳에 가서 개 짖는 소리와 바람 부는 소리를 배경 삼아 잠을 청해보라. 아마 깨어 있기가 어려울 것이다.'

결국 몸도 내 것, 마음도 내 것이다. 그러니 잠자는 것 역시 나 자신의 일이라는 사실을 잊지 말자.

최근 수면장애를 겪는 사람이 점점 많아지는 이유는 잘못된 민간요
법이 널리 알려진 탓도 있을 것이다. 이제 수면에 대한 오해를 없애고
바른 수면 관념을 정립해보자.

오해 하나, 잠이 오지 않을 때는 양을 세라?

사람들은 흔히 잠이 오지 않을 때 양을 세라고 말한다. 하지만 연구
를 통해 이 방법은 수면에 아무런 도움도 되지 않는다는 사실이 밝혀
졌다.

옥스퍼드대학교의 한 연구팀은 불면증 환자 50명을 3개 조로 나눠
서 비교실험을 했다. 연구팀은 첫 번째 조에게 잠자리에서 아름다운
폭포나 아늑한 휴양지처럼 평화로운 풍경을 상상하게 했다. 두 번째
조에게는 전통적인 방법인 '양 세기'를 시켰다. 세 번째 조에게는 아무
런 지시도 주지 않고 자유롭게 생각하다가 잠들도록 했다.

실험 결과, 첫 번째 조는 평소보다 20분 정도 빨리 수면상태에 들어
갔지만 나머지 두 조는 평소보다 늦게 잠이 들었다. 실험 결과에 대해
연구팀은 특히 양을 세는 방법이 지나치게 단조로워서 걱정이나 불안
한 정서를 없애는 데 아무런 도움도 되지 않으며, 수면유도 효과도 없
다는 결론을 내렸다.

오해 둘, 나이가 들면 잠이 줄어드는 게 정상이다?

2007년에 발간된 〈미국의학협회저널〉에 따르면 노인도 젊은이와

마찬가지로 충분한 양의 수면을 취해야 하며, 이는 건강한 장수를 위한 필수조건이라고 한다. 노인이 잠이 줄어드는 까닭은 수면 기능이 퇴화하고 여러 가지 질병이 수면을 방해하기 때문이지, 결코 필요한 잠의 양이 줄어드는 것은 아니라는 뜻이다. 그러므로 밤에 잠을 자지 못하면 낮에 낮잠을 자서라도 잠을 보충해야 한다.

오해 셋, 조는 것은 도움이 되지 않는다?

평소 엄청난 스트레스에 시달리는 현대인에게 불면증은 이미 만인의 병이 된 지 오래다. 그런데 얼마 전 영국의 〈수면저널〉 최신호에 낮에 잠깐 조는 것이 부족한 수면량을 채우는 데 의외로 효과적일 수 있다는 연구 결과가 실려 화제다.

실제로 미국 국립수면재단의 최신 조사에 따르면 미국 기업의 16퍼센트가 직원들이 잠시 쉬면서 체력과 정신력을 회복할 수 있도록 휴게실을 만들어 운영하고 있다고 한다.

오해 넷, 코골이는 무해하다?

최근 간헐적 코골이나 습관적 코골이가 모두 인체에는 명확한 해를 끼치지 않는다는 연구 결과가 프랑스의 건강 잡지 〈샹떼〉에 실렸다. 그러나 코골이가 잦을 경우 무호흡이 생길 수 있는데, 무호흡이 10초 이상 계속되면 전형적인 수면무호흡증에 속한다. 수면무호흡증은 고혈압을 유발하며 심장병, 당뇨병 등 여러 가지 합병증을 불러올 수 있기 때문에 반드시 치료해야 한다.

chapter 3
해답

기본적으로
안정적인 정서를 갖는다

모든 사람이 '두 얼굴의 나(하나는 표면적인 자아, 다른 하나는 진실한 자아)'를 갖고 있다. 마찬가지로 사람은 누구나 두 가지 전혀 다른 정서를 가지고 산다. 하나는 외재적 정서, 다른 하나는 기본 정서라고 불리는 내재적 정서다.

외재적 정서란 평소 나타나는 표정을 말한다. 어른이 아이에게 초콜릿을 주는 광경을 떠올려보자. 두 사람의 얼굴에는 분명히 행복한 미소가 떠올라 있을 것이다. 이렇게 겉으로 보이는 정서를 가리켜 외재적 정서라고 한다.

내재적 정서란 사람의 내면 깊은 곳에 자리한 정서를 말한다. 예를 들어 사랑하는 사람이 병에 걸렸다고 가정해보자. 우리는 아마 슬픔과 불안감을 느낄 것이다. 이때, 친구가 병문안을 오면 우리는 그 앞에서 웃어 보인다. 하지만 그것은 가짜로 지어 보인 웃음일 뿐, 속마음은 여전히 슬프다. 이 마음을 가리켜 내재적 정서라고 하는 것이다.

겉으로는 행복해 보이지만 내재적 정서가 행복하지 않은 사람이라면 분명 그는 양질의 수면을 취하기가 힘들다. 내재적 정서가 수면을 방해하기 때문이다.

외재적 정서와 내재적 정서의 불일치가 개인의 심리 및 생리에 어떤 영향을 주는지를 다음의 예를 통해 구체적으로 알아보자.

어떤 사람이 실수로 범죄를 저질렀다. 냉혹하고 무정한 범죄자와 거리가 먼 그는 태어나서 처음으로 죄를 지었다. 만약 다시 한 번 기회가 있다면 똑같은 짓을 절대 하지 않으리라는 확신이 있을 정도다. 하지만 이미 엎질러진 물, 죄를 짓고 난 후 몇 시간 혹은 며칠 동안 그의 내재적 정서는 공포에서 불안, 불안에서 자책으로 복잡하게 변해 간다.

그렇게 그는 끊임없이 고통에 시달릴 것이다. 이러한 정서는 그의 근육에도 영향을 미치고 신경의 내분기 계통을 과도하게 자극한다. 마음의 불편이 몸의 불편으로 옮겨가는 것이다.

물론 표면적으로 보면 그 역시 때때로 즐겁게 웃으며 남과 농담을 주고받을 수도 있을 것이다. 하지만 내면적으로는 여전히 불안하고 괴롭다. 그 결과, 잠까지 설치게 된다.

내재적 정서가 무대 위의 스크린이라면 외재적 정서는 그 위에 잠깐 비쳤다가 사라지는 조명에 불과하다. 조명이 아무리 여러 번 비쳤다 사라진다고 해도 그 뒤에 있는 스크린, 즉 내재적 정서는 바뀌지도, 사라지지도 않는다.

외재적 정서에 비해 내재적 정서는 신체 질병을 일으킬 확률이 훨씬 높다. 무의식 아래에 자리한 채 끊임없이 이어지기 때문이다. 게다가 내재적 정서는 대개 긍정적인 것보다는 부정적인 것일 가능성이 크고, 지속 기간 또한 길다.

때때로 내재적 정서는 한 사람의 인생을 관통해서 평생 영향을 미치며 각종 질병을 유발하기도 한다. 하지만 정작 당사자는 병을 앓으면서도 자신에게 이런 정서가 있다는 사실조차 모르기 일쑤다. 많은 사람이 불면증 치료 시 의사에게 이렇게 말한다.

"저는 잠을 자지 못할 만한 일이 전혀 없어요. 아무 이유도 없이 잠이 오지 않는다니까요."

하지만 이러한 경우에도 원인을 분석해보면 내재적 정서의 문제인 경우가 허다하다.

어떤 일들은 내가 깨닫지 못하는 사이에 나의 마음 밑바닥에 숨어 신체에 물리적, 화학적 영향을 미치고 내재적 정서를 흐트린다. 외재적 정서가 어떠하든 내재적 정서가 불안하다면 그 사람의 정신 상태는 언제나 불안할 수밖에 없으며, 더 나아가 양질의 수면에 악영향을 미칠 수밖에 없다.

만약 자라는 동안 내재적 정서가 늘 유쾌했다면 그 사람은 매우 행복한 사람이다. 아마 몸이 아플 일도, 불면증에 시달릴 일도 많지 않을 것이다. 또한 늘 명랑한 성격을 유지하고 있을 것이다. 사실, 세상의 그 어떤 보물보다 더 소중하고 귀한 것이 바로 이러한 성격이다.

성장 과정에서 이와 같은 긍정적 성향의 성격을 형성하지 못했어도 괜찮다. 지금부터 시작해도 늦지 않다. 단순하지만 중요한 원칙만 끝까지 고수한다면 얼마든지 성공할 수 있다!

2

자기 전에
간단한 스트레칭을 하라

자기 전에는 머리보다는 몸을 움직이는 편이 좋다. 깊은 사색보다는 간단한 스트레칭을 하면서 잠잘 준비를 해보자.

한밤중에 속하는 자시에는 숙면을, 한낮에 속하는 오시(午時, 11시부터 13시)에는 가벼운 낮잠을 취해야 건강에 도움이 된다.

음양오행의 측면에서 봤을 때 한밤중인 자시는 음양이 조화를 이루며 물의 기운과 불의 기운이 교차하는 때다. 그래서 이 시간에는 반드시 깊은 잠을 자야 건강을 지킬 수 있다. 그런가 하면 한낮인 오시는 양기가 강해지는 때로, 양기가 허한 사람이 이 시간에 낮잠을 자면 양기를 보충할 수 있다. 양기가 허하지 않고 낮에 일을 해야 하는 사람이라도 이 시간에 잠깐 낮잠을 자면 남은 하루를 훨씬 활기차게 보낼 수 있다. 낮잠을 잘 때는 앉거나 누운 자세를 유지하되, 최대 30분을 넘지 않도록 한다.

그러나 반대로 자시에 쪽잠을 자고 오시에 깊은 잠을 잔다면 자연의 규칙을 거스르는 셈이기 때문에 건강을 해치게 된다.

잠자리에 들기 전에는 먼저 호흡의 리듬을 조금씩 느리게 한다. 호흡이 느려지면 심장박동도 자연히 느려지고, 혈행과 신체 활동도 그에 따라 조금씩 이완되면서 편안하게 수면에 들 수 있기 때문이다.

또한 개인의 특성에 맞춰 잠들기 전 가볍게 산책을 하거나 명상을 한다. 조용하고 잔잔한 영화를 보거나 편안한 음악을 듣는 것도 좋다. 중요한 것은 나의 몸과 정신을 고요한 상태로 이끄는 것이다. 심신이 고요해야 깊은 잠을 잘 수 있다.

그리고 잠들기 전 간단하게 스트레칭을 한다. 여기에 정신적 명상이 더해지면 금상첨화다. 가벼운 스트레칭과 명상은 수면의 질을 높이는 가장 효과적인 방법이다.

간단한 간식 먹기

과식은 수면을 방해하지만 간단하고 적절한 간식은 공복감을 줄여줌으로써 오히려 수면을 돕는다. 따뜻한 우유 한 잔이나 죽, 오트밀, 아몬드 몇 알 등이 좋다. 잠자기 전 섭취한 음식은 우리가 잠자는 동안에도 여전히 활동 중인 오장육부에 에너지를 공급하기 때문에 건강 측면에서도 유익하다.

따뜻한 물로 족욕하기

잠들기 전 따뜻한 물로 족욕을 하면서 가볍게 발 마사지를 하면 발의 혈을 뚫어주기 때문에 수면 효과가 더욱 좋아진다.

용천혈(두 번째 발가락과 세 번째 발가락 아래쪽의 움푹 팬 부분)과 내관혈(손목 정중앙에서 팔꿈치 쪽으로 손가락 3개 정도 위의 부분), 그리고 족삼리혈(바깥쪽 무릎 아래 약 10센티미터 지점에 툭 튀어나온 부분)을 자극하는 것도 숙면에 도움이 된다.

이제 수면을 돕는 명상법에 대해 알아보자.

생각의 힘이란 대단하다. 똑같은 상황에서도 어떻게 생각하느냐에 따라 전혀 다른 관점을 가질 수도, 전혀 다른 결과를 만들 수도 있으니까 말이다.

그런데 이 생각의 힘을 이용하면 아무리 시끄러운 곳, 이를테면 비행기 안, 기차 안, 전철 안, 심지어 사람들이 북적이는 공원의 벤치 위에서도 얼마든지 달콤한 잠을 즐길 수 있다. 몇 가지 간단한 훈련을 통해 생각의 힘을 기르는 방법을 알아보자.

다음은 내가 다년간 몸소 시행해보고 효과를 봤던 명상법이다. 나외에 주위의 친구, 가족도 이 방법으로 효과를 봤으니 믿어도 좋다.

연습 1. 상상 산책하기

먼저 편한 자세로 앉거나 눕는다. 그런 뒤 눈을 감고 자연스레 호흡하면서 온몸의 긴장을 푼다. 그리고 지금 자신이 있는 곳을 머릿속에 그린다. 방 안의 가구 하나, 커튼 색깔 하나까지 최대한 자세하고 선명하게 그리는 것이 좋다.

그다음 자신을 이상한 나라의 앨리스라고 상상한다. 그리고 방을 훌쩍 떠나서 기다란 복도를 지나 건물을 나가는 상상을 한다. 그런 뒤 자신이 원하는 곳, 또는 풍경이 아름다운 곳으로 가는 것이다. 꽃이 흐드러진 정원도 좋고, 시냇물이 졸졸 흐르는 개울가도 좋다.

상상 산책을 하는 동안에는 모든 감각을 활짝 열고 풍경과 과정 하나하나를 음미한다. 푸른 잔디가 발목을 스치는 느낌, 부드러운 바람이 얼굴을 감싸는 느낌, 신선한 풀 향기와 흙 향기, 평화롭게 우짖는 이름 모를 새의 노랫소리까지 마음껏 상상하고 즐긴다. 그렇게 한참을 음미하고 난 후, 충분하다고 느껴지면 갔던 길을 되짚어 방으로 돌아온다.

돌아오는 길은 서두를 필요가 없다. 천천히, 발걸음 하나하나를 되새기며 돌아온다. 그런 뒤 의자에 앉아 있는, 혹은 침대에 누워 있는 나의 몸의 체중을 느낀다. 그리고 눈을 뜬다. 아마 기분이 훨씬 가뿐해질 것이다.

이러한 상상 산책은 하루 종일 복잡하게 시달렸던 머릿속을 훨씬 편안하고 단순하게 만들어주는 효과가 있기 때문에 숙면을 취하는 데 많은 도움이 된다.

연습 2. 그날 하루 돌아보기

매일 밤 잠자기 전, 눈을 감고 그날 하루 있었던 일을 역순으로 떠올린다. 잠자리에 눕기 바로 직전부터 아침에 일어났을 때까지의 일을 시간의 역순으로 되짚는 것이다. 만약 생각이 그날 아침까지 이르기 전에 스르륵 잠이 들었다면, 그것만큼 좋은 것도 없다.

하루 일을 되짚을 때는 단순한 사건만 떠올리지 말고 상세한 부분까지 자세히 복기한다. 그 당시에 내가 느꼈던 느낌, 주변의 공기, 주위에서 들려왔던 소리, 냄새 등 상세하게 떠올리고 곱씹는다.

그날 하루 있었던 일들은 모두 이미 벌어진 것이요, 이미 직접 겪은 것이기 때문에 그 일들을 다시 떠올림으로써 우리는 좀 더 객관적이고 해탈한 관점을 가질 수 있다. 그렇게 하루 일을 복기한 뒤에는 그것들을 의식의 저편으로, 기억의 영역으로 넘긴다. 영화의 한 장면이 어둠 속으로 사라지는 것처럼 말이다. 그렇게 오늘 하루를 과거로 만들면 내일을 새로운 나의 현재로 받아들여 또 하루 열심히 살 수 있다는 자신감과 믿음이 생긴다. 또한 내일을 향한 기대를 품은 채 잠들 수 있다.

연습 3. 기나긴 복도 응시하기

잠자리에 누워 눈을 감고 자신이 기나긴 복도 끝에 서 있다고 상상한다. 그런 뒤 눈앞에 '안정'이라는 단어를 떠올린다. 어떤 필체든지 어떤 색깔이든지 상관없다. 단, 되도록 단순한 것이 좋다.

다음, 그 단어가 복도를 따라 자신에게서 조금씩 멀어지게 한다. 끝까지 단어에서 시선을 떼면 안 되고, 단어를 따라 움직여도 안 된다. 그저 단어가 시야에서 사라지지 않게 유지하며 단어를 복도의 끄트머리까지 날려 보낸다. 그리고 끝에 닿으면, 다시 자신 쪽으로 천천히 날아오게 한다.

자기 생각에 대한 통제력이 어느 정도 생겼다고 판단되면, 단어가 복도 끝에 있는 문을 통과하게 한 후, 문밖에 있는 따뜻한 연못 속에 녹여버린다. '안정'이라는 단어 외에도 암시적인 의미를 가진 단어 여러 개를 이와 같은 방법으로 연못까지 보내 녹인다. 그런 뒤 단어들을 따라 자신 역시 따뜻한 연못 속에 조용히 잠기는 상상을 한다. 아마 상상이 여기까지 이르기도 전에 당신은 이미 잠이 들어 있을 것이다.

나의 몸과 정신을 고요한 상태로 이끌어라!

인생을
바르게 보는 법
놓아주는 법
내려놓는 법

초판 1쇄 인쇄 | 2025년 5월 2일
초판 1쇄 발행 | 2025년 5월 12일

지은이 | 쑤쑤
옮긴이 | 최인애
펴낸이 | 박찬근
펴낸곳 | (주)빅마우스출판콘텐츠그룹
주　소 | 경기도 고양시 덕양구 삼원로 73 한일윈스타 1422호
전　화 | 070-8700-8767
팩　스 | 031-814-8769
메　일 | bigmouthbook@naver.com

본　문 | 미토스
표　지 | 뿌리

ISBN 979-11-92556-38-3 (03320)

* 잘못 만들어진 책은 구입처에서 교환 가능합니다.